SIR JOHN JAGT DEN HEXER

SIR JOHN JAGT DEN HEXER

Siegfried Schürenberg und die Edgar-Wallace-Filme

Von Andreas Neumann

Unter Mitarbeit von Michael Petzel

Schwarzkopf & Schwarzkopf

INHALT

Hier spricht Sir John! 6
Ein Konfuzius unter den deutschen Mimen 8
Der König der Nebenrolle 11
Wie ich zum Fan wurde und es blieb 12
Sir John im Himmelbett 15
Ein unbekanntes Leben 17
Geburt aus Zufall 19
Im Namen der Großmutter 21
Die kalte Hundeschnauze 27
Großes Welttheater 28
Marathonlauf zum Filmruhm 31
Ein Mann will nach oben 32
Harry Piel nimmt die Hände hoch 34
Filmzeit unter den Nazis 42
Staatspolitisch wertvoll 48
Der Mann, der Albers schlägt 53
Dutzendware und einige Blüten 58
Faust in der Tasche 59
Neuanfang in der Schweiz 62
Clark Gable spricht deutsch 63
Präzision am Rande 67
Der Held der Nebenrolle 73
Beim Klassenfeind 81
Der Rest ist Schweigen 87
Im Geheimdienst Ihrer Majestät 92

Sir John von Scotland Yard 97
Von Erfolg zu Erfolg 103
Der Wallace-Konkurrenzkampf 126
Am Fließband 131
Von Mönchen, Nonnen und
anderen Schurken 146
Zum Jubiläum:
Pensionierung auf Widerruf 164
»Das ist Privatsache!« 171
Das Ende einer Serie 180
Edgar Wallace ist nicht tot 189
Ich lebe noch ein bisschen! 192
Sir John hat seine Ruhe 195
Was sind denn das für Sachen! 196

Anhang:
Theaterauftritte 198
Filmografie 203
Fernsehfilme 216
Sprecher in Dokumentarfilmen 216
Synchronrollen 218
Geplante Filme 220
Abkürzungen 220
Literaturverzeichnis 222
Danksagung, Fotonachweis 224

Sir John ...   *... das müssen Sie ...*   *... doch berücksichtigen!*

HIER SPRICHT SIR JOHN!

– Seine besten Sprüche aus den Edgar-Wallace-Filmen –

»Sir, man hat Keyston gefunden, unter dem Schwimmbad!«
»Oh, das ist ja ganz was Seltenes!«
(Der Mönch mit der Peitsche)

»Ein Hund wurde von einem Mann zerfleischt, nein, umgekehrt, in Blackwood Castle, wo liegt das eigentlich?«
(Der Hund von Blackwood Castle)

»Ich brauche Sie, mein Kind, wie der Hirsch das Wasser!«
(Der Mönch mit der Peitsche)

»Wie viele Tote haben wir denn? Drei, nein, vier sogar, und davon wollen Sie nicht einen übernehmen?«
(Der Mönch mit der Peitsche)

»Sie müssen zunächst mal das Gefühl loswerden, dass Mord etwas Besonderes ist, ein kleiner Mord kommt doch überall mal vor, darüber kann man doch reden!«
(Der Mönch mit der Peitsche)

»Ja, sind Sie denn alle verrückt geworden! Sir John?«
»Ich bin auch verrückt geworden!«
(Die blaue Hand)

»Sie reagieren doch nicht, wie Sie sollen, warum eigentlich nicht?«
(Der Mönch mit der Peitsche)

»Was haben Sie eigentlich für einen Ton mir gegenüber? Wissen Sie nicht, wer ich bin? Nun, dann sag ich es Ihnen auch nicht!«
(Der Bucklige von Soho)

»Wenn das ein Mönch ist, bin ich eine Nonne!«
(Der unheimliche Mönch)

»Er ist im Stehen gestorben, hat aber die Merkmale eines Erhängten!« – »Das ist doch Blödsinn, das machen Sie mir mal vor!«
(Der unheimliche Mönch)

»Der Hexer der Täter? Ach du lieber Himmel, geht das schon wieder los!«
(Neues vom Hexer)

»London ist eben sehr groß ...« – »Wie schön, dass Sie wenigstens das herausgefunden haben!«
(Der Hexer)

»Ist der jetzt so verkalkt, oder tut der nur so?«
(Die Gruft mit dem Rätselschloss)

»Dieser geniale Sergeant Horse hat die Spur verloren, dieses Pferd!«
(Zimmer 13)

»Vielleicht handelt es sich ja um einen besonderen Zug, der nicht im Fahrplan steht, Sir.« – »Ja, vielleicht einen Affentransport für Hagenbeck!«
(Zimmer 13)

»Soll das etwa heißen, verehrteste Nancy, dass Sie in unseren Teestunden immer Whisky getrunken haben?« – »Nein, manchmal war es auch Rum!«
(Der Zinker)

»Soll ich schießen, Sir John?« – »Schießen, schießen, fällt Ihnen immer nur das Primitivste ein?«
(Der Hund von Blackwood Castle)

»Oh, oh, da tun sich ja Abgründe auf!«
(Der Hexer)

Ein Konfuzius unter den deutschen Mimen

Ein Vorwort schreiben – das ist immer so eine Sache. Man gerät leicht in den Verdacht, dass man dabei sich selbst herausputzen möchte. Aber man kann nun mal Geschehnisse nicht ungeschehen und Gesagtes nicht ungesagt machen.

Siegfried Schürenberg – das war ein Schauspieler von hohen Graden, ein uneingebildeter Mensch, ein belesener Kunstkenner und ein liebenswerter, stets hilfsbereiter Kollege.

Ein »Arbiter elegantiarum« in seiner äußeren Erscheinung, ein Experte in Fragen des guten Geschmacks, stand er stets zuverlässig vor der Kamera. Dass er seinen Text nicht beherrschte, habe ich in all den gemeinsamen Filmarbeiten nie erlebt.

Wir drehten den Film »Das indische Tuch«. Am fünften Drehtag nahm er mich beiseite und erklärte: »Darf ich dir als ein um vieles älterer Mensch etwas sagen? Bewahre dir ein Leben lang deine Fähigkeit, neidlos über die Späße und Gags der anderen Kollegen zu lachen. So wie du es eben bei mir getan hast. Den Kollegenneid überlasse den Dummköpfen und Kleinkarierten.«

Ungefähr ein Jahr später sagte er zu mir: »Fordere viel von dir selbst, erwarte nichts von den anderen – so kannst du nie enttäuscht werden! – Dieser Ausspruch stammt leider nicht von mir, lieber Eddi, sondern von Konfuzius.«

Noch heute habe ich diesen Satz im Ohr – so als wäre er gestern von meinem Freund Siegfried gesprochen worden.

Ich habe nie nachgeschaut, ob er wirklich von Konfuzius ist. Sicher ist es so. Aber ebenso sicher könnte er auch von Siegfried Schürenberg selbst stammen – ihm, dem großen weisen Mann unter den deutschen Mimen.

Eddi Arent

Rechte Seite:
Eddi Arent. Portrait aus
»Das indische Tuch«

Der König der Nebenrolle

Anfang August 1993. Ich sitze mit Charlotte Schürenberg, der vierten und letzten Frau von Siegfried Schürenberg, in ihrem Wohnzimmer in Berlin-Frohnau. Der Anlass ist traurig: Am nächsten Tag wird mein verehrter Mentor und mein großes Vorbild auf dem Friedhof am Halleschen Tor beigesetzt.

Frau Schürenberg bewirtet mich mit Kaffee und Kuchen. Dann erhebt sie sich und holt aus einem Nebenraum ein großes Album: »Dies ist für Sie. Von meinem Mann. Bei niemandem ist es in besseren Händen als bei Ihnen.«

Ich schlage das Album auf. Es ist angefüllt mit einer Vielzahl von Fotos und den gesammelten Theater- und Filmkritiken von Siegfried Schürenberg. Ich bin sprachlos. Für mich gibt es keinen größeren Schatz als dieses Buch.

Wenige Monate vorher hatte ich den Schauspieler das letzte Mal gesehen. Wir verabschiedeten uns wie immer sehr herzlich. Ich wünschte ihm gute Besserung, worauf er in typischer Schürenberg-Manier antwortete: »Gesundheit im Alter ist nur schwer möglich.« Zufällig hatte ich eine Kamera dabei, und das letzte Foto von Siegfried Schürenberg, aufgenommen von seiner Frau, zeigt uns beide gemeinsam.

Ich verspreche seiner Frau im ersten Überschwang, anhand des mir überlassenen Materials ein Buch über ihren Mann zu schreiben. Das soll mein Dank für das sein, was er in mir ausgelöst und bewirkt hat. 1996 habe ich mein Versprechen – mit einer kleinen Broschüre – eingelöst. Aber bis heute hat es gedauert, dass daraus ein – hoffentlich – lesbares Buch wurde. In der Zwischenzeit ist auch Frau Schürenberg verstorben. Ich hoffe, dass ihr gefallen hätte, was ich von ihrem Mann zu berichten weiß und der Überlieferung für wert halte.

In den letzten sechs Jahren seines Lebens habe ich den Schauspieler immer wieder besucht. Erst nach seinem Tod erfuhr ich von seiner Frau, dass ich die einzige Person war, die er in seinen letzten Lebensmonaten sehen wollte, und dass ich wohl auch ein letzter Freund in seinem Leben war.

Dieses Buch möge die Erinnerung an Siegfried Schürenberg wachhalten. Viele Zeitgenossen werden seinen Namen nicht mehr kennen. Ich finde, das ist ein Fehler. Siegfried Schürenberg war kein Star im landläufigen Sinne. Wenn man dieses Wort unbedingt verwenden will, dann war er ein Star der Nebenrolle. Auf jeden Fall aber gehört er meiner Meinung nach zu den großen Schauspielerpersönlichkeiten des letzten Jahrhunderts. Siegfried Schürenberg ist eine Entdeckung wert.

Andreas Neumann

Andreas Neumann

Linke Seite:
Siegfried Schürenberg 1957

Wie ich zum Fan wurde und es blieb

Ein Sonntagnachmittag im Oktober 1987. Der Zeiger meiner Uhr steht auf exakt 15.00 Uhr. Ich wähle eine Telefonnummer, die ich soeben von der Auskunft erhalten habe. Es ist ein Anschluss in Berlin. Fast unmerklich zittern meine Finger – hoffentlich hebt am anderen Ende jemand ab.

Vor einigen Tagen habe ich meinen Einstand als praktizierender Fan gegeben. Ich habe an meine Fernsehzeitschrift geschrieben und um die Autogrammadresse meines Lieblingsschauspielers gebeten.

Dies ist keiner der gängigen Heroen der Kinoleinwand, kein überdimensionaler Hollywood-Star und keine verführerische Traumfrau – sondern ein Darsteller, dessen große Zeit schon über zwanzig Jahre zurückliegt. Zudem ein Schauspieler, der eigentlich nur Nebenrollen spielte. Der Popularität, ja überhaupt einen gewissen Bekanntheitsgrad nur durch eine einzige Rolle erlangt hatte. Sein Name ist nur wenigen ein Begriff: Siegfried Schürenberg.

Siegfried Schürenberg – das ist »Sir John«. Der Chief Inspector der erfolgreichen Edgar-Wallace-Serie im deutschen Kino der sechziger Jahre. 1987 – zu dem Zeitpunkt, als ich anrief – war er 87 Jahre alt. Ein »Null-Null-Jahrgang«, geboren im Jahr 1900. Ein älterer Herr – ja, ein schon alter Mann – im späten Herbst seines Lebens.

Ich dagegen war noch ein kleiner Knabe, als ich zum ersten Mal einen Film mit Siegfried Schürenberg im Fernsehen sah. Es war ein Krimi mit dem Titel »Das indische Tuch«. Ich war fasziniert und wartete seitdem gespannt auf weitere Filme der Edgar-Wallace-Serie.

Mein Vater beruhigte mich mit der Feststellung, dass es Hunderte von diesen Filmen gebe. Das war filmografisch zwar nicht korrekt, aber tatsächlich liefen noch zahlreiche weitere dieser Gruselkrimis in der Flimmerkiste, und in den meisten – und auf jeden Fall den besten – spielte jener charaktervolle Chief Inspector mit dem Namen »Sir John« mit.

Ganze sieben Jahre dauerte es nach diesem Initialerlebnis, bis ich mir ein Herz fasste und um ein Autogramm bat. Als das Antwortschreiben meiner Fernsehzeitschrift kam – darin die erbetene Autogrammadresse –, setzte ich mich sofort an den Schreibtisch und verfasste einen Brief. Darin arbeitete ich sämtliche Filmdialoge von »Sir John« ein, an die ich mich erinnern konnte.

Der Brief wurde abgeschickt, doch meine Ungeduld wuchs. Inzwischen musste das Schreiben seinen Empfänger erreicht haben. Bei der Telefonauskunft fragte ich nach der Nummer von Siegfried Schürenberg. Was ich nicht vermutet hätte – es war überhaupt kein Problem.

Rechte Seite:
Siegfried Schürenberg.
Portrait aus den fünfziger Jahren

Und jetzt ertönte das Freizeichen. Fünfmal. Dann wurde abgenommen.

»Ja, bitte?«, fragt eine sonore Stimme.

Ach du lieber Himmel – es ist seine Stimme, die Stimme von »Sir John« und auch die von Siegfried Schürenberg.

Diese Entwicklung des Telefonats habe ich in meine Planungen nicht einkalkuliert. Erschreckt lege ich wieder auf, ohne ein einziges Wort hervorgebracht zu haben. Hervorragend gelaufen!

Ich überlege. Nach einer Stunde habe ich wieder Mut geschöpft, fasse mir ein Herz und wähle erneut die gefährliche Zahlenfolge.

Da ist wieder das Freizeichen, und nach dem fünften Ton höre ich erneut: »Ja, bitte?« Diesmal, wie es mir scheint, etwas energischer.

Vorsichtig frage ich: »Mein Name ist Neumann, sind Sie Herr Schürenberg?«

Er antwortet: »Und wenn ich's bin, was wollen Sie?«

Unsicher sage ich: »Ich habe Ihnen vorgestern einen Brief geschrieben ...«

»Und Sie wollen mal hören, ob er schon angekommen ist. Na, Sie müssen ja viel Geduld haben, Herr Neumann!«

Ich will am liebsten auflegen, aber dazu habe ich noch weniger Mut, also rede ich weiter: »Nein, nein, ich rufe an, weil ...« Er unterbricht mich und fährt zu meinem Entsetzen fort: »Sie wollten nur mal hören, ob ich schon tot bin, aber ich lebe noch ein bisschen!«

Ich stottere, dass ich mich wirklich nur nach meinem Brief erkundigen wolle – mit dem Erfolg, dass er wissen will, woher ich seine Adresse habe. Wahrheitsgetreu sage ich, dass sie mir freundlicherweise von meiner TV-Zeitschrift übermittelt wurde. Das scheint ihn besonders zu ärgern, denn er beschwert sich, dass er in letzter Zeit ziemlich viele solcher Schreiben erhalten habe.

Ich fühle mich wie ein ertappter Schüler. Doch dann nimmt das Gespräch eine überraschende Wendung. Er sagt, er habe tatsächlich einen Brief erhalten, der ihm besonders gefallen habe.

Vom Hörer abgewandt, ruft er seine Frau. Sie solle ihm einmal diesen Brief bringen. Und zu meiner Überraschung liest er ihn nach wenigen Augenblicken vor. Das gefalle ihm, sagt Siegfried Schürenberg – das gefalle ihm sogar sehr.

Plötzlich ist das Eis gebrochen. Er fragt mich nach meinen Eltern, meinem Beruf und ähnlichen Dingen. Und er fügt hinzu, dass man mit Eltern ja auch nicht alles besprechen kann, und er ist immerhin schon ein älterer Mensch und stets zu Hause, und so kann ich mich ja melden, wenn ich Sorgen hätte.

Und dann sagt er: »Und wenn Sie mal in Berlin sind, kommen Sie vorbei!«

Unglaublich! – Ich habe eine Einladung von Sir John!

Sir John im Himmelbett

Nichts kann mich mehr halten. Eine Woche später, an einem Samstag, bin ich in Berlin. Ich rufe bei meinen Eltern in Hannover an und sage, dass ich gut angekommen bin. Aber meine Mutter hat eine schlechte Nachricht: Siegfried Schürenberg habe ein Telegramm geschickt und abgesagt. Es ist das erste Telegramm, das ich überhaupt erhalte, und wie meist im Film ist der Inhalt schlecht.

Da sitze ich nun am Bahnhof Zoo in Berlin und überlege. Bei mir habe ich das Geschenk für Schürenberg: eine Collage aus Filmfotos von Sir John, an der ich lange gebastelt habe. Ich fasse mir ein Herz und rufe ihn von der nächsten Telefonzelle aus an. Am anderen Ende ist seine Frau. Ganze zehn Minuten bearbeite ich sie nach allen Regeln der Überredungskunst, dann gestattet sie mir, dass ich wenigstens das Geschenk an der Haustür abgebe. Also los!

Bis nach Frohnau ganz im Norden Berlins dauert es eine kleine Ewigkeit. Und auch als ich meinen Bestimmungsort mit der S-Bahn erreicht habe, scheinen mir die Wege dort dreimal so weit zu sein wie in Hannover.

Es ist ja auch das erste Mal, dass ich überhaupt allein unterwegs bin. Da ist also endlich sein Haus, von hohen Bäumen umgeben. Mittlerweile wird es langsam dunkel, und alles sieht ein wenig unheimlich aus.

Am Jägerzaun kann ich keine Klingel entdecken, daher steige ich die steile, schmale Steintreppe zur Haustür hinauf. Dort sehe ich nur einen geschwungenen Messing-Türklopfer, aber keine Klingel.

Im ersten Stock brennt Licht. Ich traue mich kaum, den Klopfer zu benutzen. Mein erster Versuch fällt so zaghaft aus, dass sich noch nicht einmal ein Holzwurm erschrecken würde. Mein Mut wächst mit der Lautstärke des Klopfens. In der einsamen, menschenleeren Straße hallen die Klopfgeräusche wie Schüsse in einem Krimi, aber niemand öffnet.

Ich beginne langsam zu verzweifeln. Da stehe ich nun vor der Haustür von Sir John, bin fast am Ziel meiner Wünsche, und doch erreiche ich nichts!

Gerade will ich wieder gehen, als ich von innen ein Geräusch höre. Die Tür öffnet sich ganz langsam, und eine kleine, liebenswürdige Frau sieht mich lächelnd an. Ich stelle mich vor. Da höre ich eine Stimme aus dem oberen Stockwerk rufen: »Ist er da? Dann soll er raufkommen!« Ich kann

Schürenbergs letztes Wohnhaus in Berlin-Frohnau

es kaum fassen: Mit majestätischem Gefühl schreite ich die Treppe hinauf zu meinem Idol.

Und dann sehe ich ihn. Aber er tritt mir nicht entgegen, er sitzt auch nicht wie Sir John hinter einem gewaltigen Schreibtisch, sondern – er liegt in einem Himmelbett. Sir John in einem Himmelbett! Ich würde es nicht glauben, wenn ich es nicht mit eigenen Augen sähe!

Ein wunderschönes altes Himmelbett aus dem 18. Jahrhundert, dessen Rahmen aus massivem Holz mit kunstvollen Schnitzereien verziert ist. Am anderen Ende des Zimmers steht auf einem Schrank ein kleines Fernsehgerät, das er mit Hilfe eines langen Holzstocks ein- und ausschalten kann.

Siegfried Schürenberg begrüßt mich im Liegen mit Handschlag. Er hat einfach keine Lust mehr aufzustehen. Am Bettrand wacht ein großer Schäferhund namens Wölfchen, und über dem Baldachin turnen zwei Katzen. Neben dem Kopfkissen steht das Telefon. Sein kleines Reich ist überschaubar, aber er scheint es sehr zu schätzen.

Ich, der 18-Jährige auf seiner ersten Berlin-Reise, treffe den 87-jährigen Schauspieler. Für mich ist das der bedeutendste Tag meines bisherigen Lebens.

Eineinhalb Stunden unterhalten wir uns. Ich erzähle, frage und werde gefragt. Dann verabschiede ich mich und fahre mit dem Taxi zurück zum Bahnhof.

Als ich neben dem Fahrer sitze, denke ich: »Wenn du wüsstest, wo ich heute war!«

Aber vermutlich hat er den Namen nie gehört: Siegfried Schürenberg.

Ein unbekanntes Leben

Zwischen 1987 und 1993 – sechs Jahre lang – besuche ich Siegfried Schürenberg, so oft es mir möglich ist. Manchmal, wenn ich meinen Besuch ankündige (soll ich sagen: androhe?), sagt er kurz vorher ohne Angabe von Gründen ab. Deshalb überlege ich mir eine andere Strategie: Ich fahre einfach nach Berlin, rufe ihn vom Bahnhof Zoo aus an und vertraue meinem Glück.

Manchmal fahre ich dann enttäuscht wieder nach Hause, aber meistens erhalte ich eine Einladung nach Frohnau.

Stets empfängt mich Siegfried Schürenberg in seinem Himmelbett. Er freut sich, habe ich den Eindruck, über seinen begeisterungsfähigen Fan. Wenn es ihm zu viel wird, dann sagt er das. Der alte Herr geht auf die 90 zu, auf seine Gesundheit muss ich Rücksicht nehmen.

Schürenberg ist eine beeindruckende Gestalt. Schon von der Körpergröße her überragte er einst seine Mitspieler. Wenn er

Linke Seite: Siegfried Schürenberg. Portrait aus den fünfziger Jahren

Oben: »Das ist doch nicht Ihr Ernst?«

Oben rechts: Schürenberg mit Andreas Neumann

so vor mir liegt, kann ich das nur erahnen. Aber immer noch ist seine ungeheure schauspielerische Präsenz spürbar, ein bezwingendes Charisma, das von diesem zugleich knorrigen und würdevollen Mann ausgeht.

Bei einem meiner Besuche sprechen wir über mein Hobby, das Parodieren. Er fragt mich, ob ich auch ihn, Schürenberg, nachmachen könne.

Ich spreche ihm seinen ersten Auftritt in »Der Hund von Blackwood Castle« vor: »Miss Finley, ich rufe und rufe!« – »Ihr Tee kommt sofort!« – »Tee, Tee – ich mag jetzt keinen Tee. Ich hab einen Mord auf dem Schreibtisch!«

Er richtet sich aus dem Bett auf, hebt seinen Kopf und mustert mich stillschweigend. Am Ende meines Monologs lächelt er mich an. Ich empfinde das wie einen Ritterschlag. Seine Frau sagt in die Stille hinein: »Sigi, das bist ja du!«

Siegfried Schürenberg ist eine Jahrhundertgestalt. Fast ein ganzes Jahrhundert hat er durchmessen. Ich habe das Glück, ihm in seinen letzten Jahren immer wieder begegnen zu dürfen. Die Gespräche mit ihm bringen mich ihm näher. Ich lerne ihn ein wenig kennen. Aber ich sage vorsichtig: ein wenig.

Schürenberg ist kein Mensch, der viel von sich spricht. Er nimmt sich nicht besonders wichtig, und schon gar nicht stellt er sich selbst in den Mittelpunkt. Diese menschlichen Qualitäten sind es, die mich so für ihn einnehmen. Ein grandioser Schauspieler, in seiner Art unvergleichlich, der ein stilles, unauffälliges Leben führt.

Schürenberg hat zwei Weltkriege erlebt und vier deutsche Staatsformen. Als Theaterschauspieler hat er ganz Deutschland durchreist. Als Filmschauspieler stand er für die UFA vor der Kamera, und in der Blütezeit des deutschen Nachkriegsfilms in den fünfziger und sechziger Jahren war er einer der prägnantesten Charakterschauspieler. Nicht zu vergessen: In rund dreihundert Spielfilmen kann man seine sonore Stimme hören – als Synchronsprecher bekannter Hollywood-Schauspieler.

Sein Leben hat mir Siegfried Schürenberg nie erzählt. Das wäre ihm vermutlich eine Nummer zu groß vorgekommen. Aber viele Anekdoten habe ich von ihm gehört, viele Namen und viele Begebenheiten. Daraus formte sich für mich das Bild einer Epoche und eines Schauspielerlebens. Davon soll dieses Buch berichten.

Geburt aus Zufall

Geboren wird Siegfried Schürenberg am 12. Januar 1900 in Detmold. Der amtliche Eintrag im Geburtsregister lautet auf »Siegfried Hermann Andreas Wittig«. Nichts ist da vom Namen »Schürenberg« zu lesen – der wird erst später, mit Beginn der Theaterkarriere, auftauchen.

Häufig kann man in Biografien und Presseberichten 1908 als Geburtsjahr lesen, was aber zweifelsfrei auf einer falschen Information beruht. So gratulierte ihm 1973 das Branchenblatt »Filmwoche« zum 65. Geburtstag – den hatte er allerdings bereits acht Jahre zuvor begangen.

Offensichtlich ist es Schürenberg selbst gewesen, der das falsche Geburtsjahr in die Welt setzte. »Der Geburtstag interessiert doch keine Sau«, grummelte er einmal in einem Interview. Richtig ist wohl eher, dass auch männliche Schauspieler eitel sein können und dass Sir John, der ja erst spät den Zenit seiner Popularität erreicht hatte, bei Zuschauern und Produzenten lieber etwas jünger als zu alt dastehen wollte.

Seine Herkunft wird für den Schauspieler stets bedeutungslos bleiben. Der Geburtsort Detmold ist dem Zufall zu verdanken, wie Schürenberg später bisweilen erzählt: »Mein Vater hat mich im Galopp verloren, als er durch Detmold ritt, und meine Mutter hat mich da aufgefangen.«

Der Vater – das ist der 1870 geborene Schauspieler Emil Wittig. Die zwei Jahre jüngere Mutter Thekla ist Opernsängerin. Die Eltern führen ein unstetes Wanderleben. Bühnenengagements haben den Vater bis nach St. Petersburg und an das Deutsche Theater nach Moskau geführt. Im Jahr 1900 gastiert Emil Wittig mit seiner Frau in der westfälischen Residenzstadt Detmold, wo die Grafen zur Lippe ein Theater unterhalten. Mitten in der Saison – die festlichen Aufführungen zu den Weihnachtstagen und zur Jahreswende sind gerade vorüber – wird der kleine Siegfried geboren.

Was der jungen Familie wohl am meisten fehlt, sind Ruhe und Sesshaftigkeit. Kaum haben die Eltern irgendwo ihre Zelte aufgeschlagen, da geht es auch schon wieder weiter. In der Saison 1900/01 gastiert der Vater in Detmold und Brandenburg, 1901/02 in Detmold, Krefeld und Berlin, 1902/03 in Krefeld, Hannover und Riga, 1904/05 schließlich in Gera und Berlin. Tatsächlich: Dass Siegfried gerade in Detmold das Licht der Welt erblickte, war purer Zufall.

Ab 1906 besucht er im thüringischen Gera die Grundschule, anschließend das humanistische Gymnasium. Später wechselt er zum Realgymnasium, was vermuten lässt, dass die alten Sprachen nicht gerade zu seinen Lieblingsfächern gezählt haben. Sein Vater hat in der Zeit von 1906 bis 1912 ein festes Engagement in Gera angenommen, so dass dem Knaben Siegfried ein ständiger Schulwechsel erspart bleibt.

1913 ist die Phase der Ruhe zu Ende. Die Eltern haben sich einander entfremdet. Die Mutter trennt sich von ihrem Mann, worunter der junge Siegfried sehr leidet. Der Vater geht nach Berlin, wo er ein neues Engagement antritt und auch Rollen beim Film annimmt, der sich rasch wachsender Popularität erfreut. Siegfried begleitet ihn. Der Erste Weltkrieg bricht aus. 1917 wird der Sohn, der aufgrund seines

Der Vater: Emil Wittig

Geburtsdatums schon zu den 18-Jährigen zählt, zum Militär eingezogen. Sein Abitur kann er nicht mehr ablegen. Er kommt zur Rotkreuzausbildung an die Front nach Frankreich.

Oben links: Siegfried als Schüler
Oben: Rotkreuzhelfer in Frankreich 1917

Im Namen der Großmutter

In einem Alter, in dem andere die Schule verlassen, kehrt Siegfried aus dem Krieg zurück. Das Schicksal war gnädig mit dem jungen Mann – er gehört zu den Überlebenden. Wegen seiner Sanitätskenntnisse liegt es für ihn nahe, Medizin zu studieren. Er schreibt sich ein und verbringt einige Semester an der Berliner Charité.

Doch schon bald setzt sich bei ihm die Erkenntnis durch, dass er zum Arzt wohl doch nicht geboren sei. Das väterliche Erbteil ist stärker: Viel lieber möchte Jung-Siegfried Schauspieler werden. Jahrzehnte später erinnert er sich: »Begonnen habe ich mit der Schauspielerei, als ich als Student vor Hunger und Armut meine Medizinvorlesungen nicht mehr länger hören konnte.«

Für einen Schauspieler, selbst für einen unbekannten, ist der Name ein Markenzeichen. Von seinem Familiennamen trennt sich Siegfried, denn »Wittig« ist von seinem Vater besetzt. Er nimmt den Mädchennamen der Mutter seines Vaters an: Schürenberg.

Der Vater vermittelt ihn an Eduard von Winterstein, einen Lehrer des Max-Reinhardt-Seminars. 1920, nach einem Jahr Unterricht, erhält er sein erstes Engagement in Stolp in Hinterpommern. Am Stadttheater debütiert er in dem Stück »Die Ehre« von dem seinerzeit viel gespielten Hermann Suder-

Oben: Theaterzettel aus Stolp 1920
Oben rechts: Der junge Schürenberg

mann; Schürenberg spielt den jungen Helden. Thema ist die sozial bedingte Verschiedenheit des Ehrbegriffs: Robert, ein junger Mann aus kleinbürgerlichen Verhältnissen, entdeckt, dass der Sohn seines einflussreichen Gönners eine intime Beziehung zu seiner Schwester unterhält, während er selbst der Tochter des Hauses in platonischer Liebe zugetan ist. Nur Roberts Freund, dem Grafen von Trast-Saarberg, ist es zu verdanken, dass es nicht zur Katastrophe kommt.

In Schürenbergs erster Theaterkritik heißt es: »Das Motiv des Gegensatzes zwischen Vorder- und Hinterhaus ist etwas veraltet; in zu vielen Fällen haben in den letzten Jahren die Parteien miteinander die Wohnungen getauscht. Aber bühnenwirksam ist die ›Ehre‹ noch immer, besonders, wenn die beiden Hauptrollen in so guten Händen liegen wie der Robert bei Herrn Schürenberg und der Graf bei Herrn Anthony.«

In schneller Folge spielt Schürenberg in Stolp Hauptrollen in Volksstücken wie »Alt Heidelberg« (später wird er übrigens auch in dem gleichnamigen Film eine Rolle übernehmen), »Schwarzwaldmädel« und »Die schöne Helena« oder in Klassikern wie Schillers »Die Räuber«. Im Jahr 1921 tritt er in über zehn verschiedenen Inszenierungen auf.

Nach dem ersten Jahr in Stolp beginnt für den Schauspieler der mühsame Weg durch die Provinz. 1921 spielt er in

Oben links: Karriere am Theater
Oben: Siegfried Schürenberg 1921

Köthen, 1921/22 in Potsdam, 1922 in Stralsund, 1923 in Bonn, 1924 in Stettin. Sein Repertoire ist weit gefächert; er überzeugt als jugendlicher Held und Liebhaber ebenso wie als Komiker und Operettenbuffo.

1922 heiratet er. Es ist die erste von vier Ehen. In Schürenbergs späteren Erzählungen findet dieses Ereignis auf merkwürdige Weise gleichsam nebenbei statt. Nicht einmal den Namen der Ehefrau lässt er sich entlocken. Die Ehe ist von vornherein zum Scheitern verurteilt. Ein Kind ist unterwegs – es muss geheiratet werden: eine Frage der Ehre, die gleichsam aus einem Sudermann-Stück ins wahre Leben transponiert worden ist. Doch Schürenberg ist kein aufbegehrender Held, der die Konventionen sprengt. Er fügt sich ins scheinbar Unvermeidliche und scheitert. Die Eheleute trennen sich, der Sohn Sven, der später Journalist werden wird, bleibt bei der Mutter.

Von 1925 bis 1927 lässt Schürenberg sich für zwei Jahre an das Stadttheater Kiel verpflichten. Anschließend geht er nach Hamburg, wo er 1927 an den Kammerspielen an einer viel beachteten Uraufführung beteiligt ist. Das Stück heißt »Hoppla, wir leben!«, stammt von Ernst Toller und hat als Hauptfiguren sechs Revolutionäre, die nach der gescheiterten Revolution 1919 im Gefängnis auf ihre Hinrichtung warten. Die Inszenierung ist geprägt von Erwin Piscators szenischen

Oben: Schürenberg mit seiner ersten Frau

Rechte Seite: Sohn Sven aus erster Ehe

Experimenten. Schürenbergs Partner sind Gustaf Gründgens, Paul Kemp und Viktor de Kowa.

»Hoppla, wir leben!« hat am 1. September 1927 Uraufführung und stößt auf große Resonanz bei der Presse. Tollers Bilder-Revue – der Titel ist einer Schlagerzeile entlehnt – beleuchtet schlaglichtartig den Zustand der Weimarer Republik in der Mitte der zwanziger Jahre. Das »Hamburger Abendblatt« schreibt am 2. September 1927: »Es war eine Musterschau aller alten und neuen Kräfte, die zumindest für die neu engagierten der beiden Hauptrollen den vollen Qualifikationsnachweis als Charakterspieler gestaltete: Hans Hinrich und Siegfried Schürenberg.«

Star der Inszenierung war allerdings der schmächtige Paul Kemp, der seit Jahren zum Ensemble der Hamburger Kammerspiele gehörte. Kemp wurde später einer der beliebtesten Komödianten des deutschen Unterhaltungskinos (»Charleys Tante«).

Die beiden Schauspieler verstehen sich gut. An einem Abend gehen Kemp und Schürenberg zwischen zwei Vorstellungen durch das verregnete Hamburg. Beide sind müde und abgespannt. Vor dem Schaufenster einer Vogel- und Zierfischhandlung bleiben sie stehen und betrachten die Tiere. Darauf Schürenberg: »Paulchen, ich werde dir einen Fisch oder einen Vogel schenken – ganz wie du willst!«

Kemp ist einverstanden, und Schürenberg ersteht zwei große Prachtfinken. Erst draußen vor der Tür merkt Kemp, todmüde von der Arbeit, was er sich da eingehandelt hat, und gibt zu bedenken: »Weißt du, Siegfried, wir hätten doch lieber einen Fisch kaufen sollen, der ist nicht so laut!«

Später allerdings entwirft Kemp ein wenig angenehmes Charakterbild von Schürenberg. In seinem 1953 erschienenen Buch »Blühendes Unkraut« schildert er, was er mit Schürenberg erlebt hat, als beide einen Werbefilm für eine Lebensversicherungsgesellschaft drehten:

> *An einem ungemütlichen Hamburger Novembertag versammelte sich der Aufnahmestab auf einem Bootssteg am rechten Alsterufer. Kollege Schürenberg und ich saßen schon seit 10 Uhr früh in der Kabine des Bootsverleihers beim Grog und machten uns mit der Szene vertraut. Auf dem Tisch lag der Manuskript-Durchschlag. »Lies noch mal vor, Siegfried, wie war das also?« – »Nu pass auf, Paul: Wir zwei kommen nach total durchzechter Nacht morgens hier an der Alster vorbei, und du willst mit der Hartnäckigkeit von Besoffenen Kahn fahren. Schön, rudere ich also mit dir hinaus. Kaum draußen, fängst du übermütig an zu schaukeln, kriegst Übergewicht und kippst ins Wasser. Ganz*

einfach!«, schloss er sadistisch. Im Film sah das Ganze dann wirklich hochdramatisch aus. Als sich die Wellen über meinem Kopf schlossen, liefen mir noch im Parkett Schauer über den Rücken. Und oben rechts erschienen, einkopiert, »Frau und Kind« – Mutter verzweifelt die Hände ringend: »Um Himmels willen, und unser Vater ist nicht versichert!«

Die Kennzeichnung seiner Person als »sadistisch« nahm Schürenberg dem Kollegen Kemp mehr als übel, obwohl dem Text nicht zu entnehmen ist, ob die Bezeichnung ernst gemeint ist oder ob es sich nur um eine ironische Übertreibung handelt. Schürenberg jedenfalls brach den Kontakt nach Erscheinen des Buches rigoros ab. Zur Versöhnung blieb keine Zeit mehr – Kemp starb noch im selben Jahr.

Die Anekdote über den Erwerb der zwei lärmenden Finken findet sich übrigens ebenfalls in Kemps Buch. Nur – dort ist nicht Schürenberg der Partner, sondern Gustaf Gründgens. Möglicherweise ein weiterer Grund, warum sich Schürenberg grämte.

Auch einen Teil des Jahres 1928 steht Schürenberg noch in Hamburg auf der Bühne. Dann wechselt er in eine andere Hansestadt – nach Bremen, wo er für eine Saison am Stadttheater engagiert ist.

Die kalte Hundeschnauze

Wie schon der Vater, so ist auch Siegfried ständig auf Wanderschaft. Mehr als andere kann er auf diese Weise die Lage in Deutschland beobachten. Die Menschen leiden noch immer unter den Folgen des verlorenen Krieges. Die Arbeitslosigkeit ist allgegenwärtig. Das politische Leben ist turbulent, doch niemand kann sich vorstellen, welche politische Katastrophe sich anbahnt.

Für Schürenberg bringt das Jahr einen tiefen persönlichen Einschnitt: Der geliebte und verehrte Vater stirbt. Emil Wittig ist nur 58 Jahre alt geworden. Das aufreibende Schauspielerleben und der ständige Kampf um die Existenz haben an seinen Kräften gezehrt. Seine Frau Thekla, von der er getrennt lebt, wird ihn um 29 Jahre überleben.

Zur Mutter scheint Schürenberg ein weniger intensives Verhältnis gehabt zu haben. Er scheint ihr nie verziehen zu haben, dass sie den Vater verließ. Thekla Wittig ihrerseits litt unter der Trennung vom Sohn. Aufschlussreich ist eine Begebenheit, die Schürenberg einmal erzählte, ohne sie weiter zu kommentieren: In einer seiner Vorstellungen weinte eine Dame herzzerreißend. Der Schauspieler, wegen der un-

Linke Seite:
Siegfried Schürenberg 1921

gewöhnlich starken Gefühlsaufwallung irritiert, blickte ins Publikum. Zu seiner Überraschung erkannte er: Die schluchzende Frau war seine Mutter.

1929 geht Schürenberg an das Schauspielhaus Zürich. Dort spielt er in der Uraufführung des Volksstückes »Die Geschichte vom General Suter« den Schweizer Nationalheros, und zwar so überzeugend, dass ihm angeblich ein Mitglied des Bundesrats die Schweizer Staatsbürgerschaft verschaffen wollte. Schürenberg allerdings kann sich zu dem Zeitpunkt nicht vorstellen, dass er als Schauspieler bei den Eidgenossen seine Erfüllung finden wird. Er denkt nicht weiter über das Angebot nach. Jahrzehnte später bekennt er mit einem Augenzwinkern, dass das wohl ein Fehler gewesen war: »Ich könnte mich dafür in den Hintern treten, aber so, dass ich durch die Tür fliege!«

Einstweilen bleibt er aber der alpenländischen Region verbunden. Er wechselt über die Grenze nach Österreich und taucht 1931 in Wien auf. Am Theater in der Josefstadt spielt er in »Journalisten«, einem Boulevardstück der US-Autoren Ben Hecht und Charles MacArthur. Einer seiner Partner ist Attila Hörbiger. Der Theaterkritiker der »Stunde« vom 11. Juni 1931 notiert begeistert: »Die Entdeckung des Abends: Herr Schürenberg. Ein richtiger Männerspieler. Kalte Hundeschnauze, gemein bis zum Exzess. Auf seinem Gesicht steht die Unerbittlichkeit Chicagos. Wir werden sehen, wie viele Gesichter er noch hat.«

Über mangelnde Anerkennung kann sich der Schauspieler nicht beklagen. Und trotzdem: Von Ängsten und Selbstzweifeln ist er nicht unangefochten. Im Alter erinnert er sich, wie er während seiner Theaterzeit immer wieder denselben Traum hatte – einen Albtraum: »Ich stehe nackt hinter der Bühne, und der Vorhang öffnet sich, bevor mein Kostüm gebracht wird. Ich war jedes Mal so erschrocken, dass ich regelmäßig aufgewacht bin. Gottlob hat mich das Publikum nie so gesehen.«

Großes Welttheater

Ende des Jahres 1931 hat Schürenberg sein großes Ziel erreicht. Er ist im Zentrum des Theaterlebens angekommen – dort, wohin es alle Schauspieler zieht: Berlin.

Die Reinhardt-Bühnen bieten dem inzwischen 31-Jährigen einen Dreijahresvertrag an. Max Reinhardt, der legendäre Theaterleiter, hat seinen Tätigkeitsschwerpunkt zu dieser Zeit bereits nach Wien verlegt, ist aber offiziell immer noch Chef des Deutschen Theaters, der führenden deutschen Bühne. Als die Nationalsozialisten 1933 an die Macht kommen,

Im Ensemble mit Heinrich George (Mitte) und seiner Frau Berta Drews (sitzend vorn). Schürenberg 2. v. l.

entziehen sie Reinhardt, der eigentlich Goldmann heißt, die Leitung des Theaters. Er emigriert in die USA.

Schürenberg erinnert sich schmunzelnd: »Der letzte Vertrag, den Reinhardt mit einem Schauspieler schloss, war meiner. So gesehen bin ich eine historische Figur.« Obwohl es eher unwahrscheinlich ist, dass Reinhardt im ganzen kommenden Jahr 1932 keinen einzigen Schauspielervertrag mehr abgeschlossen haben soll, wird Schürenberg tatsächlich einer der letzten Schauspieler sein, die das Glück haben, in einer sich dem Ende zuneigenden Epoche den Olymp der deutschen Theaterszene zu erklimmen.

Am Deutschen Theater steht er 1932 in dem Kleist-Drama »Prinz von Homburg« auf der Bühne. Seine Partner sind Gustav Fröhlich und Paul Wegener, der als »Student von Prag« und vor allem als »Golem« zu einem der bedeutendsten Stummfilmstars in Deutschland avanciert war. Es schmeichelt ihm, als er in einer Zeitungskritik vom 22. Oktober 1932 über sich lesen kann: »Aus den Reihen der jungen Garde trat Siegfried Schürenberg als Hohenzollern besonders vorteilhaft heraus. Eine reife Darstellung, die sich sehen und hören lassen kann.«

Am 30. Januar 1933 feiern die Nazis die Machtergreifung mit einem Fackelzug durch das Brandenburger Tor. Wenige Wochen darauf, am 1. März, hat am Deutschen Theater ein Stück Premiere, dessen Titel geradezu wie eine ironisch-banalisierende Paraphrase der kommenden politischen Umwäl-

In Kostüm und Maske

zungen erscheint: Hugo von Hofmannsthals »Das große Welttheater«. Schürenberg spielt darin die Rolle des »Reichen«.

Am Schiller-Theater steht er gegen Ende des Jahres in Schillers »Wilhelm Tell« auf der Bühne. Im Zentrum des Dramas steht das Problem des Tyrannenmords – auch dies ein Thema, das sich als verdeckte Auseinandersetzung mit den Verhältnissen im neuen Deutschland verstehen lassen kann. Schürenberg spielt den Landvogt Gessler, eine Rolle, die für ihn, der durchaus ein Faible für boshafte, kalte Charaktere hat, nicht besser gewählt sein könnte. Im »Tagesblatt« vom 4. Dezember heißt es: »Schürenberg, der Darsteller des Landvogts, ist eine kalte, drohende Erscheinung – ein Charakterdarsteller von Qualität.«

Auch die nächste Inszenierung am Schiller-Theater trägt ihm Lob ein. Über das Stück »Langemarck«, das Ereignisse auf den blutigen Schlachtfeldern bei besagtem belgischem Dorf beschreibt, heißt es in einer Kritik vom 8. Januar 1934: »Von den gut vierzig Darstellern soll Siegfried Schürenberg besonders genannt sein. Er spielt den englischen Kapitän Baker, und er tut dies mit einem großartigen charakteristischen Aspekt auf die Gestalt, die er verkörpert, und auf die Sache, in die diese Gestalt hineingestellt wird. Schürenberg überraschte durch jeden Satz, den er sprach, denn mit jedem Satz drang er weiter in Bezirke vor, die die ganze Szene beleuchteten und bedeuteten. Eine männliche Erscheinung, die in dieser Art noch nie da war.«

Ein Triumph wird schließlich seine Darstellung des Falstaff in Shakespeares Königsdrama »Heinrich IV.«. Zu den Mitwirkenden dieser Aufführung gehört auch Alice Treff. Am 19. Februar 1934 schreibt ein Kritiker: »Eine neue großartige Leistung des Schauspielers Siegfried Schürenberg. Keine derbe unflätige Komik, mit der man Falstaff zwar zur Wirkung pour la galerie bringen kann, aber auch immer degradiert. Ein feistes aber wirkliches Stück Erde. Der berühmte Schrei nach Poins nach dem Raub des Pferdes hat in Schürenbergs Mund einen eigenen köstlichen Akzent. Wenn er im Rausch einschläft, während daneben über seine Verhaftung diskutiert wird, weiß man, hier ist keine Verstellung, hier ist jemand vom Suff überwältigt. Ein wilder unverschämter Kopf, ein Leib wie eine massive Tonne über ein paar kurzen Türmen von Stiefeln: Er könnte von einem alten Holländer gemalt sein.«

Während einer Aufführung machen sich die Kollegen einen Spaß mit dem immer seriösen Schürenberg. In einer Szene legt ihm sein Sekretär eine Mappe vor mit einem Schriftstück, das er unterzeichnen muss. Schürenberg öffnet die Mappe, und anstelle des Dokuments liegt ein übergroßes Foto einer leicht bekleideten jungen Dame vor ihm. Es kostet ihn einige Überwindung, ernst zu bleiben, aber er schafft es doch, schwungvoll seine Unterschrift auf das Bild zu setzen.

In diesen Monaten ist Schürenberg ständig unterwegs. Seine Verpflichtungen zwingen ihn, zwischen den einzelnen Theatern hin- und herzupendeln. Da hilft es ihm, dass sich ein Freund bereit erklärt hat, ihn zu chauffieren. Schürenberg, der ein überzeugter Automuffel ist, besitzt weder Führerschein noch Kraftfahrzeug; das Automobil ist deshalb ein Leihwagen. Nach vielem Zureden überzeugt ihn der Freund, dass es vorteilhafter sei, sich einen eigenen Wagen zuzulegen. Tatsächlich ist Schürenberg innerhalb kurzer Frist Besitzer eines Autos. Doch der Gedanke an den Wagen in der Garage lässt ihn nicht schlafen. Schon in der Nacht nach dem Kauf ruft er den Freund an und bittet ihn, das Gefährt wieder zu verkaufen. Später erinnert er sich: »Ich bin wohl der einzige Mensch, dem im ganzen Leben nur einen einzigen Tag lang ein Auto gehört hat.«

Marathonlauf zum Filmruhm

Schürenberg hat Karriere gemacht. Er spielt an den großen Bühnen der Hauptstadt, am Deutschen und am Schiller-Theater. Das Berliner Theaterpublikum kennt seinen Namen. Er ist inzwischen wer.

Doch er strebt nach höheren Zielen. Er möchte zum Film, der schon lange seine große Sehnsucht ist. Dass dieser Weg möglicherweise qualitativ ein Abstieg sein könnte, stört ihn wenig. Entscheidend für ihn ist, dass er sich nur durch das allgegenwärtige Medium des Films ins allgemeine Bewusstsein einprägen kann: »Erst durch den Film«, so äußert er sich einmal, »wird der Schauspieler wirklich populär. Das Theater ist in seiner räumlichen Begrenztheit die Wiege des Erfolges, aber erst der Film, der in alle Städte und Dörfer kommt, macht einen bei jedermann bekannt.«

Kein Zweifel – der junge Schürenberg dürstet nach dem Lebenselixier eines jeden Schauspielers: Anerkennung.

Bereits 1932 hat er beiläufig seine Fühler zum Film ausgestreckt. Ein Kritiker des Scherl Verlags bringt ihn mit einflussreichen Leuten bei der UFA in Kontakt. Die UFA war das Zentrum der deutschen Filmproduktion schlechthin. Tatsächlich steht er in den berühmten Studios von Babelsberg bald zum ersten Mal vor der Kamera – für Probeaufnahmen. Und er hat Glück: Im selben Jahr erhält er eine winzige Rolle in dem Film »Der Läufer von Marathon«.

Der Titel lässt ein antikes Historienabenteuer erwarten. Als im Jahr 490 v. Chr. der griechische Heerführer Miltiades bei Marathon die weit überlegenen Perser besiegt, überbringt ein Läufer die frohe Kunde nach Athen. Am Ziel angekommen, kann er gerade noch den Sieg verkünden, bevor er tot zusammenbricht.

Tatsächlich aber geht es in dem von E. A. Dupont inszenierten Lichtspiel um eine Gruppe von Studenten, die bei den Olympischen Spielen um den Sieg im Marathonlauf kämpft. Ihre Vorbereitungen werden gehörig durcheinander gebracht, weil sich alle in ein und dasselbe Mädchen verliebt haben.

Schürenbergs Mitwirkung in diesem Streifen ist zwar belegt, jedoch kann man ihn in keiner Szene entdecken. Man darf getrost annehmen, dass er keine bedeutende Rolle spielte, sondern in der Schar der Kleindarsteller verschwand. Das Interesse des Publikums galt ohnehin den Stars des Films: an erster Stelle der blonden Brigitte Helm, die durch den Film »Die Frau im Mond« berühmt geworden war. Ihr zur Seite standen Hans Brausewetter, Paul Hartmann und Victor de Kowa.

Auch ansonsten hatte der Film einige bekannte Namen aufzuweisen. Das Drehbuch stammte von Thea von Harbou, der einstigen Frau von Fritz Lang, die für ihre phantasievollen Drehbücher bekannt war. An der Kamera stand der herausragende Eugen Schüfftan, und die Musik schrieb Giuseppe Becce.

Als »Der Läufer von Marathon« am 24. Februar 1933 uraufgeführt wird, ist Hitler bereits über drei Wochen an der Macht.

Ein Mann will nach oben

Der Rest des Jahres wird der Filmarbeit gehören, die ihn von jetzt an nicht mehr loslassen wird.

Im Frühjahr 1934 verpflichtet ihn der berühmte Paul Wegener für die UFA-Produktion »Ein Mann will nach Deutschland«. Schürenberg kennt ihn von seiner Berliner Theaterarbeit.

Wegener gilt als der erste große Filmschauspieler Deutschlands, der seine großen Erfolge im Stummfilm feiern konnte. Gleichzeitig ist er auch Autor, Regisseur und Produzent. In der Tonfilmzeit konnte er an seine frühere Glanzzeit nicht mehr anschließen. Den braunen Machthabern diente er sich später durch seine Mitwirkung in einigen besonders üblen

Propagandastreifen an, wie etwa Veit Harlans »Kolberg« (1945).

Die Handlung von »Ein Mann will nach Deutschland« war ganz und gar nach dem Geschmack der Nazis gestrickt. Ein deutscher Ingenieur, in Südamerika tätig, will bei Ausbruch des Ersten Weltkriegs unbedingt seinem Vaterland als Soldat dienen. Doch ungeahnte Schwierigkeiten türmen sich vor ihm auf. Nur die Werkseigentümerin, die ihn liebt, unterstützt ihn. Zum guten Ende gelingt es ihm schließlich, glücklich in seine Heimat zurückzukehren und den Dienst an der Waffe anzutreten.

Die Hauptrollen in dem patriotischen Streifen spielen Karl Ludwig Diehl, Ernst Rotmund, Brigitte Horney, Hans Leibelt und Willy Birgel. Schürenberg ist in der Rolle des Corner zu sehen.

Am 26. Juli 1934 hat »Ein Mann will nach Deutschland« Premiere. Glücklich ist Schürenberg mit dem Ergebnis nicht. Das hat weniger mit der Handlung des Films zu tun als vielmehr mit dem Umfang seiner Rolle. Er erinnert sich: »Da saßen wir dann, ein Mitspieler und ich, bei der Premiere in unserer Loge und sahen uns den Film an, und je mehr wir erleben mussten, wie wenig von unserem Spiel auf der Leinwand schließlich übrig geblieben war, desto bekümmerter

Ganz Gentleman: »Ein Mann will nach Deutschland« (r.)

wurden wir. Einem dritten aber, der neben uns saß, erging es noch schlimmer: Dessen Szenen waren alle ohne Ausnahme der Schere zum Opfer gefallen.«

Immerhin: Ein aufmerksamer Kritiker registriert Schürenbergs Mitwirkung und findet für ihn lobende Worte: Er sei »ein Schauspieler von überzeugender charakteristischer Selbstverständlichkeit«, was wohl heißen soll, dass er seine Rolle glaubwürdig verkörpert. Angesichts der Mitwirkung solch prominenter Kollegen wie Diehl und der Horney weiß Schürenberg das Kompliment zu schätzen.

Harry Piel nimmt die Hände hoch

Noch vor der Premiere von »Ein Mann will nach Deutschland« wird Schürenberg für einen weiteren Film verpflichtet.

Alles deutet darauf hin, dass er mit dem neuen Filmangebot das große Los gezogen hat: Er soll eine Hauptrolle spielen, und seine Partnerin ist keine Geringere als die berühmte Sybille Schmitz. Das Filmvorhaben trägt den Titel »Der Herr der Welt«, und der Produzent, der gleichzeitig sein eigener Regisseur ist, gehört zu den ganz großen Namen im Film-

Szene aus »Ein Mann will nach Deutschland«. Schürenberg 2. v. l.

geschäft. Es ist Harry Piel, Sensationsdarsteller und Tausendsassa des deutschen Kinos.

Normalerweise spielt Piel in seinen Filmen auch die Hauptrolle. Diesmal ist das anders. Der Alleskönner führt Regie, aber als Hauptdarsteller sucht er ein neues Gesicht. Piel ist der Aufstieg von Siegfried Schürenberg in der Berliner Theaterszene nicht verborgen geblieben. Mit ihm will er es versuchen. Schürenberg soll der Star von »Der Herr der Welt« werden!

Der beim Filmpublikum ungemein populäre Piel produzierte seine Filme schon seit langem mit seiner eigenen Firma, der Ariel-Film. Auch unter den Nazis konnte er sich seine Selbstständigkeit bewahren. Er ließ sich von niemandem reinreden und umgab sich mit einem Kreis von immer denselben Mitarbeitern.

In der Story des neuen Films geht es um einen größenwahnsinnigen Erfinder namens Wolf, der sich mit Hilfe eines Maschinenmenschen zum »Herrn der Welt« machen will. Der mutige Bergwerksingenieur Werner Baumann – gespielt von Siegfried Schürenberg – kann das Vorhaben vereiteln. Wolf (übrigens ein Lieblingsname von Adolf Hitler) kommt durch seine eigene Erfindung ums Leben.

»Der Herr der Welt«: Schürenberg mit Sybille Schmitz

An der Seite der beiden Hauptdarsteller Schürenberg und Sybille Schmitz spielen Walter Janssen, Aribert Wäscher, Walter Franck, Max Gülstorff, Willy Schur und Otto Wernicke.

Für den auch in jungen Jahren schon immer etwas zurückhaltend und reserviert auftretenden Schürenberg muss die Begegnung mit Piel eine Herausforderung dargestellt haben. Dieser Mensch, so beobachtete er, war einen ganz anderen Arbeitsstil gewohnt als er, aber die Ergebnisse konnten sich sehen lassen.

Der Piel-Biograf Matias Bleckman berichtet: »Schürenberg ist von Piels Arbeit ebenso beeindruckt wie verblüfft, beeindruckt durch die sich in jeder Geste, in jeder Anweisung mitteilende Besessenheit, verblüfft von der spielerischen Freude dieses Regisseurs an seiner Arbeit: ›Man hat nicht den Eindruck, dass hier ernsthafte Künstler bei schwerer Arbeit sind, sondern mehr, als ob hier eine Schulklasse aus Jux und Tollerei irgendein Ding dreht.‹« Kopfschüttelnd registriert der stets gesetzt wirkende Schürenberg, dass Piels Ausgelassenheit auch nach Feierabend noch kein Ende nimmt.

Besonders in seine Erinnerung eingegraben hat sich die folgende Episode: Eines Abends während der Dreharbeiten fährt Piel seinen Hauptdarsteller mit dem Wagen nach Hause. Schürenberg, der selbst kein Auto hat, wohnt zu jener Zeit

Mit Max Gülstorff (l.) in »Der Herr der Welt«

im vornehmen Dahlem. »Wir unterhielten uns, waren vergnügt. Plötzlich, in seinem jugendlichen Temperament, sagt Piel: ›Na, was sagst du nun?‹ Und nimmt dabei die Pfoten hoch vom Lenkrad. Ich schrie: ›Nimm sofort die Vorderfüße wieder ans Steuer!‹ Piel, die Ruhe selbst, entgegnete: ›Aber warum denn? Hast du Angst?‹ Und er fuhr weiter so, bis er endlich wieder das Steuer in die Hände nahm.«

Schürenberg ist die Sache aber zu mulmig: »Ich zwang ihn anzuhalten – mitten auf der Avus. Die war damals natürlich noch nicht so belebt wie heute. Ich stieg aus, nahm meinen Koffer und sagte: ›Auf Wiedersehen, bis morgen früh!‹ Nun war es an Piel zu sagen: ›Mach keinen Quatsch, komm, steig wieder ein!‹ Ich entgegnete trotzig: ›Nein, ich fahre nicht mehr mit dir! Und wenn ich bis morgen nach Hause laufe!‹

Ich sprang die Böschung hinunter und lief mit meinem Köfferchen immer am Rand der Straße, während Piel langsam mit dem Auto neben mir herfuhr und auf mich einredete: ›Ja, kommst du endlich?‹ Und ich schrie zurück: ›Nein, ich komme nicht!‹ Die Leute, die uns sahen, dachten, da sind zwei Verrückte. Na, ich war so dumm und stieg doch wieder ein. Wir fuhren weiter, und da sagte der Kerl: ›Darf ich dir noch was zeigen?‹ Da riss er schon wieder die Hände hoch. ›Und nun guck mal auf meine Beine!‹ Da hielt er

»Der Herr der Welt«: Die technischen Geräte stellte die AEG zur Verfügung

mit den Knien das Steuer fest – dieser verantwortungslose Knabe!«

Ein Abenteurer nach dem Gusto von Piel war der seriöse Schauspieler wohl kaum. Aber Piel war im Zweifelsfall großzügiger als Schürenberg, und ihm reichte es, dass sein Star über eine edle Ausstrahlung verfügte und sich ansonsten allen Regieanweisungen willig fügte.

Abenteuer gab es auch hinter den Kulissen, ohne dass Piel dabei seine Hände im Spiel hatte. Für den Film sollte etwa eine Bergwerkskatastrophe möglichst wirklichkeitsgetreu dargestellt werden. Die Techniker tüftelten so lange, bis sie es zustande brachten, dass eine 15 Meter lange Stichflamme durch den Stollen jagte. Heftige Kohlenstaubexplosionen nahmen dem Drehstab den Atem. Am Ende mussten sämtliche Feuerlöschgeräte eingesetzt werden, um zu verhindern, dass das Atelier Feuer fing.

In einer Szene muss Schürenberg ins Wasser springen. Dabei verliert er zur großen Erheiterung seiner Kollegen das Toupet. Peinlich für den Schauspieler, denn bisher hatte er sorgsam verborgen, dass er ein kleines Haarteil trug. Noch Jahrzehnte später schüttelt sich Schürenberg mit gespieltem Entsetzen, als er sich an die Episode erinnert. Die Dreharbeiten müssen abgebrochen werden. Während der Schauspieler

»Der Herr der Welt«.
Unten: Ingenieur Baumann mit den Arbeitern des Bergwerks

Rechte Seite: Schürenberg mit Sybille Schmitz

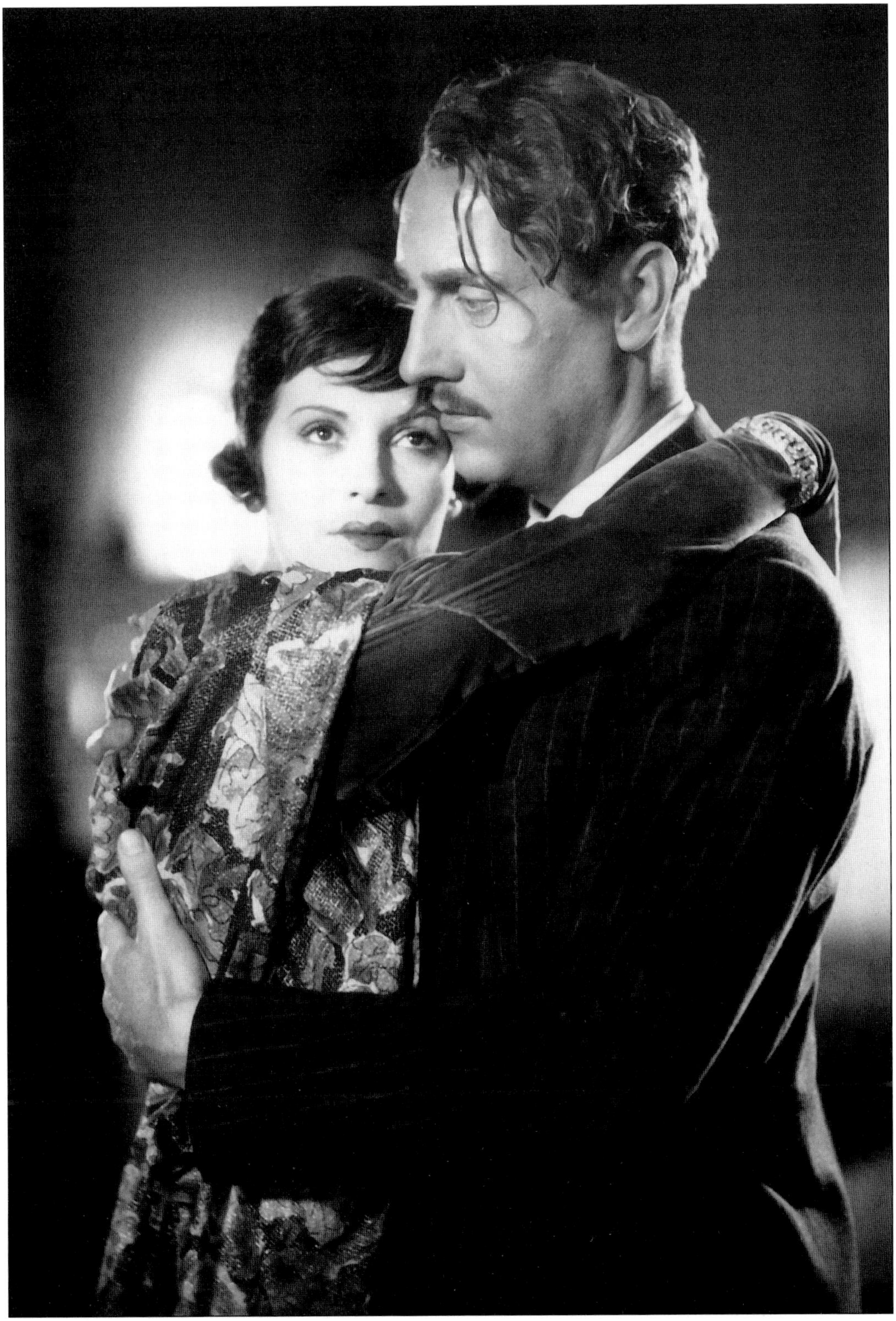

Oben: »Der Herr der Welt«: Echter Schürenberg mit falschen Haaren

Oben rechts: Schürenbergs Entwurf seiner Ansprache zur Leipziger Premiere von »Der Herr der Welt« am 23.8.1934

sich mit gespielter Heiterkeit über Wasser hält, versinkt das Toupet in den künstlichen Fluten.

Über die Dreharbeiten berichtet der »Völkische Beobachter«, das Zentralorgan der NSDAP, am 16. Juli 1934 mit nationalem Schwulst: »Dass Siegfried Schürenberg als Hauptdarsteller diese Rolle mit ihren vielen Möglichkeiten erhalten hat, ist eine Genugtuung für diesen Mann, dessen Entwicklung im Theater und Film selbst ein harter Kampf war. Mit der ihm eigenen ungezwungenen Selbstverständlichkeit entwickelt er jede Szene. Man glaubt ihm vollkommen das, was er spielt. Dabei weiß er mit einem Minimum an Technik die größte Wirkung zu erzielen.«

Am 11. August 1934 erlebt »Der Herr der Welt« im Berliner UFA-Palast am Zoo seine Uraufführung. Schürenberg ist voller Anspannung. Harry Piel sieht dem Ereignis mit gemischten Gefühlen entgegen. Und er soll Recht behalten. Der Film, der ein Publikumsrenner werden sollte, kommt nicht an. Die Zuschauer sind unzufrieden. Ein Piel-Film ohne Harry Piel, das empfinden viele als Betrug. Zudem wirken manche der hochdramatischen Szenen unfreiwillig komisch.

Das Branchenblatt »Filmwoche« bringt die Kritik auf den Punkt: »Es liegt am Stoff selbst, der nicht zu bewältigen ist. Nur ein Beispiel: Die Kampfmaschine zerstört auf ihrem todbringenden Wege alles, Mauern zerfallen vor ihr wie Kartenhäuser, Eisengitter zerschmelzen wie Wachs – aber die eine einzige Eisenplatte über dem Keller, in den sich das Liebespaar gerettet hat, die bleibt unversehrt – das ganze Laboratorium stürzt in einer Explosion zusammen – der Keller nebst Liebespaar bleibt als Schauplatz einer lyrischen Konversation zurück. Wenn das Publikum an einer solchen Stelle nicht ernst bleibt, kann man es ihm nicht verdenken.«

Schürenberg ist am Boden zerstört. Seine erste Hauptrolle – und der Film scheitert. Es tröstet ihn nur wenig, dass er in einer Kritik in »Der Film« lesen kann: »Siegfried Schürenberg, zum zweiten Mal in einem Tonfilm, hat große Zukunft. Ganz starker Eindruck in den Szenen, in denen er sich für die auf die Straße gesetzten Arbeiter einsetzt.« An ihm liegt es also offensichtlich nicht – es gibt sogar Stimmen, die in ihm einen neuen Hans Albers sehen.

Piel zieht den Film zurück, schneidet ihn um – einmal, dann noch ein zweites Mal. Die neue Fassung erlebt am 23. August 1934 in Leipzig ihre Erstaufführung. Piel bleibt vorsichtshalber zu Hause, Siegfried Schürenberg tritt als einziges Mitglied des Filmteams vor den Vorhang. Es gibt höflichen Beifall, und Schürenberg trägt eine kleine Rede vor, die er vorbereitet hat: »Ich stehe hier eigentlich nur als Lückenbüßer für Harry Piel, der gerne zu Ihnen gekommen wäre, aber leider verhindert ist. Und nun soll ich Ihnen sagen, dass er in seinem Film nicht zeigen wollte, wie die Maschinen laufen. Er wollte auch nicht

Premierenprogramm zu »Der Herr der Welt«

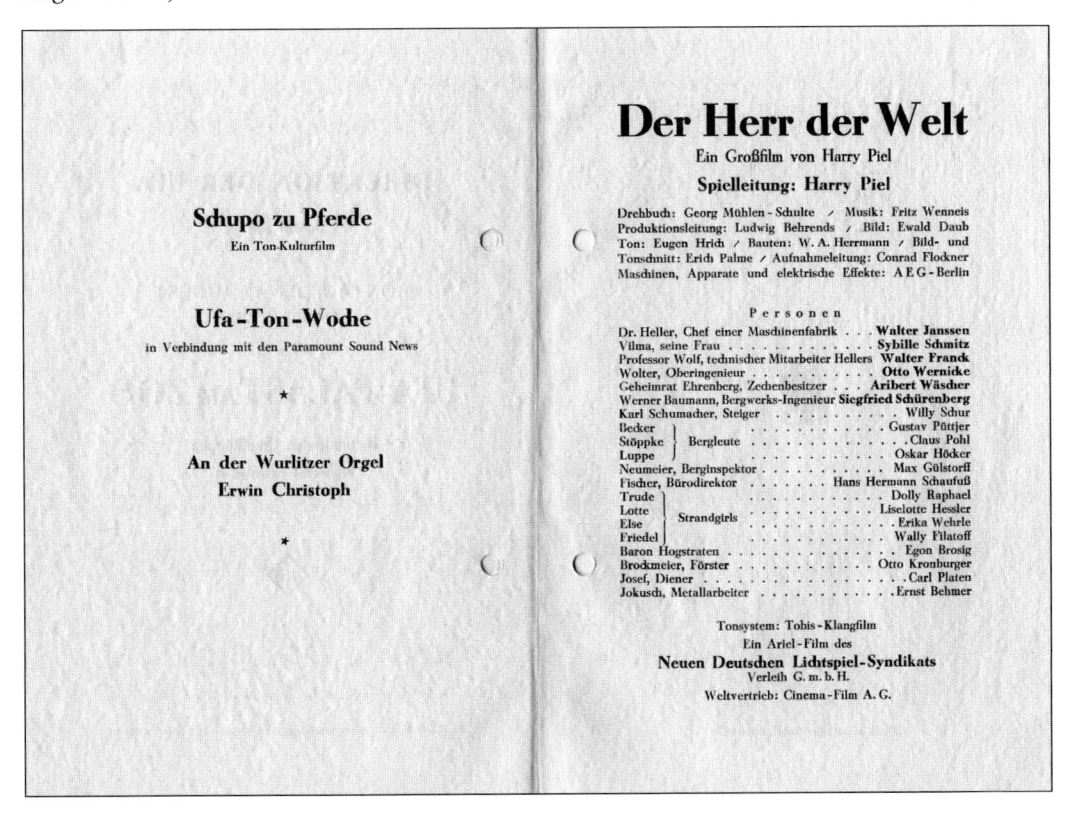

das Problem des künstlichen Menschen lösen, denn wenn er die Lösung gefunden hätte, so brauchten wir ja nicht diesen Film zu drehen, sondern er könnte mit seiner Erfindung selbst die Menschheit beglücken! Dieser Film versucht darauf hinzuweisen, dass die Maschine dem Menschen zu dienen hat. Sie soll uns in unserem Daseinskampf helfen! Nicht einzelnen Unternehmern Gewinne bringen.«

Doch auch die neue Fassung kann den Film letztlich nicht mehr retten. Mundpropaganda sorgt zuverlässig dafür, dass die Besucher ausbleiben. Dass Siegfried Schürenberg eine hervorragende schauspielerische Leistung abgeliefert hat, interessiert niemanden mehr. Es fehlt einfach Harry Piel. Schürenbergs Fehler war, nicht bedacht zu haben, dass er einen Star wie Piel auch mit der besten Leistung nie hätte ersetzen können.

Filmzeit unter den Nazis

Der Harry-Piel-Film »Der Herr der Welt« bedeutete für Siegfried Schürenberg eine entscheidende Weichenstellung.

Der Film war durchgefallen. Er – Schürenberg – war der Hauptdarsteller. Dieser Makel blieb an ihm haften – ob er wollte oder nicht. Nur ein Erfolg hätte ihn weitergebracht. Ein Erfolg nicht bei der Kritik, sondern beim Publikum. Und gerade dieses Publikum, das ihm so wichtig war, das ihn veranlasst hatte, vom Theater zum Film zu wechseln – dieses Publikum hatte ihn jetzt im Stich gelassen.

Die Folgen waren dramatischer, als sie sich dem inzwischen 34-jährigen Schürenberg auf den ersten Blick dargestellt haben mögen. Nie wieder sollte er in seinem zukünftigen Schauspielerleben eine Hauptrolle in einem ernsthaften Film spielen. »Der Herr der Welt« blieb sein einziger Auftritt als Filmstar. Sein künftiges Leben als Schauspieler sollte sich von nun an nur noch in der zweiten – und oft sogar nur in der dritten – Reihe der Darstellerriege abspielen.

Inzwischen hatte er wieder geheiratet. Mit seiner zweiten Frau, der Dänin Margareta Christina, lebt er in Berlin-Spandau. 1937 kommt sein zweiter Sohn Andreas zur Welt.

Bis 1940 dreht er nun Filme am laufenden Band. Darunter befinden sich viele Abenteuer- und Kriminalfilme, einige unverfängliche Liebesromanzen, aber auch Historienfilme mit nazistischer Grundierung bis hin zum nationalsozialistischen Propagandafilm. Die berühmtesten Produktionen, in denen er eine Rolle übernimmt, sind »Der Mann, der Sherlock Holmes war« mit Hans Albers und Heinz Rühmann, »Zu neuen Ufern« mit Zarah Leander und schließlich »Sensationsprozess Casilla« mit Heinrich George.

Rechte Seite: Mit seiner zweiten Frau Margareta Christina

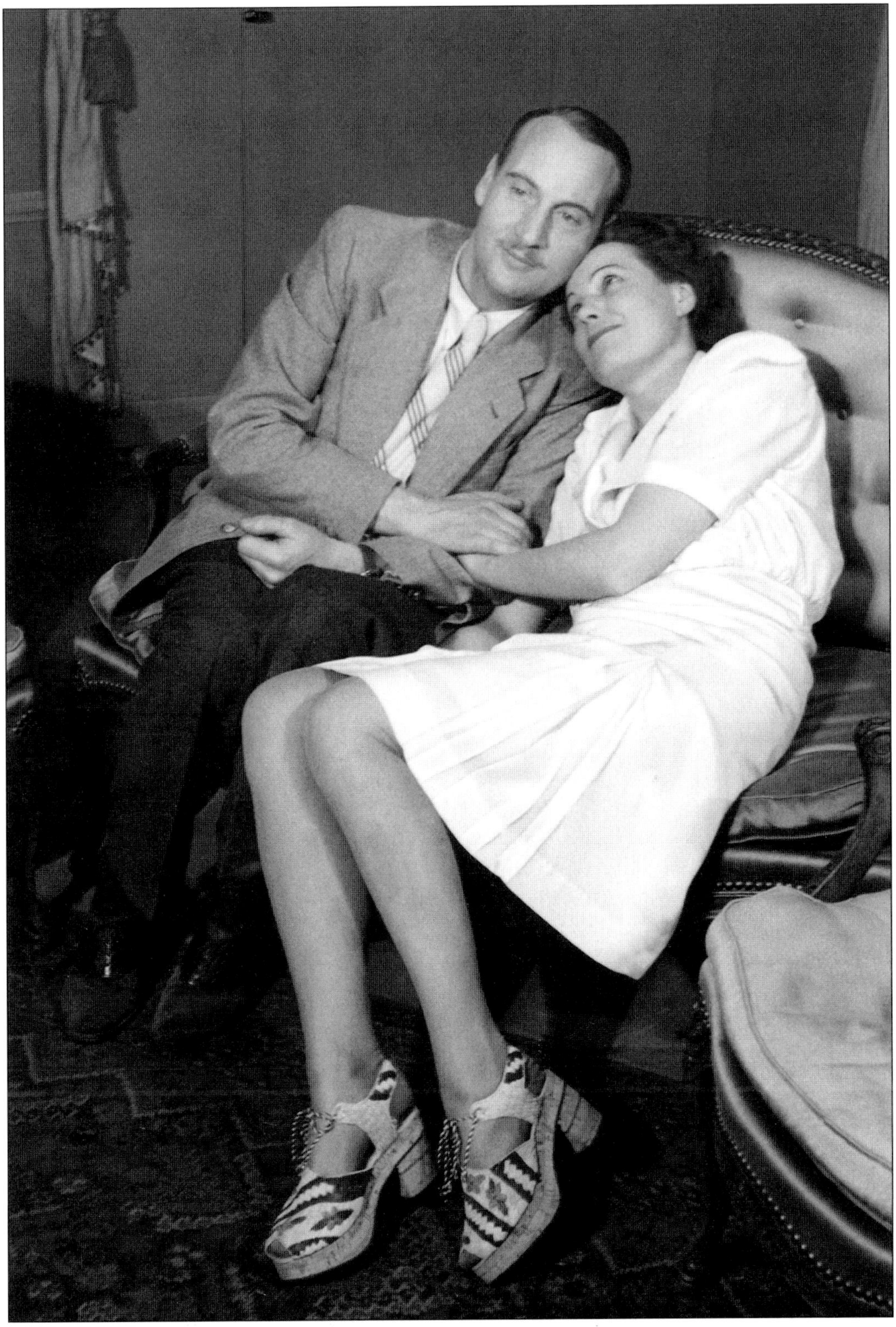

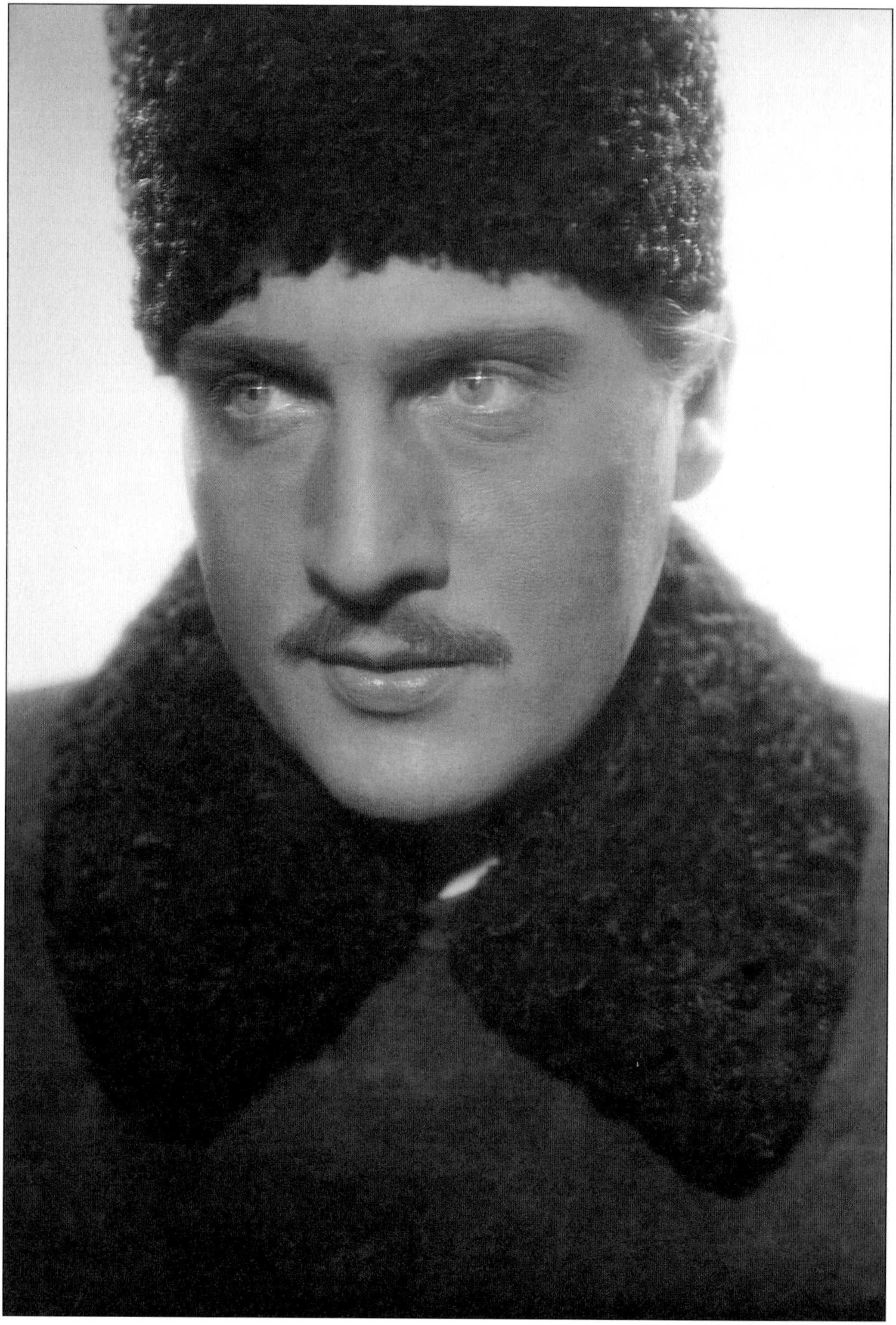

Nach dem Misserfolg von »Der Herr der Welt« dauerte es einige Monate, bis Schürenberg wieder auf der Leinwand auftauchte. Sein nächster Film, der Ende 1934 gedreht wird, entsteht nicht bei der UFA, sondern, als deutsch-österreichische Gemeinschaftsproduktion, in den Sievering-Ateliers in Wien. Es handelt sich um eine Spionagegeschichte aus dem zaristischen Russland mit dem Titel »Lockspitzel Asew«. Unter der Regie von Phil Jutzi spielen in der vergleichsweise kleinen Produktion Fritz Rasp, Olga Tschechowa, Hilde von Stolz und Wolfgang Liebeneiner. Schürenbergs Marktwert ist erkennbar gefallen – er steht nur noch an siebter Stelle der Besetzungsliste.

Auch sein nächster Film entsteht in Wien. »Der Kosak und die Nachtigall« wird, diesmal als rein österreichische Produktion, vom gleichen Regisseur und Team hergestellt wie der Vorgänger. In dem Liebes- und Kriminalfilm geht es um eine von der Liebe enttäuschte Sängerin, die mit Hilfe vieler Verehrer ihren Verlobten vergessen will. Der hingegen entlarvt einen Waffenschieber und gewinnt dadurch ihr Vertrauen zurück. Darsteller in dem harmlosen Streifen sind Iwan Petrovich, Jarmila Novotna, Fritz Imhoff und Rudolf Klein-Rogge. Die Berliner Filmprüfstelle verweigerte dem Film anfangs aus unbekannten Gründen die Freigabe und ließ ihn erst nach Schnittauflagen passieren.

Linke Seite: Als Sawinkow in »Lockspitzel Asew«

Unten: »Der Kosak und die Nachtigall«: Mit Jarmila Novotna

Möglicherweise wurde auch Schürenbergs nächster Film »Vergiss mein nicht«, zumindest teilweise, in Wien gedreht. Das Drehbuch hatte Ernst Marischka geschrieben, Spross einer verzweigten österreichischen Künstlerdynastie, der sich später mit den »Sissi«-Filmen unsterblichen Ruhm erwarb. Einziger Zweck der Geschichte war es, Benjamino Gigli, den berühmten italienischen Operntenor, effektvoll in Szene zu setzen.

Eine Privatsekretärin heiratet einen verwitweten Konzertsänger mit Kind, nachdem sie auf der Überfahrt nach New York von einem Schiffsoffizier enttäuscht worden ist. Als der einstige Geliebte wieder auftaucht, gerät die junge Frau in einen Widerstreit der Gefühle. Doch die Verantwortung siegt – sie entscheidet sich für das Kind und für die Ehe.

Benjamino Gigli heißt im Film »Enzo Curti« und spielt im Grunde sich selbst, den Startenor der Scala in Mailand. Die Sekretärin wird von Magda Schneider, Romy Schneiders Mutter, gespielt. Schürenberg ist Hellmut von Ahrens, 1. Offizier an Bord, und spielt den adligen Verführer. Ihnen zur Seite stehen Kurt Vespermann, Erik Ode und Franz W. Schröder-Schrom. Die Regie führte der Italiener Augusto Genina, der sich durch eine Reihe harmloser Liebesfilme einen Namen gemacht hatte.

Unten: Als Schiffsoffizier in »Vergiss mein nicht«

Rechte Seite: Portraitaufnahme aus »Vergiss mein nicht«

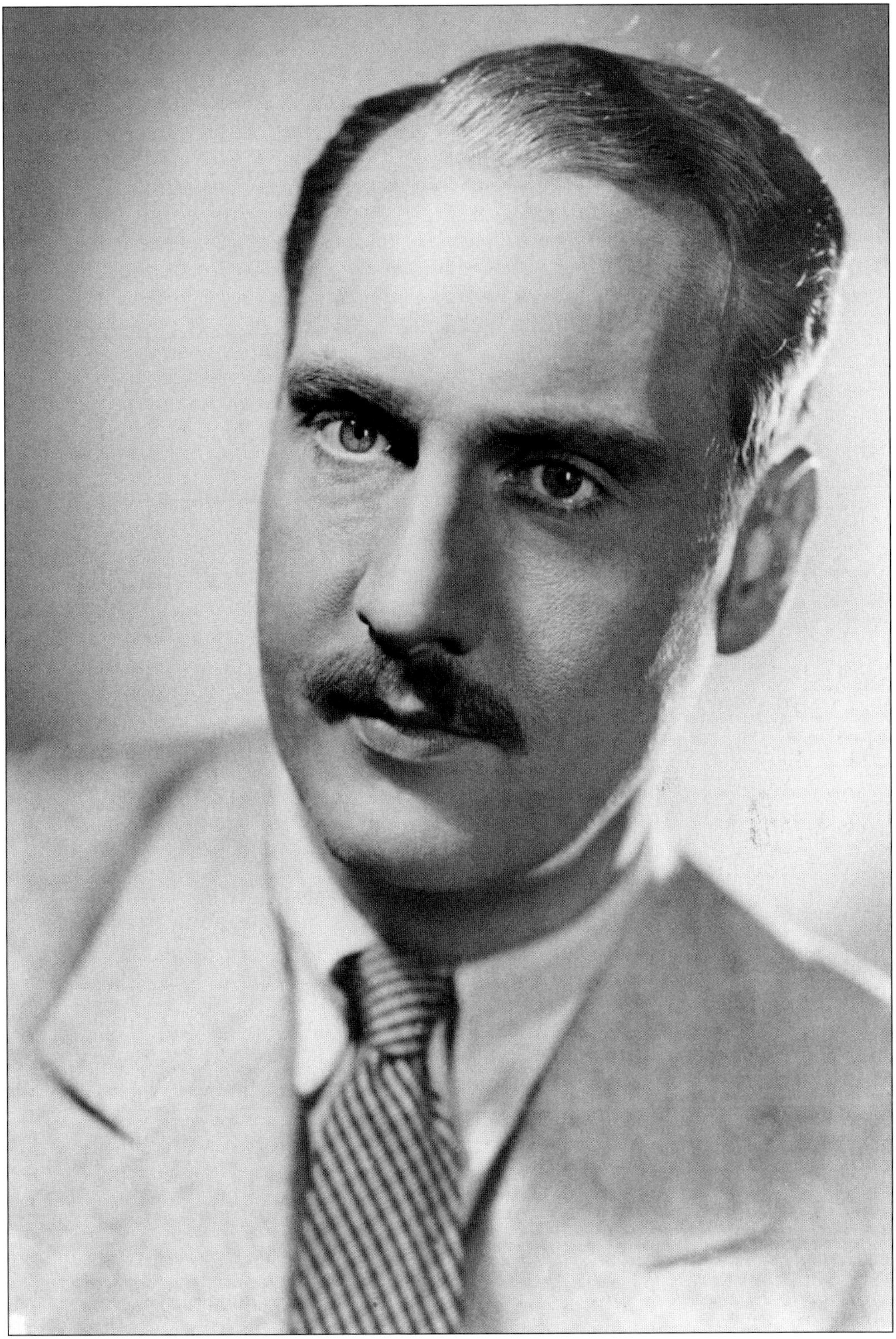

Oben: Beim Wintersport mit Freunden und Kollegen (Schürenberg 5. v. l.)

Rechte Seite: Als Lord Beckhurst in »Der höhere Befehl«

Am 24. Oktober 1935 erlebte der Film seine Uraufführung in maritimer Umgebung, nämlich in Hamburg. Der weltberühmte Startenor sorgte mit seinem Namen für Aufmerksamkeit, was allerdings nicht verhinderte, dass der Film – nicht mehr als Dutzendware – bald in der Versenkung verschwand.

Staatspolitisch wertvoll

»Vergiss mein nicht« war für Schürenberg der letzte Zipfel seines filmischen Paradieses, ein Ausläufer einer Märchenwelt, die scheinbar keine Berührung mit der politischen Realität hatte. Das sollte sich schlagartig ändern. War die Benjamino-Gigli-Schmonzette von der unbedeutenden Firma Itala-Film produziert, so befand sich der Schauspieler bei seinen nächsten Produktionen wieder im Dienst der allmächtigen UFA in Berlin.

Dort – davon konnte jeder Filmschaffende mit Sicherheit ausgehen – entstand kein Film mehr ausschließlich aus künstlerischen oder wenigstens doch nur kommerziellen Gründen. Joseph Goebbels, der in seinem Amt als Reichspropagandaminister gegenüber der Filmkunst eine besondere Leidenschaft entwickelte, kontrollierte jedes Projekt bisweilen bis ins Detail und gab nicht selten sogar den Anstoß zu einzelnen Filmprojekten.

Es gibt keine Äußerung von Schürenberg darüber, welche Bedenken er gegenüber angebotenen Rollen hatte, welche

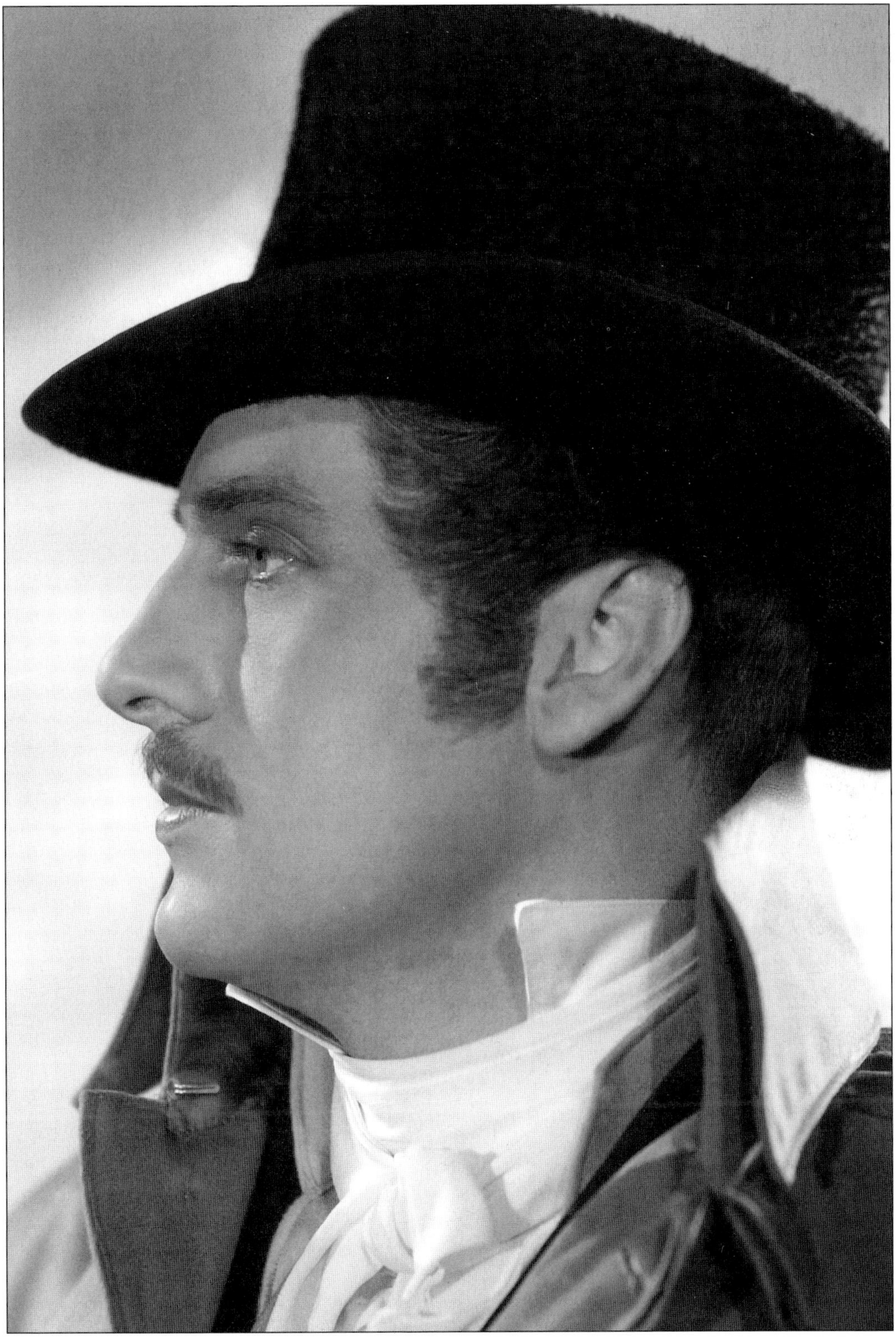

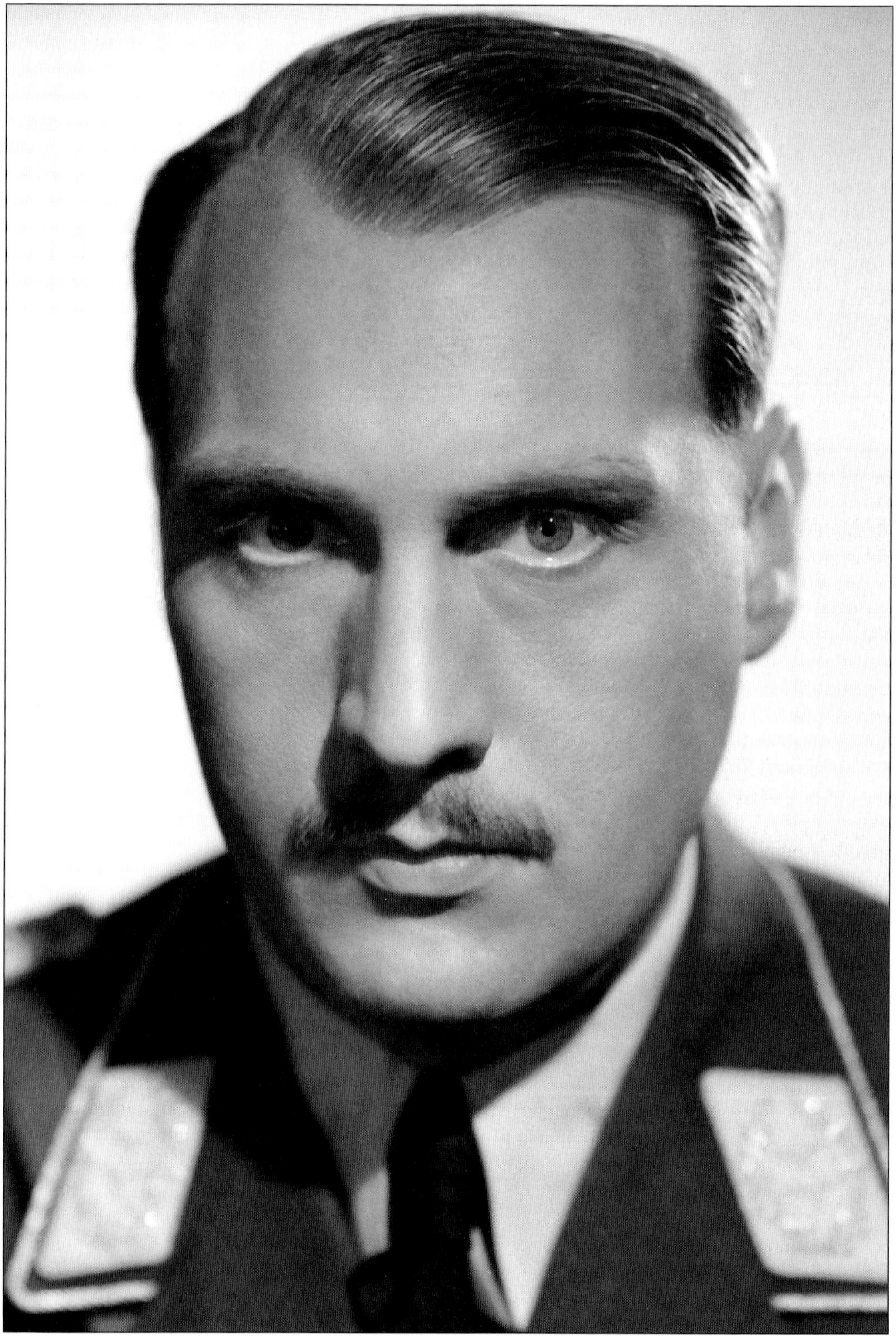

Skrupel sich in ihm entwickelten, ob dies überhaupt der Fall war und wenn ja, ab welchem Zeitpunkt. Sein Charakterbild legt nahe, dass er kein Freund der Nazis war, es gibt auch keinerlei Zeugnis für eine Parteinahme. Bezeugt ist auch, dass er sich spätestens während des Krieges deutlich und unvorsichtig über das Regime äußerte. Ob ihm als Schauspieler das Vermögen, die Fähigkeit und überhaupt der Wille zur Verfügung stand, seine Rollen sorgfältig auszusuchen, muss dahingestellt bleiben.

Dass er sich in den Dienst einer Sache stellte, die nicht die seine ist, wurde ihm möglicherweise erstmals bewusst, als ihm 1935 eine Rolle in der UFA-Großproduktion »Der höhere Befehl« angeboten wurde. Dabei handelte es sich um einen historischen Abenteuer- und Spionagefilm aus der Zeit der Befreiungskämpfe gegen Napoleon, der allerdings eine politische Aussage ganz im Sinne des Regimes transportierte. Im besiegten Preußen von 1813 gerät der Kommandant einer brandenburgischen Garnison in einen Gewissenskonflikt. Er befreit – gegen die Order seiner Vorgesetzten – einen englischen Gesandten, damit dieser das Bündnis gegen Napoleon zustande bringen kann.

Der Film wurde von der UFA mit großem Aufwand hergestellt. Die Regie war Gerhard Lamprecht übertragen. An der Spitze einer großen Darstellerriege spielten Lil Dagover, Karl Ludwig Diehl, Heli Finkenzeller, Friedrich Kayßler, Eduard von Winterstein, Aribert Wäscher, Hans Leibelt und Hans Mierendorff. Schürenberg spielte die nicht besonders große, aber wichtige Rolle des englischen Sondergesandten Lord Beckhurst.

Der Film erhielt das Prädikat »Staatspolitisch und künstlerisch besonders wertvoll« und wurde am 30. Dezember 1935 uraufgeführt. Nach dem Krieg wurde seine Vorführung in Deutschland durch die Alliierten Militärregierungen verboten.

Auch der nächste, im Jahr 1936 entstandene Film war für das Regime wichtig, obwohl aus heutiger Sicht – wie das »Lexikon des Internationalen Films« urteilt – »die politische und ideologische Folie des dramaturgisch interessanten und durchaus spannenden Films vergleichsweise recht dünn« ist. »Verräter« ist die erste wichtige Regieleistung von Karl Ritter, einem der Paraderegisseure des Dritten Reiches, der sich der UFA und dem Regime mit der Produktion des ersten Nazi-Propagandafilms »Hitlerjunge Quex« angedient hatte.

Gezeigt werden sollten die Gefahren der Spionage in der Rüstungsindustrie und bei der Wehrmacht, um die Bevölkerung indirekt zur Wachsamkeit aufzurufen – schon 1936 war die Einstimmung auf den Krieg kaum zu übersehen. Ein Agent einer fremden Macht luchst dem verschuldeten Konstrukteur

Linke Seite: Als Oberstleutnant Naumann in »Verräter«

eines Metallwerks die Pläne für einen Vergaser ab, ein zweiter schleicht sich als Monteur in ein Flugzeugwerk ein, um einen neuen Sturzkampfbomber zu stehlen, und ein dritter schließlich bearbeitet einen Panzersoldaten, der sich jedoch seinen Vorgesetzten anvertraut und dadurch zur Aufdeckung des Spionagenetzes beiträgt.

Star des Films war die junge, bildhübsche Tschechin Lida Baarova, die seit 1934 in Berlin am Theater engagiert war. Bald darauf munkelte man von ihrer Liaison mit dem verheirateten Josef Goebbels. Es gehört nicht viel dazu, dass Goebbels den Produktionsgang von »Verräter« mit besonderem Interesse verfolgte. Den Regisseur Ritter, einen Menschen von bulligem, ungehobeltem Charakter, schätzte er dagegen weniger, obwohl er sich später für das Regime mit Werken wie »Urlaub auf Ehrenwort«, »Pour le mérite« und »Stukas« unverzichtbar machte.

Zu den weiteren Darstellern zählten Willy Birgel, Irene von Meyendorff, Rudolf Fernau, Herbert A. E. Böhme, Heinz Welzel, Paul Dahlke und Josef Dahmen. Siegfried Schürenberg spielte die relativ kleine Rolle des Oberstleutnant Naumann.

Der Film erlebte am 9. September 1936 in Nürnberg seine Uraufführung. Er wurde hoch dekoriert und erhielt die Prä-

Mit Willy Fritsch (2. v. l.), Grethe Weiser und Maria Loja in »Menschen ohne Vaterland«

dikate »Staatspolitisch und künstlerisch besonders wertvoll« sowie »Volksbildend«. Im faschistischen Italien wurde ihm auf der Biennale von Venedig eine Medaille für hervorragende Einzelleistungen zugesprochen. Nach dem Krieg wurde seine Aufführung in Deutschland verboten.

Schürenbergs dritte national angehauchte UFA-Produktion entstand Ende 1936 unter dem Titel »Menschen ohne Vaterland«, und auch dieser Film durfte nach dem Krieg nicht mehr gezeigt werden. Die Handlung spielt zur Zeit der Freikorpskämpfe gegen die Rotarmisten 1918/19 im Baltikum. Ein lettischer Baron, in eine Spionageaffäre verwickelt, findet auf den rechten Weg und bewirkt durch seinen Tod, dass der deutsche Kompanieführer und eine Deutschrussin zueinander finden.

Die Regie dieses Streifens hatte Herbert Maisch, dessen Heimat eigentlich das Theater war und der später mit den scheinbar unpolitischen Künstlerbiografien »Friedrich Schiller« und »Andreas Schlüter« zu einem der bedeutenden Regisseure des Regimes aufstieg. Auch hier spielte Schürenberg wieder inmitten einer erlesenen Darstellerschar, darunter Willy Fritsch, Willy Birgel und Grethe Weiser. Für die Bildgestaltung sorgte mit Konstantin Irmen-Tschet einer der bedeutendsten Kameramänner der UFA.

Als das Jahr 1936 zu Ende ging, blickte das nationalsozialistische Deutschland auf glorios inszenierte Olympische Spiele im eigenen Lande zurück. Siegfried Schürenbergs Bilanz fiel nicht minder erfolgreich aus: In drei großen UFA-Produktionen hatte er mitgewirkt, die durchweg eine nationale Einfärbung hatten. Ob ihm die schiefe Bahn bewusst war, ob er Skrupel hatte – darüber hat er sich auch später ausgeschwiegen.

Der Mann, der Albers schlägt

Gänzlich anders die beiden Filme, die ihn im kommenden Jahr erwarteten. Das Jahr 1937 markiert für Schürenberg das Jahr, in dem er, wenn auch in kleinen Rollen, an seinen wohl bedeutendsten Filmen während der Zeit des Dritten Reiches mitwirkt.

Es handelt sich zum einen um den munteren Hans-Albers-Film »Der Mann, der Sherlock Holmes war« und um den ganz anders gestalteten Stoff »Zu neuen Ufern«.

In einem Film mit Albers mitzuspielen war der Traum eines jeden Schauspielers. An seiner Seite war der Erfolg geradezu garantiert. Albers war in diesen Jahren der wohl einzige deutsche Filmstar, der internationales Format hatte – er hielt sogar einem Vergleich mit den Stars von Hollywood stand.

Außerdem war da etwas, was ihn vielen Schauspielerkollegen sympathisch machte. Er machte aus seiner Abneigung gegen die braunen Gesellen keinen Hehl, umso mehr, als man ihn zwingen wollte, sich von seiner jüdischen Frau Hansi Burg scheiden zu lassen, was er empört ablehnte. Goebbels musste es sich zähneknirschend gefallen lassen, denn nicht einmal der allmächtige Propagandaminister konnte es sich erlauben, auf den Publikumsliebling Albers zu verzichten.

»Der Mann, der Sherlock Holmes war« zählte von Anfang an zu den Großproduktionen der UFA für das Jahr 1937. Dass der Film ein Erfolg werden würde, daran konnte gar kein Zweifel bestehen. Mitspieler von Albers war nämlich der andere große deutsche Publikumsliebling – Heinz Rühmann. Bereits 1931 hatten beide höchst erfolgreich zusammen in »Bomben auf Monte Carlo« gespielt. Und tatsächlich sollte der damalige Erfolg mit dem neuen Film noch weit übertroffen werden.

Der versierte Robert A. Stemmle hatte ein Drehbuch voller Spannung und Humor geschrieben. Albers – mit karierter Mütze und ewiger Shagpfeife im Mundwinkel – spielt den berühmtesten Detektiv aller Zeiten, Rühmann – mit schwarzem Hut und Geigenkasten – seinen kleinen Begleiter Dr. Watson. Beide setzen sich auf die Spur einer internationalen Fälscherbande, die ihre Blüten in den Hinterräumen eines Leihhauses herstellt, setzen die Ganoven außer Gefecht, finden dabei auch noch eine gestohlene Blaue Mauritius, und zu guter Letzt bekommt Holmes auch noch sein Mädchen. Der Witz an der Geschichte: Holmes und Watson sind gar nicht echt – nicht nur weil es sich ja um Erfindungen von Sir Arthur Conan Doyle handelt, sondern in diesem Fall um zwei erfolglose Privatdetektive aus London,

Unten: Als Monsieur Lapin in »Der Mann, der Sherlock Holmes war«

Unten rechts: »Der Mann, der Sherlock Holmes war«: Mit Hilde Weissner, Heinz Rühmann und Hans Albers (v. l. n. r.)

die mit der Maskerade – und der erfolgreichen Aufklärung des Kriminalfalls – erreichen wollen, dass sie endlich Aufträge erhalten.

Entstanden ist eine sehr unteutonische Krimikomödie mit viel Witz und Originalität und zwei Hauptdarstellern, die mit sichtlichem Spaß an der Sache agieren – insgesamt »die herrlichste Parodie auf einen Kriminalreißer, die je im deutschen Film gelang« (Curt Riess).

Die Regie hatte der Wiener Karl Hartl, der mit Albers bereits erfolgreich bei »F. P. 1 antwortet nicht« und »Gold« zusammengearbeitet hatte und bemüht war, den Nazis gegenüber Distanz zu wahren. Zu den Darstellern zählten Hansi Knoteck, Paul Bildt, Eduard von Winterstein, Ernst Waldow und viele andere.

Schürenberg spielte die wichtige Rolle des Monsieur Lapin und stand, nach Albers und Rühmann, an dritter Stelle der männlichen Darsteller. Er erinnert sich an eine Szene mit Hans Albers: »Ich musste ihn mit einem Schlag zu Boden strecken, und Albers hat getobt, nein, nein, ich lasse mich vom Schürenberg nicht niederschlagen!« Der größte Kampf ist, Albers zu dieser Einstellung zu überreden. Regisseur Hartl dreht die Szene schnell ab – er fürchtet ein bisschen, Albers könne es sich anders überlegen. Schürenberg: »Das war für ihn wohl das schlimmste Erlebnis seines Lebens! Wenn die Leute solche Geschichten hören, dann schütteln sie den Kopf und sagen, ihr Schauspieler habt schon Sorgen ...!«

Am 15. Juli 1937 erlebte der Film seine viel umjubelte Premiere. Der Strahl der Scheinwerfer fiel auf Hans Albers und Heinz Rühmann, allenfalls noch auf die bezaubernde Hansi Knoteck. Nicht auf Schürenberg. Doch er konnte sich zugute halten: Einen bescheidenen Anteil am Erfolg des Films hatte auch er.

Sein zweiter bedeutender Film des Jahres 1937 war zu dieser Zeit bereits abgedreht und erlebte nur wenige Wochen später, am 31. August 1937, seine Uraufführung. »Zu neuen Ufern« war völlig anders als der Krimispaß mit Albers und Rühmann. Regie führte der in Hamburg geborene Detlef Sierck, ein vormaliger Journalist, Schauspieler und Theaterregisseur, der mit Filmen wie »Das Mädchen vom Moorhof« und »Schlussakkord« bekannt geworden war. Sierck, der mit einer jüdischen Frau verheiratet war, ging später nach Hollywood, wo er unter dem Namen Douglas Sirk mit gefühlvollen Melodramen Karriere machte.

»Zu neuen Ufern« spielt im Australien des Jahres 1840. Das Land wird von den Engländern als Strafkolonie benutzt. Unter den Sträflingen befindet sich die junge Sängerin Gloria Vane. Um den Mann zu retten, den sie liebt, hat sie an-

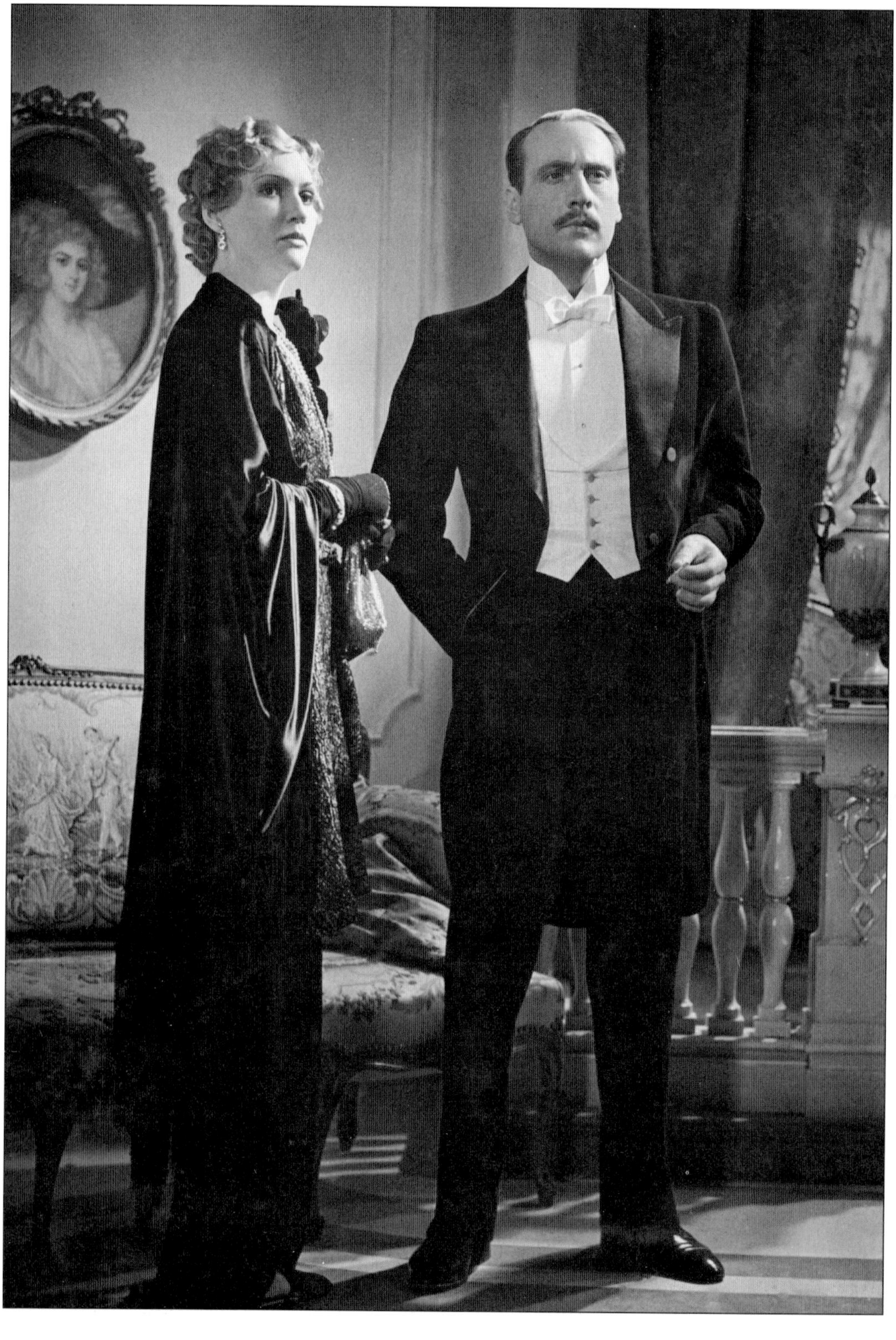

gegeben, einen Scheck gefälscht zu haben. Sie hofft, dass er sie befreien wird, doch er denkt nur an seine Karriere und vergisst sie rasch. Gloria heiratet einen einheimischen Farmer – die einzige Möglichkeit, die Freiheit wiederzuerlangen. Sie plant, bei der ersten sich bietenden Gelegenheit davonzulaufen. Doch dann entdeckt sie, dass sie den jungen Siedler liebt und dass die alte Liebe für sie gestorben ist.

Das einfühlsame und stimmige Drehbuch stammt von Kurt Heuser, einem Freund von Carl Zuckmayer. Heuser hatte selbst lange Zeit auf einer eigenen Farm in Afrika gelebt. An der Kamera stand der UFA-Routinier Franz Weihmayr, die Musik schrieb Ralph Benatzky.

»Zu neuen Ufern« wurde der Beginn der Leinwandkarriere von Zarah Leander, die innerhalb kurzer Zeit zu *dem* Kult-Star des Nazi-Regimes aufstieg. Sie sang drei ihrer großen Erfolge: »Yes, Sir«, »Ich hab eine tiefe Sehnsucht in mir« und »Ich stehe im Regen«, und ihre eindringliche Darstellungskunst war einer der Hauptgründe für den Erfolg des Films.

An ihrer Seite agierte eine große Riege bekannter UFA-Mimen: Willy Birgel spielte den schurkischen Ehemann, Viktor Staal den edlen Siedler, Carola Höhn die Mary. In einer kleinen Rolle wirkte Curd Jürgens mit. Schürenberg spielte die wenig bedeutende Rolle des Kapitäns Gilbert.

Linke Seite: Mit Hilde Weissner in »Der Mann, der Sherlock Holmes war«

Unten: Mit Willy Birgel (r.) in »Zu neuen Ufern«

Dutzendware und einige Blüten

In den verbleibenden einheinhalb Jahren bis Kriegsbeginn wirkt Schürenberg in einer Reihe unterschiedlicher Produktionen mit. Vieles ist verdientermaßen in Vergessenheit geraten. Schürenberg selbst äußerte sich später einmal kritisch über seine Filme aus den dreißiger Jahren: »Ich glaube, dass die Filme von damals heute nicht mehr ansprechend, nicht mehr empfindbar sind, weil sie aus einer ganz anderen Zeit heraus kommen, aus einer anderen Art des Ausdrucks.«

Im Frühjahr 1938 entsteht in Anlehnung an Prosper Mérimées Novelle »Carmen« der Operettenfilm »Andalusische Nächte«, den Carl Froelich als deutsch-spanische Koproduktion herstellt. Als Regisseur zeichnet Herbert Maisch verantwortlich, mit dem Schürenberg bereits »Menschen ohne Vaterland« gedreht hatte. Der Film, ohne bekannte Darstellernamen, war schwach und blieb beim Publikum ohne große Resonanz.

Ende 1938 steht Schürenberg – jetzt wieder im Dienst der UFA – für den Abenteuer- und Kriminalfilm »Der grüne Kaiser« vor der Kamera. Regie führt Paul Mundorf nach einem Drehbuch von Geza von Cziffra, der es später als Komödienregisseur zu großer Bekanntheit bringen sollte. In den Hauptrollen sind Gustav Diessl, Carola Höhn und René Deltgen zu sehen. Schürenberg hatte einen kleinen Auftritt als Verteidiger vor Gericht.

Im Frühjahr 1939 wirkt er in dem Abenteuerfilm »Flucht ins Dunkel« mit, in dessen Mittelpunkt eine kriegswichtige Erfindung steht. Unter der Regie von Arthur Maria Rabenalt spielten Herta Feiler, Joachim Gottschalk und Ernst von Klipstein die Hauptrollen. Gottschalk, der mit einer jüdischen Frau verheiratet war, wählte, nachdem er von den Nazis unter Druck gesetzt worden war, 1941 mit seiner Frau und seinem Sohn den Freitod. Der Film wurde nach Kriegsende von den Alliierten verboten.

Ebenfalls 1939 entsteht bei der UFA der Kriminal- und Gerichtsfilm »Sensationsprozess Casilla«. Die Hauptrolle spielt – unter der Regie von Eduard von Borsody – einer der bedeutendsten und berühmtesten Schauspieler der Nazi-Ära, Heinrich George. Der spannende und gut gemachte Film, an dessen Drehbuch Ernst von Salomon mitgearbeitet hat, erzählt die Geschichte eines Deutschen, der in den USA unschuldig wegen Entführung und Ermordung eines Kindes angeklagt ist. Für Schürenberg, der einen Butler spielt, zählt der Film zu den herausragenden Produktionen seiner Laufbahn.

Sein letzter Film, den er vor Kriegsbeginn dreht, lässt vom Krieg nichts ahnen. »Premiere der Buttlerfly« entsteht nach

Motiven der Oper von Puccini als deutsch-italienische Koproduktion in den Cinecittà-Ateliers in Rom. Regie führt der Italiener Carmine Gallone, das Drehbuch hat Operettenspezialist Ernst Marischka geschrieben. Die Hauptrolle singt Maria Cebotari, unter den Darstellern ist auch Schürenbergs früherer Bühnenkollege Paul Kemp. Als der Film am 12. Oktober 1939 in Deutschland anläuft, hat der Zweite Weltkrieg bereits begonnen.

Faust in der Tasche

Gleich nach Kriegsbeginn wird Schürenberg eingezogen. In Uniform geht er zu Gustaf Gründgens, um sich zu verabschieden. Später erinnert sich der Schauspieler, wie der Generalintendant der Preußischen Staatstheater entsetzt ausruft: »Sigi, wie siehst du denn aus?« Der in seinen Rollen stets so elegante Schürenberg in grauer Felduniform – das war für den Ästheten Gründgens wohl nur schwer zu ertragen.

Staatsrat Gründgens, über den Göring schützend seine Hand hält, lässt seine Beziehungen spielen, um seinen Schauspielerkollegen nach dem Polenfeldzug freistellen zu lassen. Der Versuch misslingt. Immerhin wird Schürenberg für eine Filmproduktion beurlaubt. Der Film trägt den Titel »Fahrt ins Leben«. Ein purer Zynismus für jemanden, der soeben vom Kriegsschauplatz kommt.

Federführend bei der Produktion ist die Bavaria in München, was den Vorteil hat, dass der Einfluss von Goebbels etwas weniger direkt spürbar ist. Überdies dreht man in den Barrandov-Studios von Prag. Zwar sind Wehrmacht und SS allgegenwärtig, doch das Lebensgefühl in der Stadt an der

Unten links:
Als Sanitäter an der Front
(Schürenberg in der Mitte)

Unten: Als Herr Jensen in
»Am Abend auf der Heide«

Moldau ist – bei allen Sorgen, die jeden Einzelnen im Filmteam belasten – beschaulicher als daheim in Berlin.

Der Film handelt von einer Gruppe junger Seekadetten auf einem Segelschulschiff. Ein Kadett verliebt sich in die Freundin seines Kameraden. Die unausbleibliche Folge ist, dass aus den beiden Feinde werden. Es ist ein kleiner Film – der Regisseur Bernd Hofmann war bisher vor allem als Drehbuchautor hervorgetreten, und der Darstellerriege – an der Spitze stehen Ruth Hellberg und Ursula Herking – fehlen die wirklich herausragenden Namen. Schürenberg spielt den Ersten Offizier an Bord des Schulschiffes. Die Rolle ist so unbedeutend wie der Film – man könnte meinen, er ist nur dabei, um in diesen unruhigen Zeiten überhaupt etwas zu tun zu haben. Jedem ist klar: Die Zeit und Gelegenheit, sich Rollen auszusuchen – wenn es sie denn unter den Nazis überhaupt gegeben haben sollte –, ist jetzt endgültig vorbei.

»Fahrt ins Leben« erlebt am 29. Februar 1940 seine Uraufführung. Da ist der Krieg bereits ein halbes Jahr alt. Nach 1945 wird die Vorführung des Films verboten.

Nach den Dreharbeiten rückt Schürenberg erneut ein. 1940 kommt er bei einer Sanitätseinheit in Frankreich unter. Und noch einmal wird er beurlaubt, dreht abermals einen Film, seinen letzten in diesem Krieg. Es ist ein Heimatfilm mit dem

Mit Romy Schneiders Mutter Magda in »Am Abend auf der Heide«

Titel »Am Abend auf der Heide«, harmlos und gerade deshalb bestens als Ablenkung vom schrecklichen Alltag geeignet.

Magda Schneider spielt darin die junge, energische Verwalterin eines Heidehofes, der es gelingt, einen Schlagerkomponisten zum Landwirt umzufunktionieren – natürlich nicht, ohne gleichzeitig seine Zuneigung zu gewinnen.

Das Buch stammte von der Vielschreiberin Thea von Harbou, inzwischen die höchstbezahlte Drehbuchautorin des Regimes. Regie führte der aus Hannover gebürtige Jürgen von Alten, der bisher vor allem Kurzfilme für die UFA inszeniert hatte. In weiteren Rollen spielten Heinz Engelmann, Else von Möllendorff, Günther Lüders und Albert Florath. Schürenberg hatte den kleinen Part des Herrn Jensen übernommen.

Am 11. Februar 1941 hat das Heide-Heimat-Filmchen Premiere, ausgerechnet in Wien. Erst am 20. März läuft es in Berlin an. Schürenberg bekommt davon nichts mit, es kümmert ihn auch nicht. Er ist wieder in Frankreich. Alle seine Kräfte werden vom Kriegsgeschehen und von der Sorge um seine Familie in Anspruch genommen.

Später wird er über diese Zeit sagen: »Es ist schrecklich, sechs Jahre lang mit der Faust in der Tasche zu leben.« Es scheint, als hätte ihm erst der Krieg eine Vorstellung von dem verbrecherischen Charakter des Regimes vermittelt. Über seine Einstellung allerdings gibt es keine Zweifel. Als er sich einmal mit einem Freund über die Möglichkeiten unterhält, das Dritte Reich zu beenden, erhebt sich am Nachbartisch ein Mann mit den Worten: »Sie können es gleich zu Ende bringen, wenn Sie noch etwas lauter reden!«

Sein jüngerer Halbbruder, den er nach dem Tod seines Vaters in die Familie aufgenommen und wie einen Sohn aufgezogen hatte, fällt an der Front. Schürenberg ist wie versteinert.

Unerwartet erhält er einen Freistellungsbescheid, geradezu ein Gottesgeschenk in diesen Zeiten. Das Straßburger Stadttheater soll ab Ende 1941 zur deutschen Vorzeigebühne aufgebaut werden, ein Prestigeobjekt. Gute Namen werden gebraucht. Schürenberg gehört dazu. In Straßburg spielt er Theater bis zum Umfallen. Auch mit einem Fronttheater ist er unterwegs: »Wir reisten durch Frankreich mit einem Stück, das ich nicht mochte, von einem Autor, den ich nicht mochte, und ich spielte eine Rolle, die ich nun auch nicht mochte ...« In Straßburg erlebt er die Wende des Krieges. Der Rückzug beginnt. Im September 1944 ist sein Engagement beendet – das Theater muss schließen, die Alliierten stehen vor der Tür.

Neuanfang in der Schweiz

Als der Krieg zu Ende ist, wohnt er in einem alten Bauernhaus (»eine Bruchbude, aber urgemütlich«) in einem kleinen Dorf direkt an der Schweizer Grenze. Es ist nicht weit nach Zürich. Er besorgte sich eine Aufenthaltsgenehmigung (»sie war nur 24 Stunden lang gültig, man musste sich also beeilen«), fuhr nach Zürich und bewarb sich am Schauspielhaus als Darsteller.

Schürenberg hatte Glück – vielleicht erinnerte sich der Intendant an seine großen Erfolge in den Jahren 1929 bis 1931, als er hier unter anderem als Professor Higgins auf der Bühne stand. Jedenfalls ist das Glück ihm hold: Er bekommt einen Vertrag und gehört dem Ensemble ab 1946 als fester Schauspieler an.

In den folgenden Jahren spielt er ein umfangreiches Repertoire. Klassiker wie Schillers »Wilhelm Tell« und »Don Carlos«, Goethes »Egmont« und beide Teile des »Faust«, Shakespeares »Romeo und Julia«, den »Sommernachtstraum«, »König Lear« und »Hamlet«, aber auch moderne Stücke von Brecht (»Die Dreigroschenoper«), Sartre (»Die schmutzigen Hände«) und den Schweizern Frisch (»Als der Krieg zu Ende war«) und Dürrenmatt (»Romulus der Große«). Er ist gleichermaßen in Trauerspielen (Büchners »Woyzeck«) wie in Komödien (»Hokuspokus« von Curt Goetz) zu sehen. In einem aber waren alle seine Rollen gleich: Es waren fast ausnahmslos Nebenrollen.

Kollegen, mit denen er gemeinsam auf der Bühne steht, sind unter anderem Paula Wessely und Attila Hörbiger. Am Herzen liegt ihm auch der Nachwuchs; er ist als Schauspiellehrer tätig und arbeitet dabei mit Gustav Knuth und Wilfried Seyfert zusammen.

Bis 1950 bleibt er in Zürich. Dann – endlich – kehrt er mit seiner Frau und dem inzwischen 13-jährigen Sohn Andreas wieder zurück in seine »eigentliche« Heimatstadt, nach Berlin, wohin es ihn als Schauspieler immer wieder gezogen hat. Ab 1951 tritt er an verschiedenen Bühnen der Stadt auf, im Theater in der Nürnberger Straße, am Lessing- und am Hebbel-Theater. Auch als die Filmangebote wieder zunehmen, wird er bis zum Jahr 1960 immer wieder sporadisch auf der Bühne stehen.

Die ersten Jahre sind von Einschränkungen, Mangel und vielerlei Improvisation gekennzeichnet. In der Rückschau aber erinnerte sich Schürenberg gern an diese frühen

Ein »neues Zuhause« an der Schweizer Grenze

Nachkriegsjahre. Es war eine Zeit, in der die Menschen viel mehr aufeinander angewiesen waren und dadurch enger zusammenrückten. Und, so Schürenberg, es wurde viel gelacht: »Einmal, es war eine Silvesteraufführung, aß ein Kollege vor der Vorstellung Unmengen von Walnüssen. Die Schalen verstreute er dabei über die gesamte Bühne. Wir hatten natürlich keine Ahnung. Das Stück ging los, und wohin wir auch gingen, ständig knackte es unter unseren Füßen. Wir mussten uns sehr das Lachen verkneifen.«

Clark Gable spricht deutsch

»Endlich! Seit Jahren erwartet, in der ganzen Welt ein Erfolg, erscheint er nun in Deutschland: Der Millionen-Film, der 1940 als bester des Jahres mit neun Oscars ausgezeichnet wurde!«

So jubelt der Kritiker des Fachblattes »Der neue Film«, als zum Jahresbeginn 1953 in Deutschland die groß angelegte Südstaaten-Saga »Vom Winde verweht« anläuft. Den bereits 1939 entstandenen Film kannte fast jeder nur vom Hörensagen. Unter den Nazis durfte das kostümrauschende Bilderbogen-Epos nicht gezeigt werden, und nach dem Krieg hatte Metro-Goldwyn-Mayer keine Eile, den filmischen Diamanten »Gone with the Wind« in einem zerstörten Land in die Kinos zu bringen.

Als das Meisterwerk des Produzenten David O. Selznick schließlich in München Premiere hatte, war die Begeisterung groß. »Der Besucher wird gepackt durch ein grandioses Schauspiel«, so die Kritik. »Die Scarlett O'Hara – Vivien Leighs erste und beste Rolle, begründete ihren Weltruhm. Sie hat sich nachher nicht mehr übertroffen. Rhett Butler, das ist Clark Gable, wie er leibt und lebt. Wer anders hätte ihn spielen können? Ein Prachtmensch mit rauer Schale und goldenem Kern, das ist die dicke Mammy von Hattie McDaniel. Unter Einsatz aller technischen Hilfsmittel und von Technicolor gelingen optisch eindrucksvolle Bilder, die man nicht so schnell vergisst.«

Auch Schürenberg verfolgt den Start von »Vom Winde verweht« genau. Der Film ist gut, das weiß er, aber er hat auch noch eine persönliche Beziehung zu der Produktion: Er ist die deutsche Stimme von Clark Gable, dem Hauptdarsteller des Films. Tagelang saß er im vergangenen Jahr 1952 im Synchronstudio, hat auf Rhett Butlers Lippen gestarrt und immer wieder die gleichen Sätze ins Mikrofon gesprochen.

Nun flimmert der Film in voller Pracht über die Kinoleinwände, und das Ergebnis der mühevollen Arbeit kann sich hören lassen. Nicht nur er ist damit zufrieden, auch die Film-

*Oben: Arbeit im
Synchronstudio (1954)*

*Oben rechts:
Konzentrierte Arbeit am Text*

kritiker: »Besonders hervorzuheben«, so heißt es in »Der neue Film«, »ist die geglückte deutsche Synchronisation, mit der man sich offensichtlich mehr Mühe als sonst üblich gegeben hat.« Wann kommt es schon mal vor, dass die Synchronisation eines Films gewürdigt wird?

Zu Clark Gable hat Schürenberg bereits eine langjährige Beziehung als Synchronsprecher – ohne dass sich die beiden bisher persönlich getroffen hätten. Erst im Verlauf einer Premierentournee für »Vom Winde verweht« in Deutschland wird er den amerikanischen Star kennen lernen und, was nicht häufig bei ihm vorkommt, menschlich von ihm beeindruckt sein.

Mitte der dreißiger Jahre hatten ihn in Berlin Vertreter von Metro-Goldwyn-Mayer angesprochen. Die MGM, die gerade enorme Erfolge mit »David Copperfield« (1934) und »Meuterei auf der Bounty« (1935) gefeiert hatte, suchte eine deutsche Stimme für ihren aufstrebenden Haus-Star Clark Gable. Schürenberg nimmt das Angebot an, ohne dass ihm zum damaligen Zeitpunkt bewusst ist, welch erfolgsträchtige Liaison er damit eingeht. Gable wird zum Schwarm mehrerer Generationen von Kinogängerinnen, und einen gewissen Anteil, jedenfalls im deutschsprachigen Raum, wird daran die sonore Stimme von Siegfried Schürenberg haben.

So leiht er in der Anfangszeit dem Darsteller draufgängerischer Abenteurer seine Stimme in dem Liebes- und Katastrophenfilm »San Francisco«, der am 31. Dezember 1936 deutsche Premiere hat. Als einer der ersten Sprecher arbeitet er im Berliner Synchronstudio Lüdtke, Dr. Rohnstein & Co. am Halleschen Tor, wo das Rhythmographie-Verfahren entwickelt wurde.

Doch diese Tätigkeit wird schon bald beendet sein, jedenfalls für einen längeren Zeitraum. Durch die Abschottungspolitik der Nazis kommen keine US-Filme mehr nach Hitler-Deutschland. Goebbels, ohnehin überzeugt, dass Hollywood fest im Griff des Weltjudentums ist, möchte viel lieber die Welt mit *deutscher* Filmkunst überziehen.

Nach dem Zweiten Weltkrieg tritt MGM erneut an Schürenberg heran. 1950 erhält er durch Vermittlung des amerikanischen Studios eine Arbeitserlaubnis für Westberlin. Eine seiner ersten Arbeiten ist der John-Huston-Film »Asphalt-Dschungel« (1950), in dem er Louis Calhern synchronisiert. Vor allem aber wird er jetzt die ständige Stimme von Clark Gable, dem er bis zu dessen Tod treu bleibt. Fast alle großen Gable-Filme werden vom ihm gesprochen: »Colorado« (1951), »Mogambo« (1953), »Reporter der Liebe (1957), »Es begann in Neapel« (1959) und auch Gables letzter Film, den dieser an der Seite von Marilyn Monroe spielt: »Nicht gesellschaftsfähig« (1960). Als MGM 1952 die deutsche Version von »Gone with the Wind« vorbereitet, ist es selbstverständlich, dass für die Stimme von Rhett Butler kein anderer als Schürenberg in Frage kommt.

Hörspielaufnahme mit Anne Damann zu »Verhör um Mitternacht«

Spätestens mit dieser Rolle in dem wohl größten Film des Jahrhunderts steigt er zu einem der wichtigsten Synchronsprecher in Deutschland auf. Zusammen mit Alfred Balthoff, Paul Klinger, Walter Bluhm und Margot Leonhard zählt er in den fünfziger Jahren zu den Spitzenkräften des damals noch mit großer Sorgfalt betriebenen Synchronisationsgeschäfts. Die Vertreter von MGM wollen ihn sogar überreden, nach Hollywood zu kommen, um dort Filme zu machen. Doch auf dieses Abenteuer will Schürenberg sich nicht einlassen. »Als amerikanisch sprechender Deutscher hat man kaum eine Chance, seine Arbeit gut zu machen«, ist er sich sicher.

Je nach Umfang der Rolle dauert seine Tätigkeit im Synchronstudio pro Film ein bis vier Tage. Außer Gable leiht er seine Stimme auch Kirk Douglas (»Die Fahrten des Odysseus«), Joel McCrea (»Wichita«), Cary Grant (»Nicht so schnell, mein Junge«), Stewart Granger (»König Salomons Diamanten«), John Williams (»Über den Dächern von Nizza«), Peter Cushing (»Frankensteins Rache«), Vincent Price (»Das Schreckenshaus des Dr. Death«), Walter Matthau (»Der Glückspilz«) und vielen anderen.

Sein Fazit nach mehr als dreihundert Filmen zwischen 1950 und 1979 ist nüchtern: »Es macht zwar keinen Spaß, in jeden Armleuchter reinzusprechen, aber es bringt Geld!«

Mit seiner Stimme verdient er auch noch an anderen Stellen Geld. Er spricht Texte für Dokumentarfilme, außerdem ist er in vielen Funktionen beim Rundfunk tätig. Bereits in den dreißiger Jahren tritt er bei Direktübertragungen in zahlreichen Hörstücken auf, unter anderem zusammen mit Willy Birgel, Albert Florath und Fritz Rasp. Zwischen 1951 und

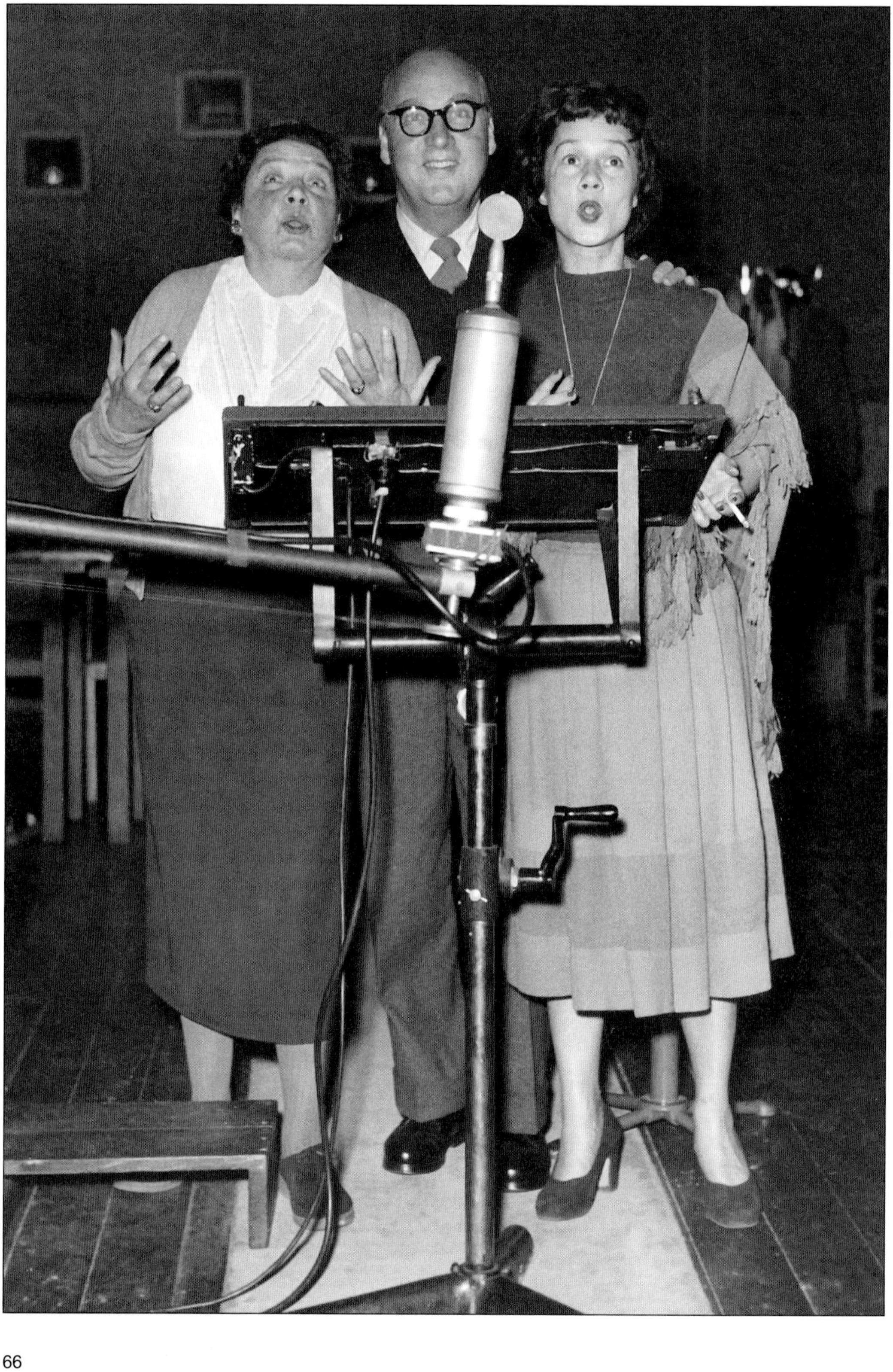

1981 liest er für seinen Haussender, den RIAS in Berlin, über 130 Sendungen, allein 1963 bringt er es auf 34 Sendungen. Vereinzelt arbeitet er auch für den NDR und den WDR.

Präzision am Rande

1954 steht Schürenberg erstmals seit 13 langen Jahren wieder vor der Filmkamera. Bis zum Ende des Jahrzehnts wird er in genau 25 Filmen mitgewirkt haben – danach beginnt für ihn ein neuer Abschnitt seiner Karriere. Keiner dieser Filme der fünfziger Jahre wird eine große Bedeutung für ihn haben. Meistens spielt er nur in wenigen Szenen mit und hat nur kurze Auftritte. Als er einmal nach seiner Tätigkeit gefragt wird, äußert er sich: »Ich habe überhaupt keine Ahnung, wovon der Film eigentlich handelt.«

Die scheinbar desinteressierte Distanz gegenüber der eigenen Arbeit verbirgt, dass Schürenberg mit seiner schauspielerischen Leistung dem Film nicht selten ein kleines Glanzlicht aufsetzt. Seine Rollen sind – so klein sie auch sein mögen – im wahrsten Sinne des Wortes unübersehbar. Und obwohl sich Schürenberg nie an die Rampe spielt, sondern nur diszipliniert seine Rolle ausfüllt, ist seine Präsenz stets physisch spürbar – und das keineswegs nur aufgrund seiner stattlichen Größe von 187 cm.

Man kann sich gut vorstellen, warum die Regisseure und Produzenten immer wieder auf ihn zurückgriffen: Er gehörte zu jenen unentbehrlichen Schauspielern, die den Film jenseits der bekannten Starnamen tragen und ihm Realismus verleihen. Gute Schauspieler in dieser Abteilung sind so selten wie Stars – Schürenberg gehörte nicht nur dazu, er entwickelte sich im Lauf weniger Jahre geradezu zum Helden der Nebenrolle.

Sein Nachkriegs-Filmdebüt scheint noch ganz im Zeichen alter UFA-Dramaturgie zu stehen. Der Film »Conchita und der Ingenieur« ist eine für die damaligen Verhältnisse aufwändige deutsch-brasilianische Koproduktion und zeigt die Abenteuer eines deutschen Ingenieurs, der in Brasilien in die Konkurrenzkämpfe verschiedener Ölgesellschaften verwickelt wird. Saboteure, angreifende Indianer und rivalisierende Frauen sorgen für eine nicht abreißende Kette von Verwicklungen, bis am Ende das Öllager in die Luft fliegt und der Ingenieur sein Mädchen in die Arme schließt.

Unter der Regie von Franz Eichhorn und Hans Hinrich entstand sowohl eine deutsche wie auch eine brasilianische Fassung. Die Hauptrollen spielten Robert Freytag, Vanja Orico, Josefine Kipper und Paul Hartmann; Schürenberg stellte den Chef einer Ölgesellschaft dar.

Linke Seite: Synchronisation von »Meine Frau betrügt mich«

Unten: Als Chef einer Ölfirma in »Conchita und der Ingenieur«

Obwohl der Film mit Außenaufnahmen aus dem Amazonas-Gebiet, aus Bahia und der Umgebung von Rio de Janeiro aufzuwarten hatte, blieb der Erfolg aus. Auch eine etwas sinnlichere Titeländerung in »Conchita« konnte daran nichts mehr ändern.

Schürenbergs nächster Film entstand dagegen ganz auf deutschem Boden, und er hatte ein sehr deutsches Thema. »Der 20. Juli« war eine Darstellung des Attentats auf Hitler und der Vorbereitungen dazu. Schürenberg verkörperte den Generaloberst Fromm, der in die Attentatspläne eingeweiht war, jedoch nach dem Scheitern der Verschwörung die Hauptbeteiligten standrechtlich erschießen ließ. Zu seinen Mitspielern gehörten Wolfgang Preiss, Annemarie Düringer, Robert Freytag, Werner Hinz und Ernst Schröder. Der von Falk Harnack inszenierte Film erhielt drei Bundesfilmpreise und wurde auf den Internationalen Filmfestspielen von Berlin gezeigt.

»Der 20. Juli« markiert den Beginn einer langjährigen Zusammenarbeit mit dem Berliner Produzenten Artur Brauner, der Siegfried Schürenberg im Laufe seiner Karriere immer wieder vor die Kamera holen sollte. Der Berliner Filmzar,

»Conchita und der Ingenieur«: mit Robert Freytag (r.)

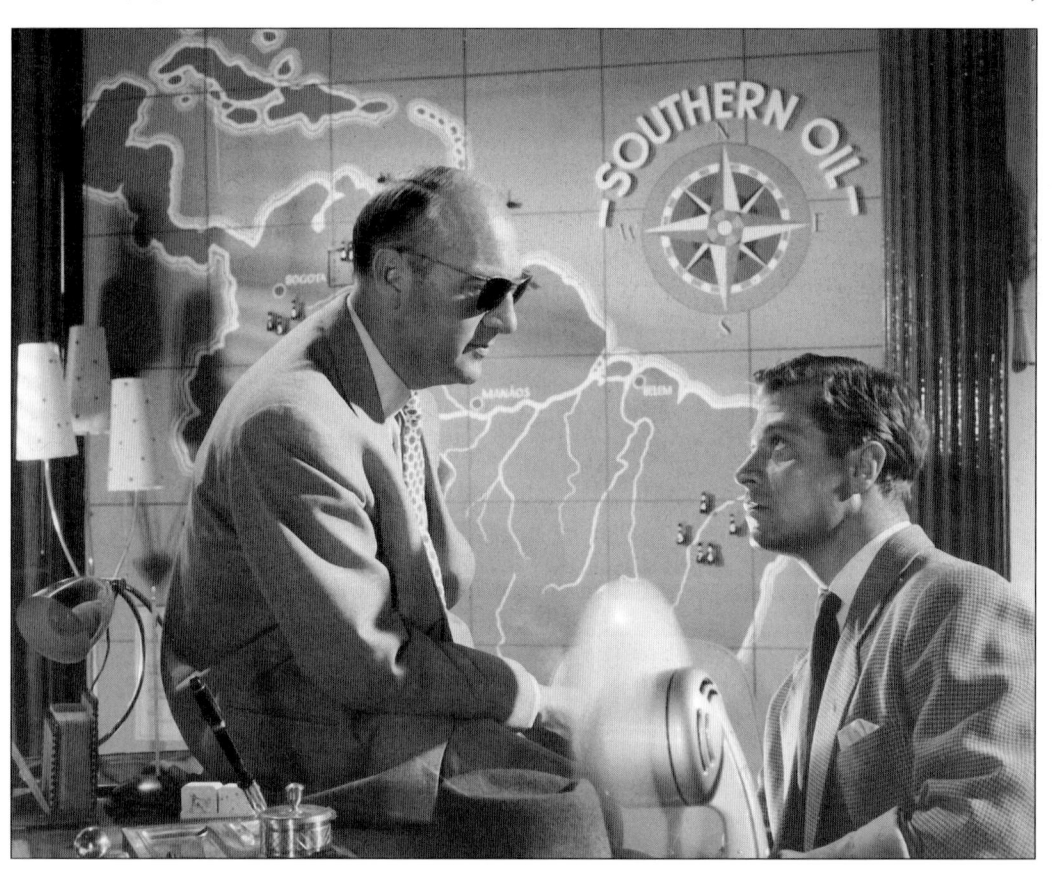

mit ebenso vielen Freunden wie Feinden gesegnet, gehörte zu den Schlüsselgestalten des deutschen Nachkriegsfilms. 1947 hatte er seinen ersten Film produziert, 1950 konnte er in Spandau seine CCC-Studios einweihen, seinerzeit die modernsten Atelieranlagen Deutschlands. Zur fast unglaublichen Ironie der Geschichte gehört es, dass diese Studios auf den Grundmauern einer ehemaligen Giftgasfabrik errichtet worden waren.

Das CCC-Gelände, beeindruckend in seiner Hässlichkeit und in einer Gegend gelegen, wo sich die Füchse gute Nacht sagen, sollte in den kommenden Jahrzehnten der Ort werden, an dem Siegfried Schürenberg seine erinnerungswürdigsten Auftritte haben sollte. Doch davon wird noch die Rede sein.

Die Dreharbeiten zu »Der 20. Juli« hatten sich bis Juni 1955 hingezogen. Wenige Tage später ging ein weiterer CCC-Film ins Atelier, in dem Schürenberg eine Rolle hatte. Der Arbeitstitel war – entsprechend einer Buchvorlage – »Schweigepflicht«. Der Verleih jedoch bevorzugte den ungleich gefühlvolleren Titel »Du mein stilles Tal«. Zwar kam so ein Tal im Film gar nicht vor, aber es war die hohe Zeit der Heimatfilme, von deren Erfolg man zu partizipieren hoffte, egal,

»Der 20. Juli«: Links Wolfgang Preiss als Stauffenberg, Schürenberg in der Tür

ob der Film die Erwartungen des Publikums einlösen konnte oder nicht.

»Du mein stilles Tal« handelt von einer Frau zwischen zwei Männern. Mit dem einen, einem Rittmeister, ist sie verheiratet. Der andere, ein romantischer Pianist, ist Vater ihrer Tochter, was sie ihrem Mann jedoch zwanzig Jahre lang verheimlicht hat. Eines Tages tritt der frühere Geliebte wieder in ihr Leben.

Star des Films, bei dem Leonard Steckel Regie führt, ist Curd Jürgens, der den Ehemann spielt. Neben ihm agieren die seinerzeit noch sehr populäre Winnie Markus als seine Frau Elisabeth und Ingeborg Schöner als Tochter Nikky. Bernhard Wicki spielt den Pianisten Erik Linden, Siegfried Schürenberg zählt als Herr Widmeier zu den Vertrauten von Curd Jürgens.

Für die dritte Filmarbeit des Jahres 1955 wechselt er das Filmstudio. Am anderen Ende der Stadt, in Tempelhof, steht er in den alten UFA-Ateliers für den Kriminal- und Gerichtsfilm »Alibi« vor der Kamera. Es ist nur eine winzige, aber, wie so oft, nicht unwichtige Rolle: Schürenberg spielt einen Gerichtsvorsitzenden. Die Geschichte handelt davon, dass ein junger Mann des Mordes an der Frau eines Wissenschaftlers angeklagt wird. Er wird zu einer lebenslänglichen Haftstrafe verurteilt. Nur ein einziger der Geschworenen, ein bekannter Journalist, stimmt gegen das Urteil. In einem Wiederaufnahmeverfahren kann er beweisen, dass der Ehemann der Getöteten der Mörder war.

»Alibi« entsteht nach einem Drehbuch von Herbert Reinecker, Regisseur ist Alfred Weidenmann. Beide haben bereits unter den Nazis Karriere gemacht. In dem prominent besetzten Film spielen O. E. Hasse, Martin Held und Hardy Krüger die Hauptrollen. Produzent ist der angesehene F. A. Mainz mit seiner renommierten Fama-Film.

Bereits mit seiner nächsten Verpflichtung ist Schürenberg jedoch wieder bei Artur Brauner und der CCC-Film in Spandau. Sein vierter und letzter Film des Jahres 1955 ist, wenn man so will, etwas schlüpfrig. Er trägt den Titel »Das verbotene Paradies« und enthält tatsächlich die Bilder, die der Zuschauer erwartet. Natürlich in der bescheidenen Freizügigkeit, die anno 1955 gerade noch als zumutbar gilt – zehn Jahre später war die Schamgrenze bereits so weit gefallen, dass die anstößigen Szenen selbst den standhaftesten Moralapostel nicht mehr aufgeregt hätten.

Der Film, in dem Schürenberg – in tadelloser Bekleidung – eine kleine Rolle in der Rahmenhandlung spielt, zeigt in Rückblenden die prüde Bademode der Jahrhundertwende und stellt demgegenüber die textilfreien Campingfreuden der Nachkriegszeit als Befreiung dar. »Ein inszenatorisch wie inhaltlich

Rechte Seite: Portraitfoto aus »Alibi«

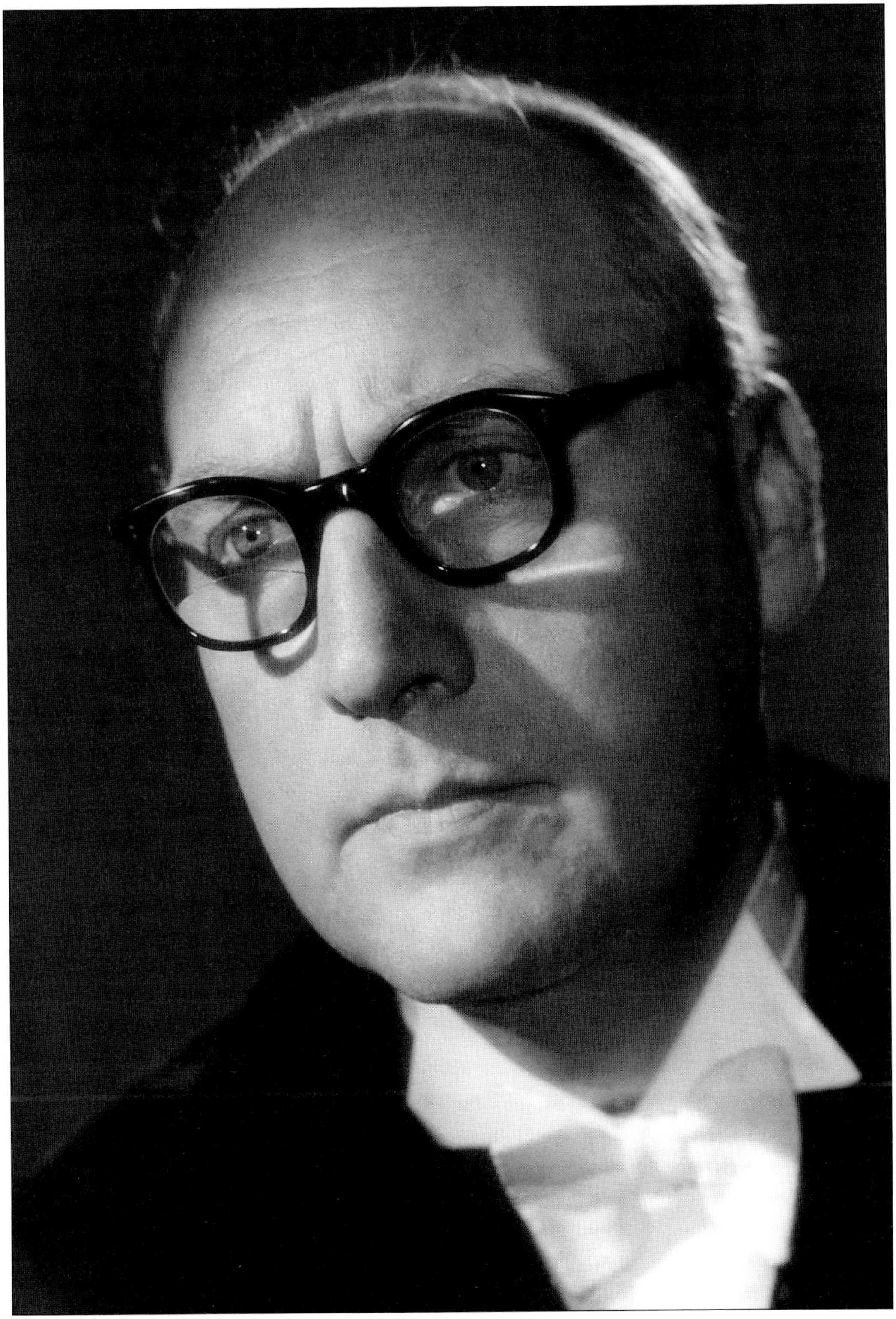

Als Gerichtsvorsitzender in »Alibi« (r.), am Kopfende des Tisches O. E. Hasse

primitiver Film, auf törichte Weise spekulativ und schlampig«, urteilt das »Lexikon des Internationalen Films«. Die Freiwillige Selbstkontrolle begutachtete den Streifen (Regie: Maximilian Meyer und Max Nosseck) insgesamt vierzehnmal. Erst nachdem die »aufdringliche Nudismuspropaganda« entfernt worden war, wurde er freigegeben und kam am 17. Oktober 1958 in die Kinos – ganze drei Jahre nach seiner Herstellung. Notiz am Rande: Die Musik zu »Das verbotene Paradies« stammt von dem späteren Winnetou-Komponisten Martin Böttcher, dessen Karriere bei Artur Brauner ihren Anfang nahm.

Der Held der Nebenrolle

Auch 1956 steht Schürenberg wieder in den CCC-Studios vor der Kamera. Fast gleichzeitig gehen in der Mitte des Jahres »Mein Vater, der Schauspieler« unter der Regie von Robert Siodmak und »Anastasia, die letzte Zarentochter« (Regie: Falk Harnack) in Produktion. Der erste Film ist ganz und gar auf O. W. Fischer, den Superstar jener Jahre, zugeschnitten. Er spielt einen Schauspieler, dessen Ehe zu zerbrechen droht, weil er sich auf eine Affäre mit einer Filmpartnerin einlässt. Als seine Frau nach einer Eifersuchtsszene bei einem Autounfall ums Leben kommt, fühlt er sich schuldig und verfällt zusehends. Es ist sein kleiner Sohn (gespielt von Oliver Grimm), der ihn vor dem Selbstmord rettet. In einer kleinen Rolle ist Schürenberg als Theaterintendant zu sehen.

»Anastasia, die letzte Zarentochter« entstammt, wie bereits »Alibi«, der Feder des routinierten Herbert Reinecker. Der Film beruht auf der Behauptung einer Unbekannten, sie sei die überlebende Tochter des russischen Zaren Nikolaus II. und als einziges Mitglied der Zarenfamilie der Ermordung durch die Bolschewiken entgangen. Auch dies ist wieder ein Star-Film aus der Brauner'schen Filmschmiede. Im Mittelpunkt steht diesmal Lilli Palmer als »Unbekannte«. Schürenberg hat einen winzigen Part als Anwalt.

Seine nächste Produktion absolviert er für die Hamburger Real-Film der Produzenten Walter Koppel und Gyula Trebitsch. In dem Melodram »Ein Herz kehrt heim« geht es um einen erfolgreichen Dirigenten, der anlässlich eines Musikfestivals in seine Heimatstadt zurückkehrt. Er begegnet seiner Jugendliebe wieder, die inzwischen verheiratet ist und einen Sohn hat. Er macht die Entdeckung, dass der talentierte Knabe sein Sohn ist. Sein Kampf um die alte Liebe ist jedoch vergeblich.

Zwei anständige Herren in »Das verbotene Paradies«: Schürenberg mit Günter Pfitzmann (r.)

In dem tränenseligen Film unter der Regie von Eugen York spielten Willy Birgel, Maximilian Schell und Maria Holst. Schürenberg ist am Rande zu sehen als Anwalt Dr. Weissbach.

Für die Berliner Meteor-Film dreht er anschließend die Politikerbiografie »Stresemann«. In der Titelrolle ist Ernst Schröder zu sehen, ihm zur Seite steht die namhafte französische Schauspielerin Anouk Aimée. Das Drehbuch entstand unter Beteiligung von Axel Eggebrecht, die Regie hatte Alfred Braun. Schürenberg spielt den Lord D'Abernon.

Als Nächstes steht auf seinem Terminplan ein Kriegsfilm. »Der Stern von Afrika« erzählt das Schicksal des deutschen Jagdfliegers Hans-Joachim Marseille, der während des Zweiten Weltkriegs in Afrika durch seinen persönlichen Mut und durch eigenwillige Taktik große Erfolge erzielt, bis er bei einem Fallschirmabsprung ums Leben kommt. Der Film, der sich beim Publikum als höchst erfolgreich erweisen wird, ist abermals ein Produkt des Gespanns Alfred Weidenmann (Regie) und Herbert Reinecker (Buch), die hier auf alten Pfaden wanderten. Joachim Hansen stieg in der Rolle des schneidigen Jagdfliegers zu einem Star des Kinos der Adenauer-Ära auf. Neben ihm agierten Marianne Koch, Hansjörg Felmy und Horst Frank. Die Außenaufnahmen fanden in Spanien statt, das für Afrikas Wüsten stehen musste. Schürenberg, der einen

Mit O. W. Fischer und Hilde Krahl in »Mein Vater, der Schauspieler«

Schulrektor mimte, blieb die Reise erspart – seine Aufnahmen fanden im Atelier statt.

»Wie ein Sturmwind« ist – nach »Anastasia« – abermals ein Lilli-Palmer-Film. Wieder führt Falk Harnack Regie, auch sonst ist es dasselbe Team, das sich erneut in den CCC-Studios in Spandau zusammengefunden hat. Im Mittelpunkt der Handlung steht die sensible Gattin eines alternden Maler-Professors (Willi A. Kleinau), die in einer Gewitternacht dessen talentiertem Schüler (Ivan Desny) verfällt. Schürenberg tritt in der kleinen Rolle des Herrn Herterich auf. Im Drehstab trifft er zahlreiche alte Bekannte – mit einer Ausnahme: Der Produktionsleiter hat gewechselt. Der neue Mann, der bei Artur Brauner die Produktionsabteilung leitet, heißt Horst Wendlandt. Dieser Name sollte für Schürenberg noch entscheidende Bedeutung bekommen.

»Wie ein Sturmwind« ist für Produzent Brauner ein Film unter vielen. 1956 dreht allein seine CCC-Film zwölf Produktionen in den eigenen Ateliers ab. Aber auch andere Produzenten arbeiten in den Studios an ihren Filmen. Die CCC ist in Berlin im Bereich des Films der wichtigste Arbeitgeber für Schauspieler. Wie es im Umfeld einer Produktion zuging, kann man sehr anschaulich einem zeitgenössischen Bericht des Journalisten Hans Colberg entnehmen, der die Dreharbeiten von »Wie ein Sturmwind« besuchte:

Mit Ivan Desny (r.) in »Anastasia, die letzte Zarentochter«

»Wir kamen von einer weiten Reise. Nun aber waren wir wieder zu Haus. Die englischen Filmateliers hatten wir uns ansehen dürfen, die größten Europas, wie es hieß. Ein alter Landsitz, aus dem sie gewachsen sind, mit imponierenden Atelierbauten und technischen Einrichtungen, wie sie wohl nur noch in Hollywood ihresgleichen haben. Doch jetzt, während wir den schmuddeligen Weg zu den Spandauer Ateliers hinausgingen, die alle erst nach dem Krieg entstanden sind, mit keiner Tradition behaftet, zwar auch schon zu ganz beachtlicher Größe angewachsen, aber überall noch die Spuren dieses Wachstums erkennen lassend – ja, da überkam uns dieses Bewusstsein des Wiederdaheimseins. Wir begriffen: Hier wie dort wird gearbeitet.

Es war – mitten im ersten Schneetreiben – einer jener ›hitzigen‹ Tage in Spandau, wie man sie als Journalist nur selten erlebt. In Halle 6 drehte Falk Harnack mit Lilli Palmer und Ivan Desny eine der schwierigsten Partien zu seinem neuen Film. Schon in der Pförtnerloge hieß es, dass an diesem Tag niemand das Atelier betreten dürfe.

Ich musste sogleich an eine ähnliche Szene denken, wie wir sie in London erlebt hatten, wo Laurence Olivier mit der Monroe ›Der Prinz und die Tänzerin‹

Mit Ernst Schröder (l.) und Susanne von Almassy in »Stresemann«

drehte. Dort war es keinem von uns gelungen, ins Atelier hineinzukommen. Hier aber – nein, es sah in der Tat so aus, als sollte es uns auch diesmal nicht gelingen. Das große Schild an der Ateliertür schloss jeden Besucher streng aus. Dennoch schafften wir es. Die Presseleiterin bahnte uns einen geheimen Weg in das so hermetisch abgeschlossene Atelier. Gleichsam auf Zehenspitzen stapften wir durch die hohe Halle. Sie war – leer! Das heißt, in einer winzigen Ecke nur, in einem verschwindend kleinen Häuschen, das sich nach einem Blick durch die Fenster als Maleratelier entpuppte, wurde gedreht.

Wir sahen Bilder an den Wänden, rasch hingeworfene Skizzen, halbfertige Kohleentwürfe. Wir sahen eine Staffelei, leere Farbtuben am Boden und auf dem Fensterbrett einen Teller mit – Wurstbroten und saftig-frischen Rettichscheiben. In diesem Augenblick griff eine Hand nach einer der Scheiben. Gleich darauf hörten wir eine Stimme, eine allzu bekannte Stimme: ›Wunderbar! Das schmeckt wirklich wunderbar!‹ Es war die Stimme von Lilli Palmer. Schon entdeckten wir auch sie selbst: in einem blauseidenen Morgenrock, sehr schmal, ihr Gesicht mit den großen, brennenden Augen darin. Ein paar Schritte weiter stand Falk Harnack, der Regisseur.

»Wie ein Sturmwind«: Der Kunsthändler Herterich (Siegfried Schürenberg) stellt Marianne (Lilli Palmer) und ihrem Mann (Ivan Desny) seine Freundin Gina (Susanne Cramer, l.) vor

Er ging zur Kamera, hinter der Friedl Behn-Grund saß. Unmittelbar darauf begann die Windmaschine zu laufen, um ihren Sturmwind in die Szene zu heulen. Als sie eben wieder abebbte, trat Ivan Desny zur Tür herein. Er spielt den jungen Maler. Mitten im Raum blieb er stehen. ›Warum sind Sie noch einmal zurückgekommen?‹, stammelt Lilli Palmer als Marianne. – ›Ich musste es tun!‹

›Danke‹, unterbrach der Regisseur. Desny musste noch einmal zur Tür hereinkommen. Und die Palmer musste ihre Worte aufs Neue sprechen. Wieder und wieder, insgesamt ein halbes Dutzend Mal. Lilli Palmer blieb völlig gelassen. Alles um sie herum versank, sie ging völlig in ihrer Rolle auf, so als gäbe es nur sie ganz allein auf der Welt.«

Noch zwei weitere Filme dreht Schürenberg in diesem Jahr, das mit insgesamt acht Produktionen für ihn außergewöhnlich erfolgreich sein sollte. »Made in Germany – Ein Leben für Zeiss« ist ein Lebensbild von Ernst Abbe und Carl Zeiss, die gemeinsam das Mikroskop weiterentwickeln und die Zeiss-Werke gründen. Die Hauptrollen spielten Carl Raddatz und Werner Hinz, Wolfgang Schleif, ein ehemaliger Mitar-

Mit Ivan Desny in »Wie ein Sturmwind«

beiter von Veit Harlan (»Kolberg«) führte Regie. Schürenberg tauchte am Ende des Film als reicher Amerikaner Cullampton Bubble auf, der mit einem Großeinkauf die Zeiss-Werke auf den Weg des Erfolgs führte.

»Glücksritter« schließlich, ein kleiner Film unter der Regie von Arthur Maria Rabenalt, handelt von einem gewissenlosen Verleger, dessen einzige Maxime das Geschäft ist. Es spielten Paul Hubschmid, Heidemarie Hatheyer und Barbara Rütting. Schürenberg war »Herr Brack, der Mann im Hintergrund« – besser konnte man auch seine eigene Funktion im deutschen Film nicht kennzeichnen.

Beim Klassenfeind

1957 wird für Siegfried Schürenberg auf andere Weise ein bedeutsames Jahr: Seine Mutter, an der er sehr gehangen hat, stirbt im Alter von 85 Jahren. Sie wird auf dem Friedhof am Halleschen Tor beerdigt. Schürenberg selbst hat inzwischen das beste Mannesalter überschritten – er ist jetzt 57 Jahre alt.

Eine neue Erfahrung steht ihm noch bevor. Erstmals wird er bei der DEFA in der Sowjetischen Besatzungszone drehen

Mit Carl Raddatz in »Made in Germany – Ein Leben für Zeiss«

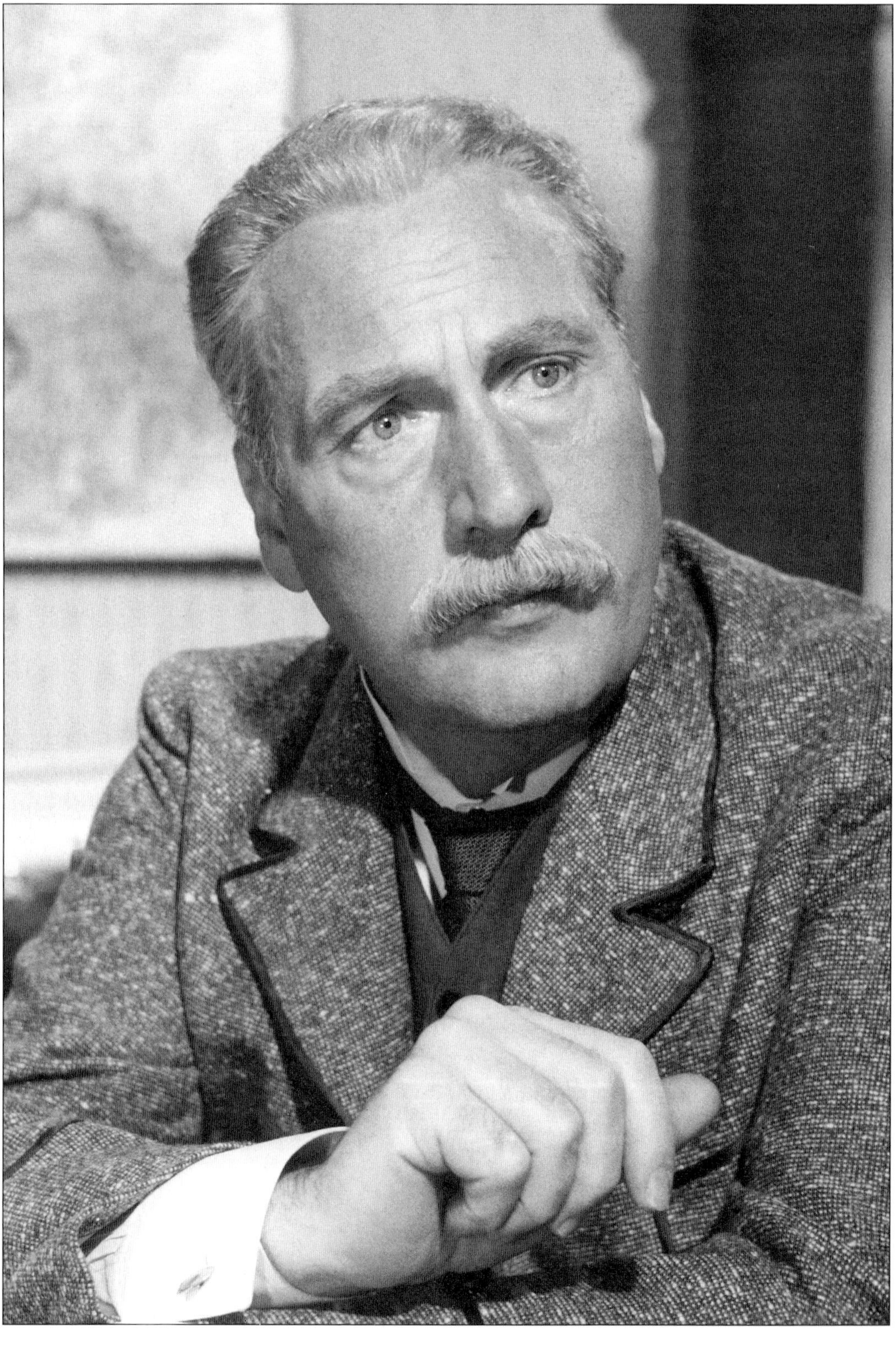

– kaum jemand spricht zu dieser Zeit von der »DDR«. Zuvor allerdings sehen ihn die Kinozuschauer noch in zwei anderen Streifen: Für Wolfgang Liebeneiner steht er in »Franziska« vor der Kamera, einem Remake des alten Terra-Streifens »Auf Wiedersehen, Franziska!« (1940/41). Der Film bedeutet eine Paraderolle für Ruth Leuwerik. Auch dieser Film entsteht wieder in Artur Brauners CCC-Ateliers in Spandau.

Der andere Film – mit dem Titel »Anders als du und ich« – hat es in sich. Einerseits wegen des Themas: Es geht um den § 175, also um Homosexualität, und das ist in der Adenauer-Ära ein absolutes Tabu-Thema. Andererseits wegen des Regisseurs – und da ist die Aufregung noch viel größer: Denn hinter der Kamera steht Veit Harlan, berühmt-berüchtigt als talentiertester Regisseur des Nazi-Regimes und gefügiger Handlanger von Goebbels, für den er mit »Jud Süß« und »Kolberg« die schlimmsten Propagandafilme des Dritten Reiches schuf.

Unmöglich, dass dieser Film bei Artur Brauner entstand – zwar hätte er nicht das Thema gescheut, aber nie wäre er auf die Idee gekommen, Harlan zu engagieren. Sein Berliner Konkurrent Gero Wecker, der mit seinen höchst erfolgreichen »Immenhof«- und »Liane«-Filmen zu Geld gekommen war, hatte weniger Skrupel und scheute den Skandal nicht – ganz im Gegenteil: Aufsehen konnte nur das Geschäft steigern.

Linke Seite: Als Cullampton Bubble in »Made in Germany – Ein Leben für Zeiss«

Unten: Premiere von »Glücksritter«: Hans Nielsen, Arthur Maria Rabenalt, Paul Klinger, Schürenberg (v.l.n.r.)

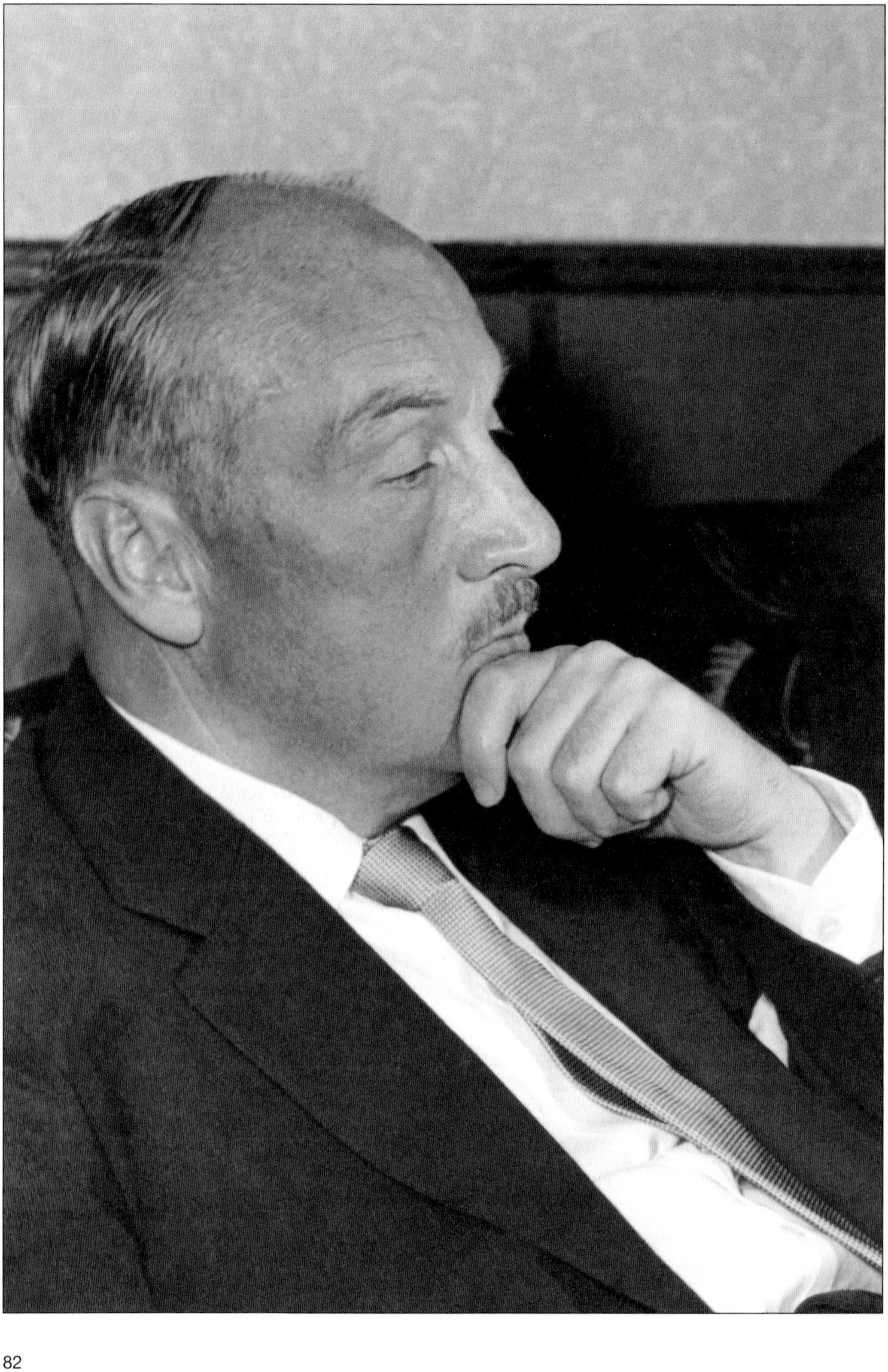

Fraglich, ob Schürenberg genau hingeschaut hatte, auf welch schillerndes Unternehmen er sich eingelassen hatte. Möglich aber auch, dass er dem von allen Seiten angefeindeten Harlan – unabhängig von dessen Vergangenheit – beistehen wollte.

Dass er bisweilen weder nach rechts noch nach links schaute, bewies er auch mit zwei weiteren Projekten. Für die DEFA dreht er in den alten UFA-Studios in Babelsberg die Filme »Gejagt bis zum Morgen« und »Die Schönste«.

Dass es dazu kommen konnte, war der so genannten Tauwetter-Ära Mitte der fünfziger Jahre zu verdanken. Die DDR brauchte Devisen, und die DEFA hatte vom Politbüro Anweisung erhalten, Stoffe zu suchen, die auch auf dem westdeutschen Filmmarkt Chancen hätten. Keine Agitation, sondern Unterhaltung hieß die Parole. Dazu bediente man sich der Dienste des Westberliner Produzenten Erich Mehl, der nicht nur schicke Autos in die DDR brachte, sondern auch einige West-Schauspieler, darunter Siegfried Schürenberg.

Die Rechnung der DEFA geht allerdings nicht auf – die DDR-Produktionen will im Westen kaum jemand sehen. Der Film »Die Schönste« kommt noch nicht einmal in der DDR in die Kinos, denn sehr schnell geht das Tauwetter wieder in eine Frostperiode über.

Linke Seite: Nachdenklich auf der Premierenfeier von »Glücksritter« 1957

Mit Carlos Thompson in »Franziska«

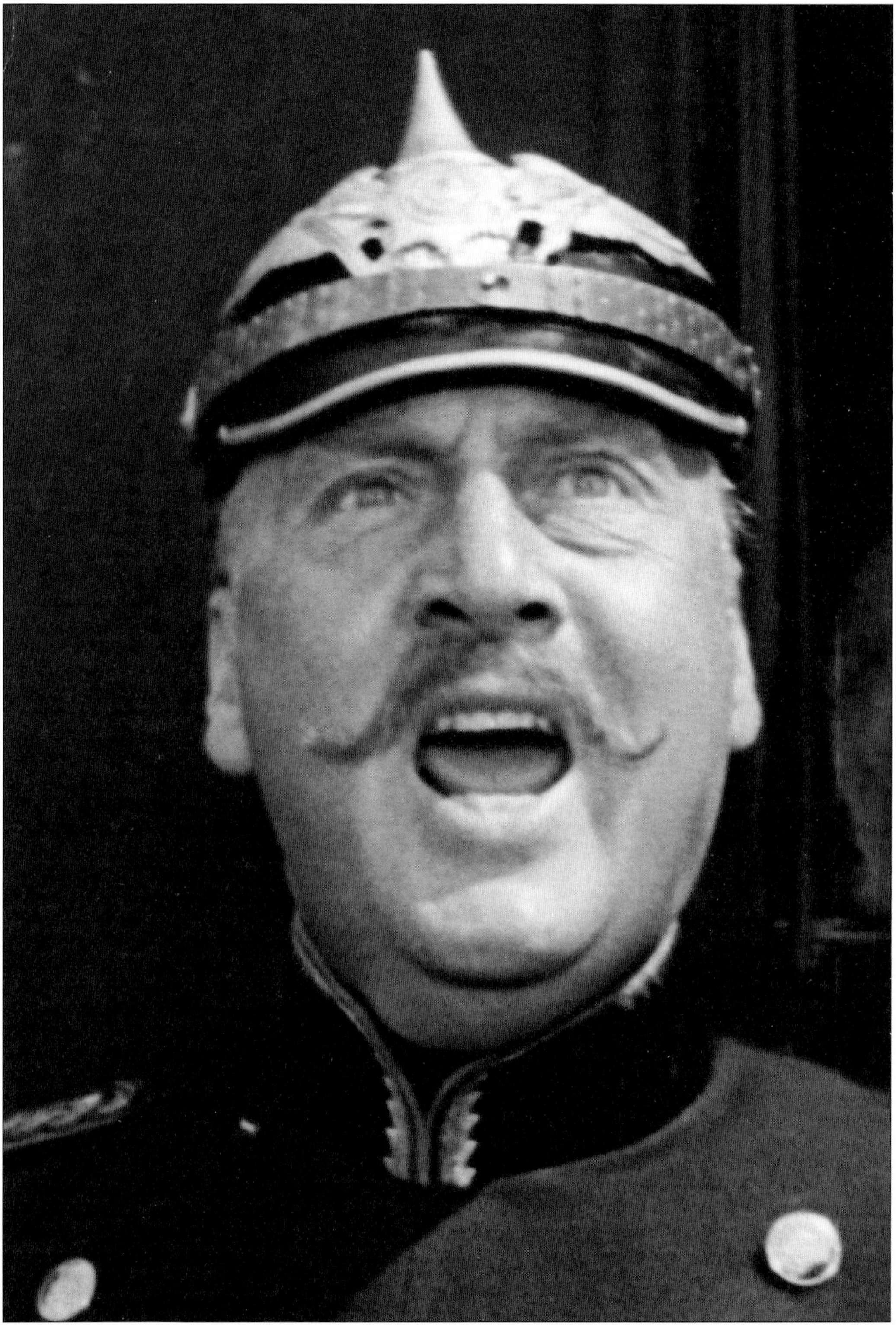

»Die Schönste« ist ein kleiner Unterhaltungsfilm, der mit maßvoller Gesellschaftskritik das Leben im Westen beleuchtet: Der 12-jährige Sohn eines Westberliner Kaufmanns will seinem Freund beweisen, dass seine Mutter auch ohne Perlencollier die Schönste ist, und versteckt den Schmuck. Das sorgt allerdings für große Turbulenzen: Das Collier war nämlich noch nicht bezahlt, der Vater hatte es auf Kredit besorgt, um es an seiner Frau vorzuführen und damit potentielle Geldgeber zu beeindrucken.

Die DDR-Kulturfunktionäre entschieden nach Besichtigung des Films, dass er nicht »klassenmäßig angesiedelt« und überdies »kleinbürgerlich opportunistisch« sei. Eine neue Fassung wird hergestellt, ohne Happy End für das Luxus-Ehepaar und ohne Bananen auf dem Tisch des proletarischen Gegenpaares. Manfred Krug wird engagiert, um als Moritatensänger mit Gitarre die Botschaft des Films zu verkünden. Es hilft nichts: Das Werk landet im Giftschrank. Erst 45 Jahre später findet am 24. Mai 2002 in Berlin die erste Aufführung vor Publikum statt.

Oben: Bei der DEFA in »Gejagt bis zum Morgen«

Linke Seite: Als Wachtmeister in »Gejagt bis zum Morgen«

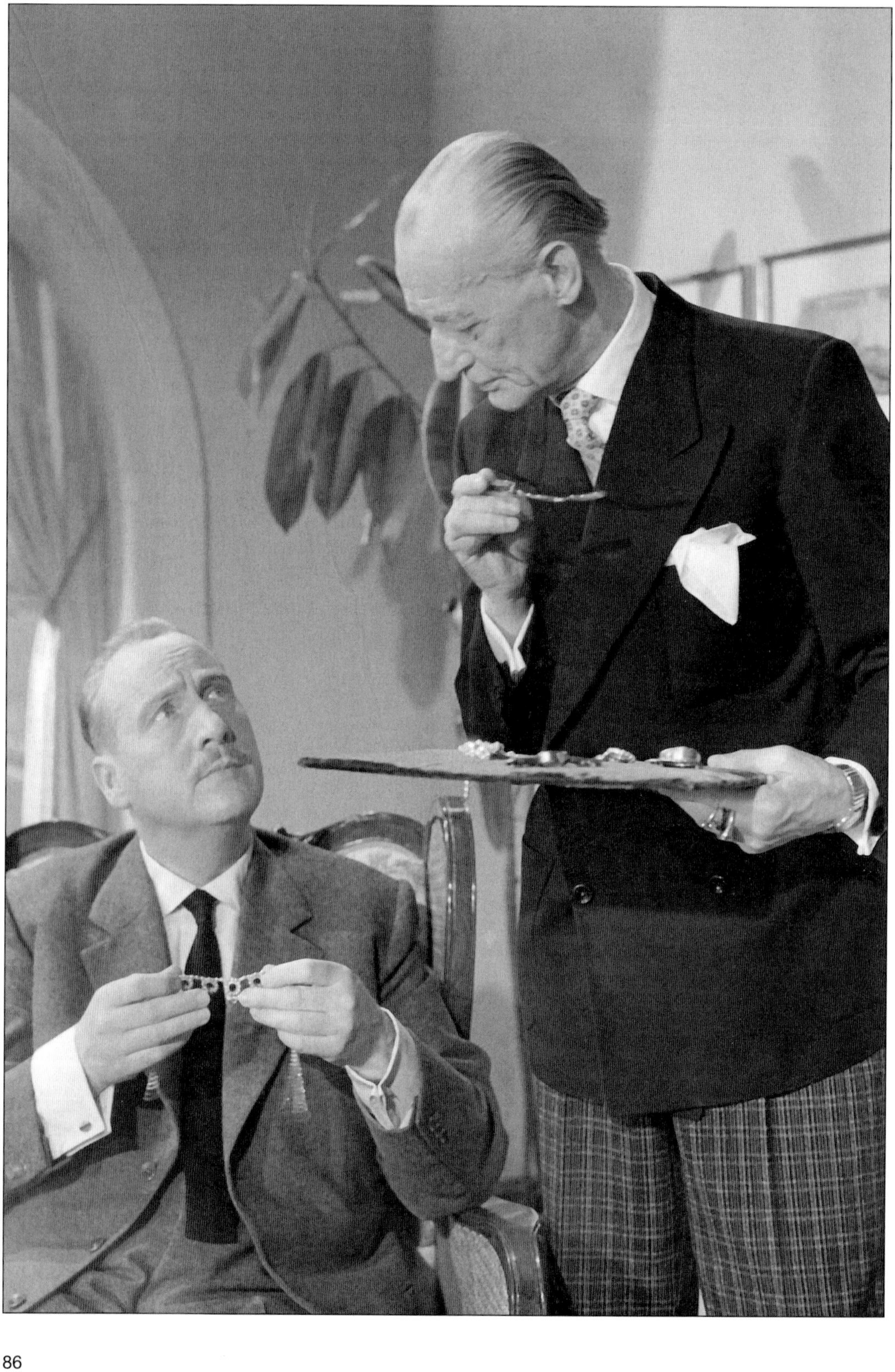

Der Rest ist Schweigen

Vielleicht ist Schürenberg nach seinen DEFA-Erfahrungen froh, dass er wieder im Westen dreht – auch wenn das nächste Filmchen von ausgesuchter Anspruchslosigkeit ist. »Lilli – Ein Mädchen aus der Großstadt« entsteht in Gero Weckers Arca-Studios unter der Regie des jungen Hermann Leitner. In den Hauptrollen chargieren die blonde Ann Smyrner und der Naturbursche Adrian Hoven.

Anspruchsvoller ist dagegen die Produktion »Solange das Herz schlägt«, die mit O. E. Hasse und Heidemarie Hatheyer in den Tempelhofer Studios gedreht wird. Abermals arbeitet das routinierte Gespann Alfred Weidenmann als Regisseur und Herbert Reinecker als Autor zusammen. Weidenmann weiß anscheinend, was er an Schürenberg hat; in diesem Film arbeitet er zum dritten Mal mit dem Schauspieler zusammen. Die Geschichte handelt von einem geachteten Oberstudienrat, der plötzlich erfährt, dass er an einer tödlichen Krankheit leidet. Für Schürenberg hält das Drehbuch die Rolle eines Assistenzarztes bereit.

Dem König der Nebendarsteller kann man inzwischen nichts mehr vormachen. Er kennt alle Schliche und Kniffs des Filmgeschäfts. Und doch kann er noch etwas lernen. Das wird

Linke Seite: »Die Schönste«: Das ominöse Collier

Mit O. E. Hasse in »Solange das Herz schlägt«

ihm deutlich, als er für den amerikanischen Film »The Journey« (»Die Reise«) engagiert wird. Anatole Litvak realisiert diesen Film über eine Geschichte während des Ungarn-Aufstands 1956 in Deutschland. Schürenberg sieht sich auf einmal inmitten einer Riege von Weltstars. In dem Film wirken Deborah Kerr, Yul Brynner, Robert Morley, Jason Robards, E. G. Marshall, Anouk Aimée und andere berühmte Darsteller mit. Was ihn, den Perfektionisten, vor allem beeindruckt: Die Amerikaner arbeiten mit einer in Deutschland völlig unerreichten Präzision.

Mit aller Deutlichkeit stellt er das fest, als er seine nächste Nebenrolle wieder in den CCC-Studios absolviert. »Und das am Montagmorgen« heißt der Film, der für deutsche Verhältnisse mit O. W. Fischer und Ulla Jacobsson erstklassig besetzt ist. Regie führt der Italiener Luigi Comencini. Schürenberg spielt in einer Rolle, die diesmal einen größeren Umfang hat als normalerweise, den weltmännischen und überaus seriösen Bankgeneraldirektor von Schmitz, der mit seinem sonst so pflichteifrigen und akkuraten Filialleiter Alois Ferdinand Kessel alias O. W. Fischer einige Sorgen auszustehen hat. Anlässlich eines Atelierbesuchs schreibt der bekannte Kritiker Henning Harmssen über ihn eine Reportage:

> *»Herbert Ihering hat schon vor langen Jahren vom Ruhm gesprochen, der den Unauffälligen gebührt, denn: ›Wenn Schauspieler kleine Rollen ablehnen und erklären, dass sie daraus nichts machen können, so ist dies meistens Phantasiemangel. Ihnen (oder dem Regisseur) fehlt die Vorstellungsgabe. In einer großen Rolle spürt auch der durchschnittliche Darsteller die Möglichkeiten der Steigerung und Wirkung. Dazu gehört keine Eingebung. In der kleinen Aufgabe spürt sie der durchschnittliche Schauspieler niemals. Wer die Phantasie auch für Nebenrollen hat, ist unter allen Umständen ein größerer Künstler als derjenige, der in Hauptrollen Erfolge nur durch Dynamik der Szenen erreicht.‹*
>
> *Diese kritischen und nachdenkenswerten Worte haben auch heute noch Bestand. Durch die Träger der so beiläufig im Programm genannten Nebenrollen erhielt jeder Film erst seine nötige Randschärfe, seine Plastizität, seine Lebensfülle, seine menschliche Note und seine ganz spezifische Färbung. Präzision am Rande, Farben an der Peripherie des Geschehens: das macht erst den kleinen Filmkosmos aus.*
>
> *Einer dieser großen Könner im Kleinen ist ohne Zweifel Siegfried Schürenberg, wohl jedem Filmfreund – wenn auch vielleicht nur akustisch – ein Begriff: durch*

zahllose Synchronrollen, für die er als markanter und ungemein exakter Sprecher schon von Haus aus prädestiniert ist. Es ist sicherlich kein Zufall, dass sich Schürenberg gerade für die Synchronisation fremdsprachiger Filme so glänzend eignet, besitzt er doch in idealer Weise alle Voraussetzungen für dieses schwierige und nervenaufreibende Verfahren, nämlich Disziplin, Geistesgegenwart, ein ausgeprägtes Reaktionsvermögen, Einfühlung und Präzision.«

Im Anschluss an »Und das am Montagmorgen« steht Schürenberg in München für den Helmut-Käutner-Film »Der Rest ist Schweigen« vor der Kamera. Der namhafte Regisseur hat die Handlung von Shakespeares »Hamlet« in die Gegenwart verlegt; es geht um einen Brudermord, der von dem aus Amerika zurückkehrenden Erben eines Ruhr-Konzerns aufgedeckt wird. Die Hauptrollen spielten Hardy Krüger, Peter van Eyck und Ingrid Andree.

Danach ist er wieder in Berlin und abermals in den hinlänglich vertrauten CCC-Studios. In der größten Halle des Ateliers ist diesmal eine imposante Hoteldekoration entstanden. Verfilmt wird der Vicki-Baum-Roman »Menschen im Hotel«. Die Regie hat Gottfried Reinhardt, der aus den USA zurück-

»Und das am Montagmorgen«: Unterstützt von Schürenberg als Generaldirektor von Schmitz, hypnotisiert Werner Finck den angeblich geistesabwesenden Bankangestellten von Kessel (O. W. Fischer), damit der den verhängnisvollen Montag für immer vergisst

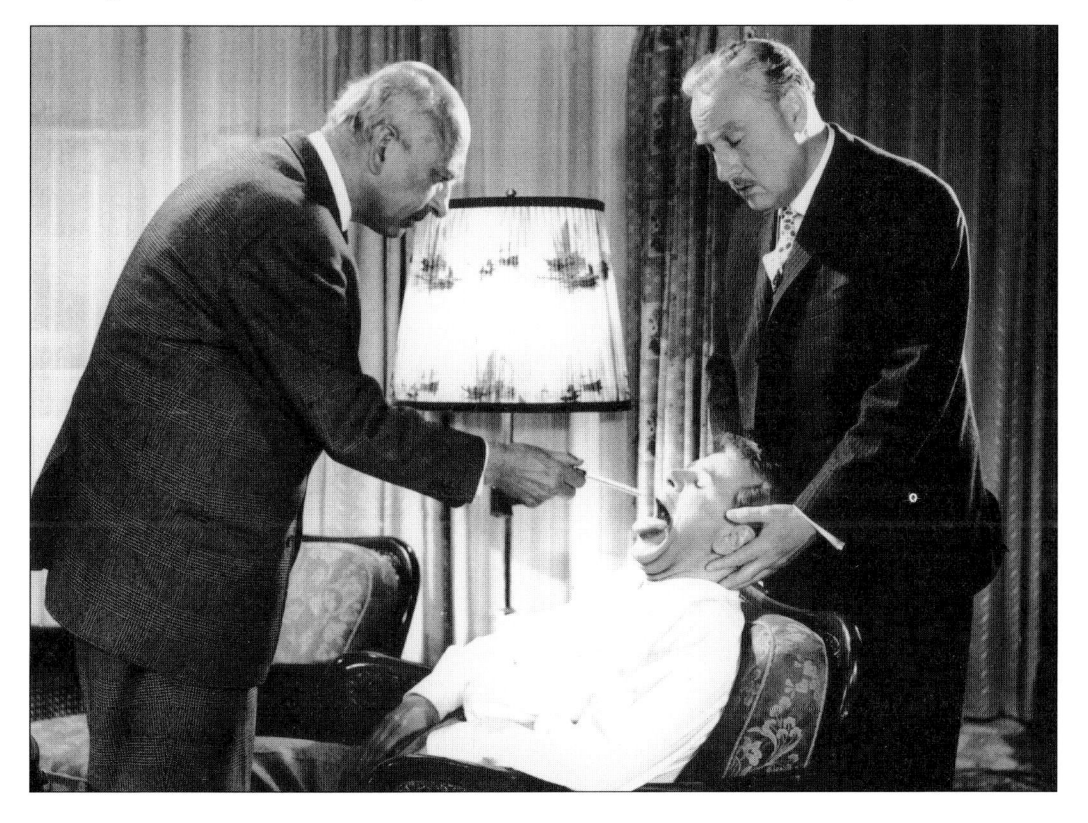

gekehrte Sohn des großen Bühnenregisseurs Max Reinhardt. Der Film, der das Leben in einem Luxushotel beschreibt, ist mit O. W. Fischer, Michèle Morgan, Heinz Rühmann, Gert Fröbe und Sonja Ziemann erstklassig besetzt. Schürenberg hat als Dr. Behrend nur eine kleine Rolle unter »ferner liefen«.

Anschließend wieder ein Wechsel nach Süddeutschland, wo Bernhard Wicki den wohl wichtigsten Kriegsfilm nach dem Zweiten Weltkrieg dreht: »Die Brücke«. Im Mittelpunkt steht eine Gruppe von Jungen, die in den letzten Kriegstagen völlig sinnlos in einer deutschen Kleinstadt eine unwichtige Brücke gegen die heranrückenden Amerikaner verteidigt. Die unbekannten Darsteller der Jugendlichen werden später allesamt Karriere machen: Folker Bohnet, Fritz Wepper, Michael Hinz, Volker Lechtenbrink, Cordula Trantow. Wieder hat Schürenberg nur eine kleine Rolle: Er spielt einen Oberstleutnant. Der Film, obwohl an der Kinokasse nur mäßig erfolgreich, gehört zu den höchstausgezeichneten Produktionen des deutschen Nachkriegsfilms und macht Bernhard Wicki schlagartig bekannt.

Schürenbergs letzter Film in den fünfziger Jahren ist ein typisches Produkt der Adenauer-Ära: »Alt Heidelberg« ist eine erneute Auflage des bereits mehrfach verfilmten Bühnenstücks von Wilhelm Meyer-Förster. Für Regie und Drehbuch

Mit Michèle Morgan in »Menschen im Hotel«

Rechte Seite: Portrait aus dem Jahr 1957

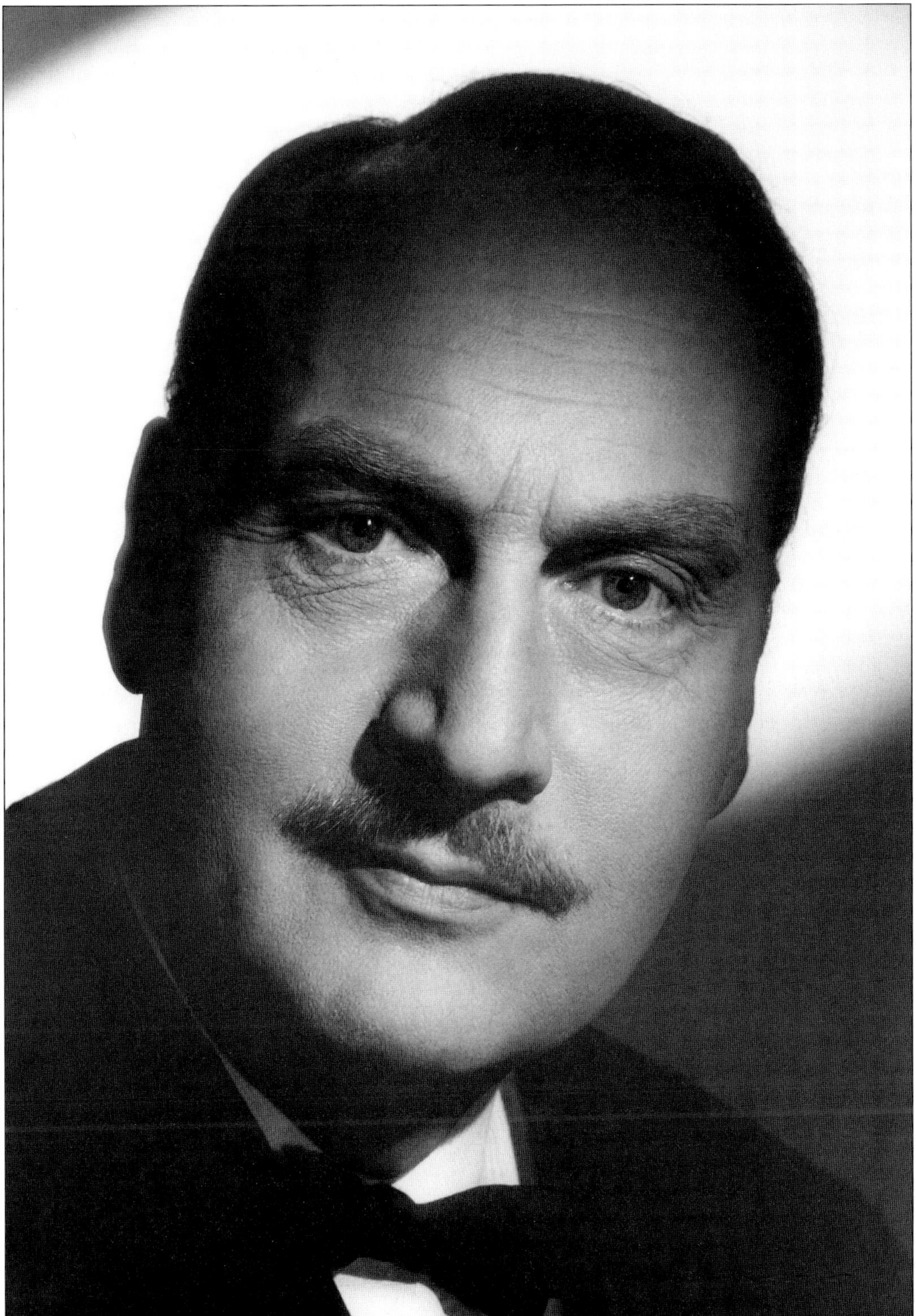

zeichnet Ernst Marischka verantwortlich, der Entdecker von Romy Schneider, der damit hofft, noch einmal an den Erfolg der »Sissi«-Trilogie anschließen zu können (allerdings vergeblich). Christian Wolff spielt den einsamen Fürsten, Sabine Sinjen das hübsche Wirtstöchterchen. Die Aufnahmen entstehen in Heidelberg und – wie sollte es anders sein – in den CCC-Ateliers in Berlin. Schürenberg darf würdig als Staatsminister vor der Kamera erscheinen. Mit diesem operettenseligen Volksstück gehen die fünfziger Jahre für ihn zu Ende.

Im Geheimdienst Ihrer Majestät

Im Jahr 1960 dreht Siegfried Schürenberg nur einen einzigen Film. In den letzten Jahren sind die Zahlen der Kinobesucher ständig gesunken. Das Fernsehen ist zur großen Konkurrenz der Filmtheater geworden. In der Filmbranche häufen sich die Firmenzusammenbrüche. Produzenten machen Pleite, einst renommierte Verleihfirmen verschwinden von der Bildfläche, Ateliers werden geschlossen oder vom Fernsehen übernommen.

Kein gutes Jahr für den alternden Schauspieler. Die Zukunft der Filmbranche sieht düster aus. Schürenberg spürt am eigenen Leibe, dass die Arbeitsmöglichkeiten geringer werden. Nach fünf Produktionen im Jahr 1959 nur ein einziges Angebot für 1960 – der Abstieg könnte kaum bedrohlicher ausfallen.

Es ist der Berliner Erfolgsproduzent Kurt Ulrich, der ihm eine kleine Rolle in dem Kriminalfilm »Der Rächer« anbietet. Der quicke Ulrich hatte 1951 mit seiner Berolina-Film die Mutter aller Heimatfilme »Grün ist die Heide« produziert und damit viel Geld verdient. Nun wollte er rechtzeitig an einer Erfolgswelle partizipieren, die andere ausgelöst hatten.

Im September 1959 war in den Kinos ein Film angelaufen, der sich zu einem unerwarteten Kassenerfolg entwickelt hatte: »Der Frosch mit der Maske«, entstanden nach einem Roman des in Deutschland viel gelesenen Krimiautors Edgar Wallace. Die Hauptrolle spielte Siegfried Lowitz als Kommissar von Scotland Yard, ihm zur Seite stand der junge, gut aussehende Joachim Fuchsberger. Produzent dieses Films, der in England spielt und sein Publikum vor allem in Deutschland fand, war kurioserweise ein Däne, nämlich Preben Philipsen, der hinter den Kulissen zu den einflussreichsten Persönlichkeiten im deutschen Filmgeschäft zählte. Der Erfolg war so durchschlagend, dass umgehend ein zweiter Wallace-Film in die Kinos geschickt wurde: »Der rote Kreis«, inszeniert von dem Krimispezialisten Jürgen Roland, der durch die Fernsehserie »Stahlnetz« bekannt geworden war.

Rechte Seite: Es ist unmöglich, von Edgar Wallace nicht gefesselt zu sein

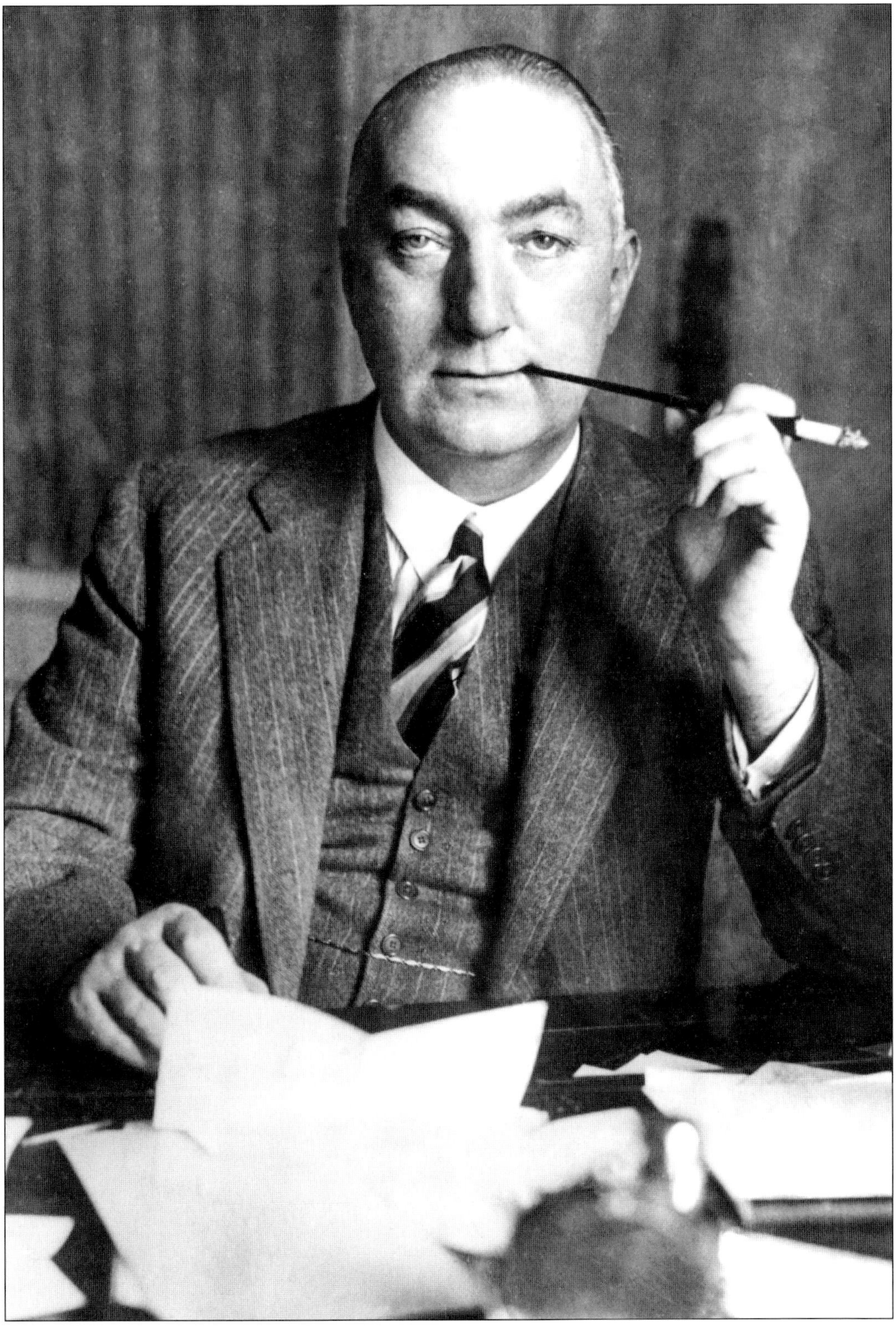

Kurt Ulrich reagierte sofort. Er war nämlich in der glücklichen Lage, schon vor Preben Philipsen die Filmrechte an einem Edgar-Wallace-Stoff erworben zu haben, nämlich an »The Avenger«, wie »Der Rächer« im Original heißt. Die Geschichte handelt von einem mysteriösen Mörder, der seinen Opfern die Köpfe abschneidet. Der Unbekannte meint damit der Gerechtigkeit einen Dienst zu tun, denn die Opfer sind ausnahmslos Verbrecher, die der Justiz entkommen sind.

Als Regisseur hatte Ulrich den Komödienspezialisten Karl Anton verpflichtet – sicher eine wenig glückliche Wahl. Überzeugend dagegen wirkte der Hauptdarsteller Heinz Drache, der einen Detektiv verkörperte. Ihn erwartete in der Zukunft eine lang anhaltende Karriere als Kommissar. Vom 31. Mai bis zum 20. Juni 1960 fanden in den Arri-Studios in München die Dreharbeiten statt, für Außenaufnahmen filmte man in London und Berlin.

Siegfried Schürenberg stellte im Film den Major Staines dar und war Chef des Geheimdienstes Ihrer Majestät. Diese Rolle verkörperte er ernst und mit würdevoller Zurückhaltung. Er konnte nicht ahnen, dass er damit den Grundstein für eine lange Karriere als Wallace-Star gelegt hatte – auch wenn sein Auftritt in »Der Rächer« noch nichts mit der Gestaltung seiner Rolle in den späteren Wallace-Filmen zu tun hat.

»Der Rächer«: Entsetzen über den Kopf im Karton. 2. v. l. Heinz Drache, Schürenberg 2. v. r.

Einstweilen blieb das kurze Engagement bei Kurt Ulrich für Schürenberg ohne Folgen. 1961 erschien er in zwei gänzlich anders gearteten Filmen auf der Leinwand. »Frau Irene Besser« ist ein typischer Problemfilm der Adenauer-Ära: Nach zwölfjähriger Kriegsgefangenschaft in Russland kommt ein ehemaliger Soldat nach Hause. Der Spätheimkehrer denkt, seine Familie warte sehnsüchtig auf den Ehemann und Vater. Doch tatsächlich lebt seine Frau ein neues Leben mit Warenhauskonzern, Villa und Hausfreund. In diesem vergleichsweise kleinen Film unter der Regie von John Olden, dem Ehemann von Inge Meysel, spielten Luise Ullrich, Rudolf Prack und Albert Lieven die Hauptrollen. Schürenberg hatte einen kleinen Auftritt als Rechtsanwalt.

Aufwändig, wenn auch erfolglos an der Kinokasse, die zweite Produktion: »Das letzte Kapitel«. Schauplatz ist ein Sanatorium in Norwegen. Eine junge Frau beginnt ein Verhältnis mit einem Bauernburschen, damit das Kind, das sie erwartet, einen Vater hat. Regie führte der einst von Goebbels protegierte Wolfgang Liebeneiner, der inzwischen in der Bundesrepublik wieder zu Ansehen gelangt war. In den Hauptrollen waren Hansjörg Felmy, Karin Baal, Helmuth Lohner und Klausjürgen Wussow zu sehen. Schürenbergs Rolle war die des Konsuls Ruben. Auch diesmal war sein Auftritt nicht

»Der Rächer«: Major Staines und der aufgeweckte Brixon

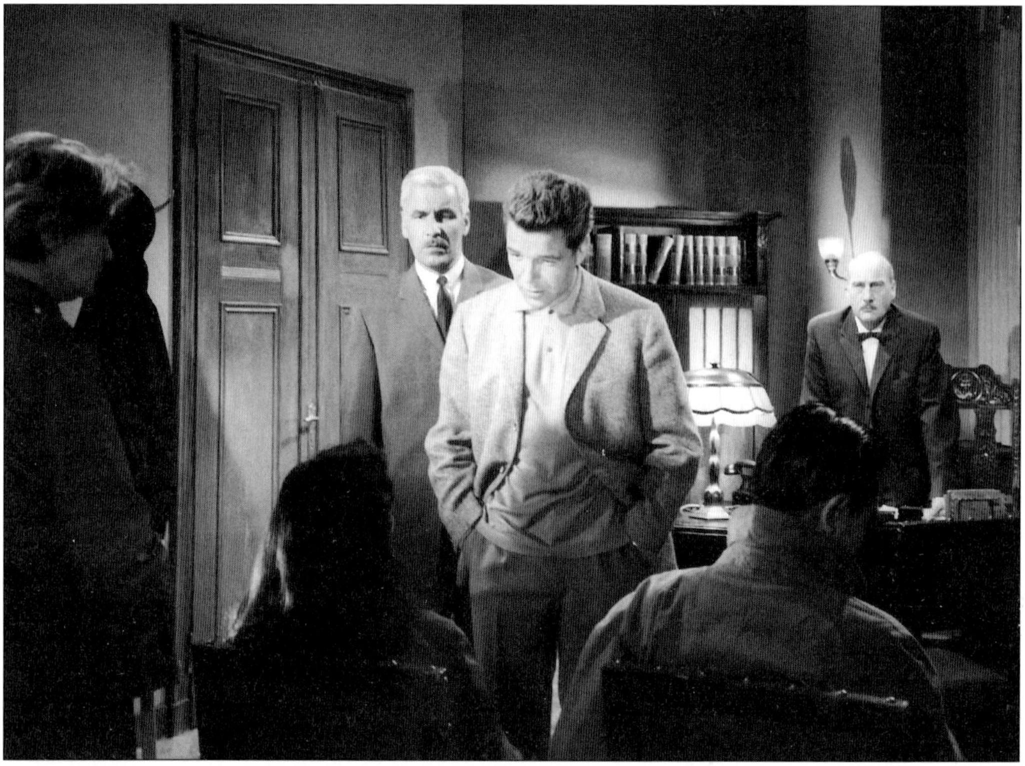

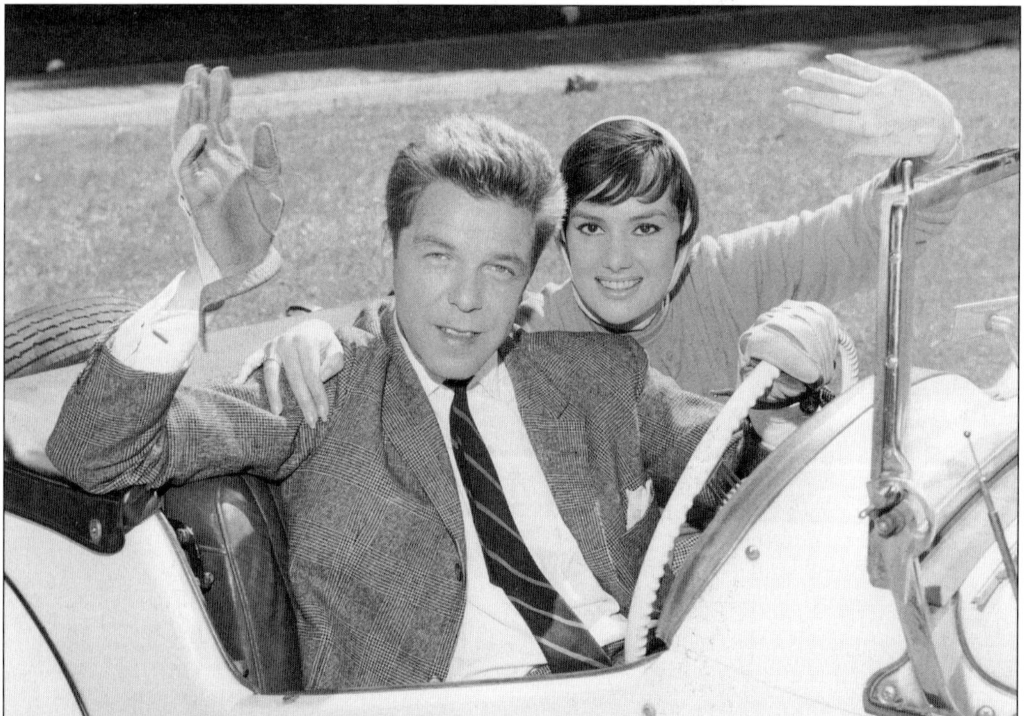

besonders umfangreich. Er erinnert sich: »Ich hatte mit Liebeneiner solchen Ärger, dass er mich nach zwei Szenen sterben ließ.«

Sir John von Scotland Yard

Der 26. Februar 1962 ist der Geburtstag des unsterblichen Sir John von Scotland Yard. An diesem Tag unterzeichnet Siegfried Schürenberg ein Formular mit der nüchternen Überschrift »Anstellungsvertrag für Filmschaffende«. Darin wird er für die Filmproduktion mit dem Titel »Die Tür mit den sieben Schlössern« für die Rolle des Sir John verpflichtet. Gegengezeichnet ist das Schriftstück von Horst Wendlandt, dem Produzenten.

Der Umfang der vertraglich vorgesehenen Drehtage – nämlich sechs – entsprach exakt dem, was Schürenberg in den letzten Jahren gewohnt war. Und mit Sicherheit hatte er nicht den Hauch einer Ahnung davon, dass er mit einem Federstrich eine der merkwürdigsten Karrieren der deutschen Filmgeschichte begründete.

Im Zeitraum von elf Jahren wirkt Schürenberg in insgesamt 18 Wallace-Filmen mit. 15 dieser Filme werden von der Berliner Rialto-Film Preben Philipsen produziert, die von Horst Wendlandt geführt wird. Wendlandt entwickelte sich innerhalb von kurzer Zeit zum entscheidenden Ideengeber der Serie. Der Erfolg dieser langlebigsten Krimiserie der deutschen Filmgeschichte ist mit seinem Namen verknüpft.

Bei Horst Wendlandt entwickelt Schürenberg den Charakter des Scotland-Yard-Chefs Sir John, der bald zu einem Markenzeichen der Serie werden sollte. Schürenberg spielte diese Rolle in insgesamt 13 Rialto-Filmen. Siegfried Schürenberg – das war im Bewusstsein der Kinogänger Sir John. Darüber gerät fast in Vergessenheit, dass er zweimal in Rialto-Produktionen auch einen anderen Part übernahm: In »Das indische Tuch« spielte er den Tierliebhaber und Erben Sir Hockbridge, und in »Der Zinker« verkörpert er den Zeitungsverleger Sir Fielding. Damit kommt er auf insgesamt 15 Rialto-Wallace-Filme.

Als Sir John war Schürenberg praktisch der einzige durchgängige Charakter der Wallace-Serie. Die Kommissare und Inspektoren kamen und gingen – aber er, der Chef, blieb. Seine Auftritte waren kurz, aber prägnant – er war das Salz in der Suppe der großen Krimiküche.

Mit der Wallace-Serie sind zahlreiche bekannte Darstellernamen verbunden: Joachim Fuchsberger, Heinz Drache, Karin Dor, Hansjörg Felmy, Harald Leipnitz, Günther Stoll, Uschi Glas. Doch keiner von ihnen wirkte so oft mit wie Sieg-

Linke Seite: »Der Rächer«.
Oben: Friedrich Schoenfelder, Heinz Drache, Schürenberg (v. l. n. r.)

Unten: Happy End mit Heinz Drache und Ina Duscha

»Die Tür mit den sieben Schlössern«:
Erste Ermittlungen mit Heinz Drache
(l.) und Eddi Arent (2. v. r.)

fried Schürenberg. Allein der Komiker Eddi Arent war häufiger dabei – nämlich 23-mal. Klaus Kinski, dessen Name wie kein anderer für Edgar Wallace steht, war nur an 16, Joachim Fuchsberger an 13 Produktionen beteiligt.

Anders als Eddi Arent gehörte Schürenberg nicht zu den Wallace-Akteuren der ersten Stunde – er stieß erst später zum Rialto-Team. In seiner Rolle hatte er schon einige Vorgänger gehabt.

Bereits in den ersten Produktionen der Serie, »Der Frosch mit der Maske«, »Der rote Kreis« und »Die Bande des Schreckens« (1960), gab es einen Scotland-Yard-Chef. Er hieß Sir Archibald Morton und wurde gespielt von Ernst-Fritz Fürbringer. In Rialtos Wallace-Film Nummer 4, »Der grüne Bogenschütze« (1961), kam die Rolle dagegen nicht vor. Im fünften Film, »Die toten Augen von London« (1961), sprang Franz Schafheitlein für den erkrankten Fürbringer ein. In »Das Geheimnis der gelben Narzissen«, 1961 mit einer englischen Firma koproduziert, spielte Cambell Singer den Sir Archibald. In »Der Fälscher von London« (1961) war der Posten ebenso vakant wie in »Die seltsame Gräfin« (1961). In Film Nummer 9, »Das Rätsel der roten Orchidee« (1962), spielte schließlich Hans Zesch-Ballot den Yard-Chef.

»Die Tür mit den sieben Schlössern«: Eddi Arent erklärt die Schlüssel-Szene

Als am 26. Februar 1962 die Dreharbeiten zu Rialtos Wallace-Film Nummer 10, »Die Tür mit den sieben Schlössern«, anliefen, war die Serie bereits fest etabliert. In einer Zeit der großen Kinodürre war Edgar Wallace so etwas wie ein Zauberwort. Die schnell produzierten Filme lockten Besucherströme in die Kinos und bescherten Produzent und Verleih traumhafte Einnahmen.

Horst Wendlandt, der lange Zeit bei dem Berliner Filmzaren Artur Brauner als Leiter der Produktionsabteilung beschäftigt gewesen war, hatte nach seinem Wechsel zu Preben Philipsens Rialto-Film rasch Karriere gemacht. Das Geschick der Wallace-Serie lag weitgehend in seinen Händen. Er arbeitete so erfolgreich, dass Philipsen seinen inzwischen unentbehrlichen Mitarbeiter bald zum Teilhaber machte. Wendlandt wurde der eigentliche Motor der Wallace-Verfilmungen, die er allerdings anfangs in enger Abstimmung mit dem Constantin-Verleih und dessen Chefdramaturgen Gerhard F. Hummel konzipieren musste.

Es gab keine wesentliche Entscheidung im Produktionsablauf, die nicht von Wendlandt selbst kontrolliert wurde. Auch die Entscheidung, die Rolle des Sir John neu zu besetzen, geht auf ihn zurück. Schürenberg ist ihm bereits seit langem bekannt. Er bespricht sich mit seinem Regisseur Alfred Vohrer, mit dem er befreundet ist. Vohrer rät ihm zu, und so wird am ersten Drehtag der Vertrag unterzeichnet.

Die Aufnahmen finden in den alten UFA-Ateliers in Tempelhof statt. Unter den Darstellern sind Heinz Drache, den Schürenberg bereits aus »Der Rächer« kennt, sowie Sabina Sesselmann, Hans Nielsen, Gisela Uhlen, Werner Peters, Jan Hendriks, Pinkas Braun, Ady Berber, Friedrich Joloff, außerdem Klaus Kinski und Eddi Arent. Es scheint, als habe sich fast das gesamte Personal der deutschen Kriminalfilmszene versammelt.

Am 19. Juni 1962 erlebt Schürenbergs erster Wallace-Film in Frankfurt seine Uraufführung. Die Kritik im Branchenblatt »Film-Echo«/»Filmwoche« ist wenig erhebend. Schürenbergs erstmaliges Erscheinen in der Serie wird nicht einmal erwähnt. Noch scheint niemand von den professionellen Kritikern wahrzunehmen, wie wichtig der Schauspieler für den weiteren Erfolg der Serie werden wird.

Rechte Seite: »Die Tür mit den sieben Schlössern«: Sabina Sesselmann in Angst

Betrachtet man die Machart, so ist die »Tür mit den sieben Schlössern« wohl kaum die beste Zimmermannsarbeit in der bisherigen Serie. Alfred Vohrer, der Regisseur, hat das verwirrende Handlungsnetz nur selten parodistisch aufgelockert. Eher schon gerät er zuweilen in die Nähe unfreiwilliger Komik. »Halstuch«-Kommissar Heinz Drache, der hier einer siebenköpfigen Erbschleicherbande das Handwerk zu legen hat, wird mancher Mühe enthoben, weil sich die Gauner zum großen Teil selbst gegenseitig den Garaus machen. Ein Glück für ihn, denn er macht diesmal nicht den Eindruck eines sehr kombinationsfähigen Detektivs. Als erheiternde Karikatur steht ihm Eddi Arent als Assistent zur Seite. Unter den Schurken sind ein abgefeimtes Ekel in der Gestalt von Werner Peters, eine eiskalte Gisela Uhlen, ein präziser Gentleman-Gangster von Hans Nielsen und ein von Pinkas Braun personifizierter Miniatur-Frankenstein zu finden, den Drehbuch und Regie zum Schluss einen merkwürdigen seelischen Zusammenbruch austoben lassen. In einer sehr einprägsamen Charge Klaus Kinski. Und als liebliche Unschuld Sabina Sesselmann. Karl Löb fotografiert ohne sonderlichen Aufwand. Um die Gruselklangkulisse war Peter Thomas bemüht. Während der Film sich am Anfang noch bemüht ins Zeug legt, rutscht er gegen Ende mehr und mehr in die billige Action-Maske. Davor sollten sich die Hersteller hüten. Zumal Wallace durch eine Bundesprämie für »Die seltsame Gräfin« erst jüngst filmisch ge-

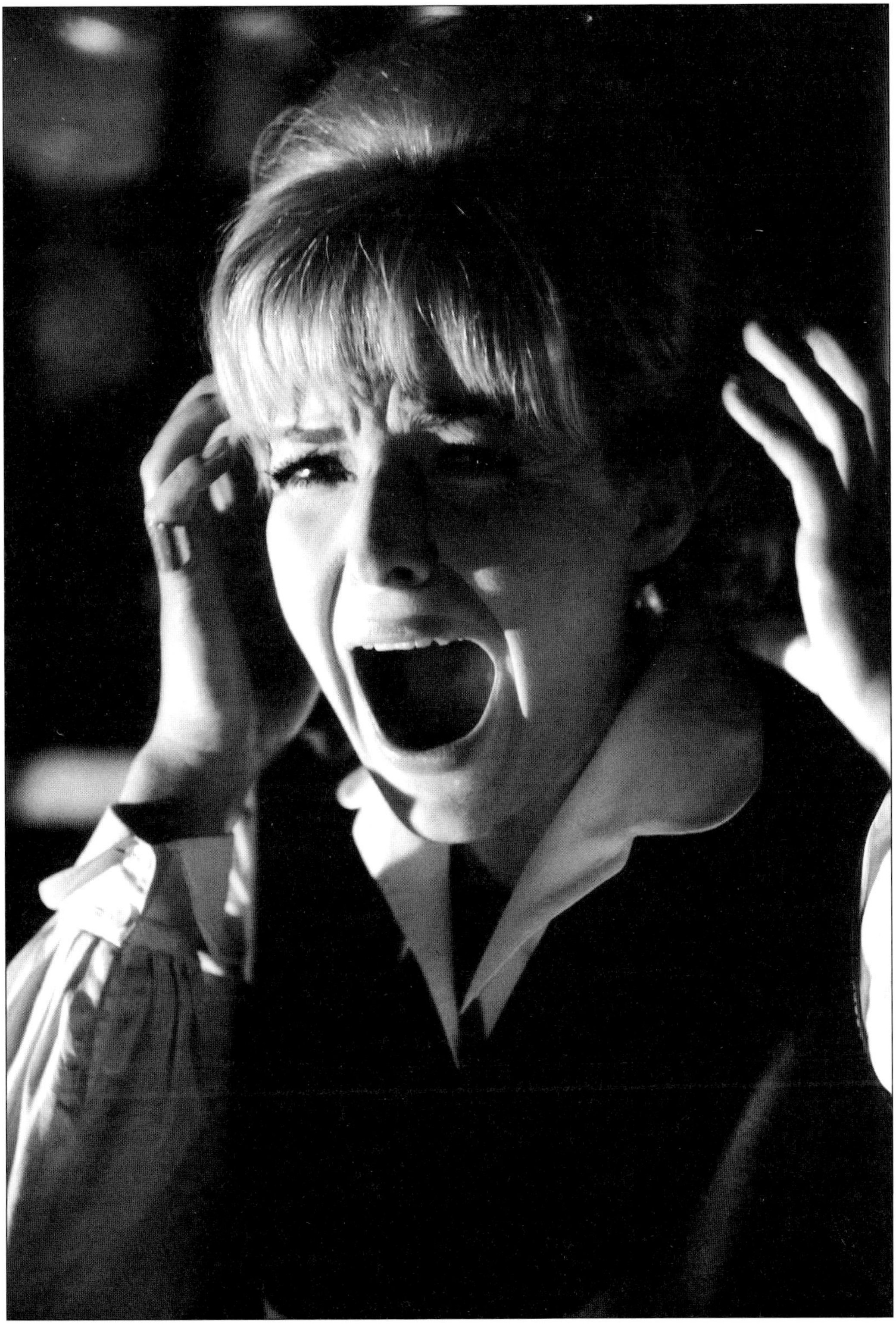

sellschaftsfähig wurde. Am guten Geschäft kann jedoch nicht gezweifelt werden.

Was Schürenbergs Sir John auszeichnet, lässt sich schon in diesem ersten seiner Rialto-Wallace-Filme erkennen. Bei den Ermittlungen interessiert er sich – ganz echter britischer Sportsmann – zuerst für das Abschneiden der englischen Fußballmannschaft. Erst dann für den Ermordeten, der mit den Spielern im Flugzeug saß.

Von Erfolg zu Erfolg

Es ist das Kinopublikum, das sich zuerst für den neuen Scotland-Yard-Chef begeistert. Siegfried Schürenberg sorgt mit

»Die Tür mit den sieben Schlössern«: Die Wallace-Stars Heinz Drache und Klaus Kinski

seinen pointierten Auftritten für befreiende Lacher – und genau das ist es, was zum Erfolgsmix eines echten Wallace-Films unbedingt dazugehört.

Als Schürenbergs Frau einmal eine Kinovorstellung besucht, hört sie, wie ein Zuschauer neben ihr bemerkt: »Da, schau mal, das ist der Obertrottel!« Groß auf der Leinwand zu sehen ist ihr Mann.

Tatsächlich ist der Charakter von Sir John dann doch etwas subtiler angelegt. Eigentlich ist er ein ganz normaler, vornehmer englischer Gentleman, der sich seiner Wirkung auf Frauen genauso sicher ist wie der Tatsache, dass nach einem stundenlangen Verhör mit psychologischen Methoden der Gärtner der Mörder sein müsse.

Cornelia Fleer beschreibt Siegfried Schürenbergs Darstellung folgendermaßen: Er »spielt einen ältlichen Polizeichef, der sich selbstbewusst gibt, aber immer auf das falsche Pferd setzt und mit ironischen Kommentaren jede noch so peinliche Situation zu meistern versucht. Eine Parodie britisch-bürgerlicher Lebensart, aber nie überzogen clownesk.«

In seiner grundlegenden Monografie »Hallo – Hier spricht Edgar Wallace!« hat Joachim Kramp Schürenbergs schauspielerische Leistung auf den Punkt gebracht: Er verkörpere den »ehrpusselig-unbeholfenen, korrekt befehlstönenden und in seinem fortwährenden Ehrgeiz, Respekt zu erheischen, so unfreiwillig komisch wirkenden Sir John, Prototyp des höheren Beamten, der alles zu sagen hat, aber eigentlich am wenigsten weiß«.

Sehr schnell erkennt Produzent Wendlandt das Potential von Schürenbergs Rolle. War ihm ursprünglich nur die Funktion zugedacht, den komischen Anteil des Films, für den in der Regel Eddi Arent zuständig war, zu verstärken, so bekommt seine Rolle jetzt ein eigenes Profil. Und mit zunehmendem Erfolg werden seine Auftritte immer umfangreicher.

Schon in der nächsten Wallace-Produktion der Rialto ist der Schauspieler wieder dabei, abermals als Sir John. »Das Gasthaus an der Themse« wird unter der Regie des bewährten Alfred Vohrer vom 6. Juni bis 11. Juli 1962 gedreht. Die Atelieraufnahmen finden in den Real-Filmstudios in Hamburg-Wandsbek statt. Als Inspektor ist diesmal Joachim Fuchsberger unter Vertrag, an seiner Seite spielen Brigitte Grothum, Richard Münch, Elisabeth Flickenschildt als unvergleichliche Kaschemmenwirtin sowie abermals Klaus Kinski und Eddi Arent. Die Ereignisse des Films drehen sich um ein verrufenes Gasthaus mit dem Namen »Mekka«; es geht um einen unheimlichen Mörder mit einer Haifischharpune und eine liebliche Unschuld, die in Wirklichkeit eine Millionenerbin ist. Der Film wurde am 28. September 1962 im Berliner UFA-Pavillon uraufgeführt und entwickelte sich zu einem der er-

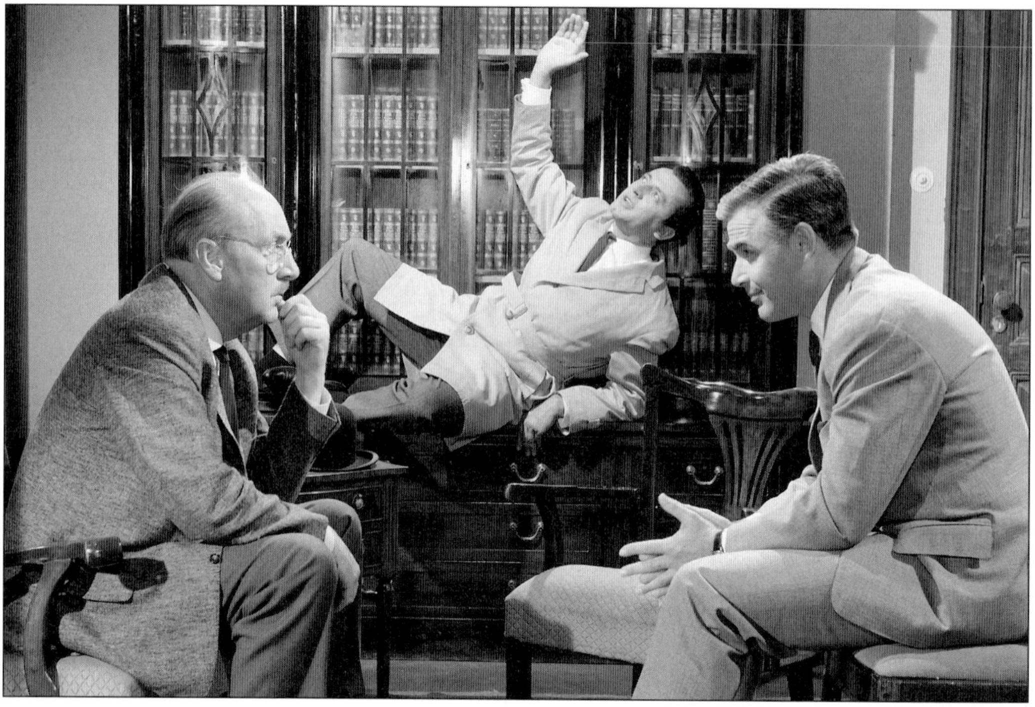

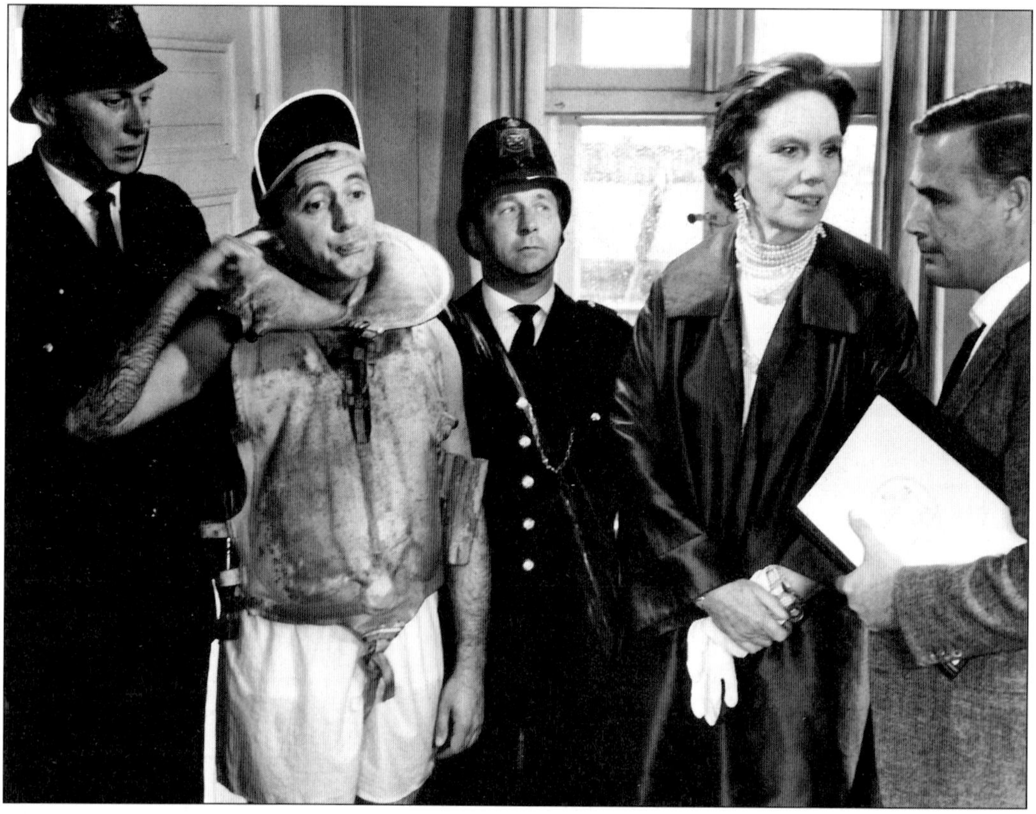

folgreichsten Streifen der Serie. Auch Schürenberg hatte daran seinen Anteil.

Die Kritik in »Film-Echo«/»Filmwoche« ist allerdings wiederum nur durchwachsen:

Den anhaltenden Erfolg der Wallace-Filme, der sich mit dem Kassenandrang am Berliner Premierentage auch diesmal ankündigt, muss man als ein Phänomen bezeichnen. Die Filme liegen, was Inhalt und Form anbelangt, auf dem Niveau des Romanautors. Während aber nun die große Gemeinde der Krimileser längst zu spannenderer, besser geschriebener und zumeist auch besser übersetzter Lektüre übergegangen ist, gibt das deutsche Kinopublikum den im Vergleich mit einschlägigen Auslandserzeugnissen hausbackenen Wallace-Verfilmungen den Vorzug. Im vorliegenden Falle wurde die Vorlage insofern modernisiert, als der Übeltäter ein Froschmann ist, der seine zahlreichen Opfer harpuniert. Hinter der Tauchermaske verbirgt sich jemand, auf den bei aller Scharfsicht des Parketts kein Verdacht fallen kann. Die Drehbuchautoren schweigen sich dann auch noch nach seiner Entlarvung gründlich darüber aus,

»Das Gasthaus an der Themse«.
Linke Seite:
Oben: »Wo haben Sie den denn her?«
Unten: Eddi Arent als kühner Ruderer

Von oben links nach unten rechts:
- *Sir John hört, was Inspektor Wade über den »Hai« zu berichten weiß*
- *Ein kleiner Scherz im Dienst*
- *Sir John hat immer ein freundliches Wort für seine Mitarbeiter*
- *Finstere Gestalten im Gasthaus: Jan Hendriks, Heinz Engelmann, Elisabeth Flickenschildt*

»Das Gasthaus an der Themse«.
Von oben links nach unten:
- *Warten auf den großen Unbekannten*
- *Regisseur Alfred Vohrer gibt seinen Schauspielern letzte Anweisungen*
- *Sir John mal ohne Melone. Seine Bewunderer: Brigitte Grothum und Joachim Fuchsberger*

Rechte Seite: Twist mit Eddi

was er denn nun eigentlich mit den dunklen Geschäften einer Schankwirtin zu tun gehabt hat und was diese wiederum bewogen haben mag, den Bestand ihres doch offenbar glänzend florierenden Unternehmens durch Techteln mit der Unterwelt zu gefährden. Über Alfred Vohrers Regie ist wirklich nur zu sagen, dass er nach nunmehr dutzendfach bewährtem Muster arbeitet. Viel Gruselei, gemildert durch vordergründigen Humor, und einen Schuss Kaschemmenerotik. Joachim Fuchsberger spielt mit sympathischer Jugendhaftigkeit den tüchtigen Kommissar, von dem man weiß, dass ihm nichts Böses

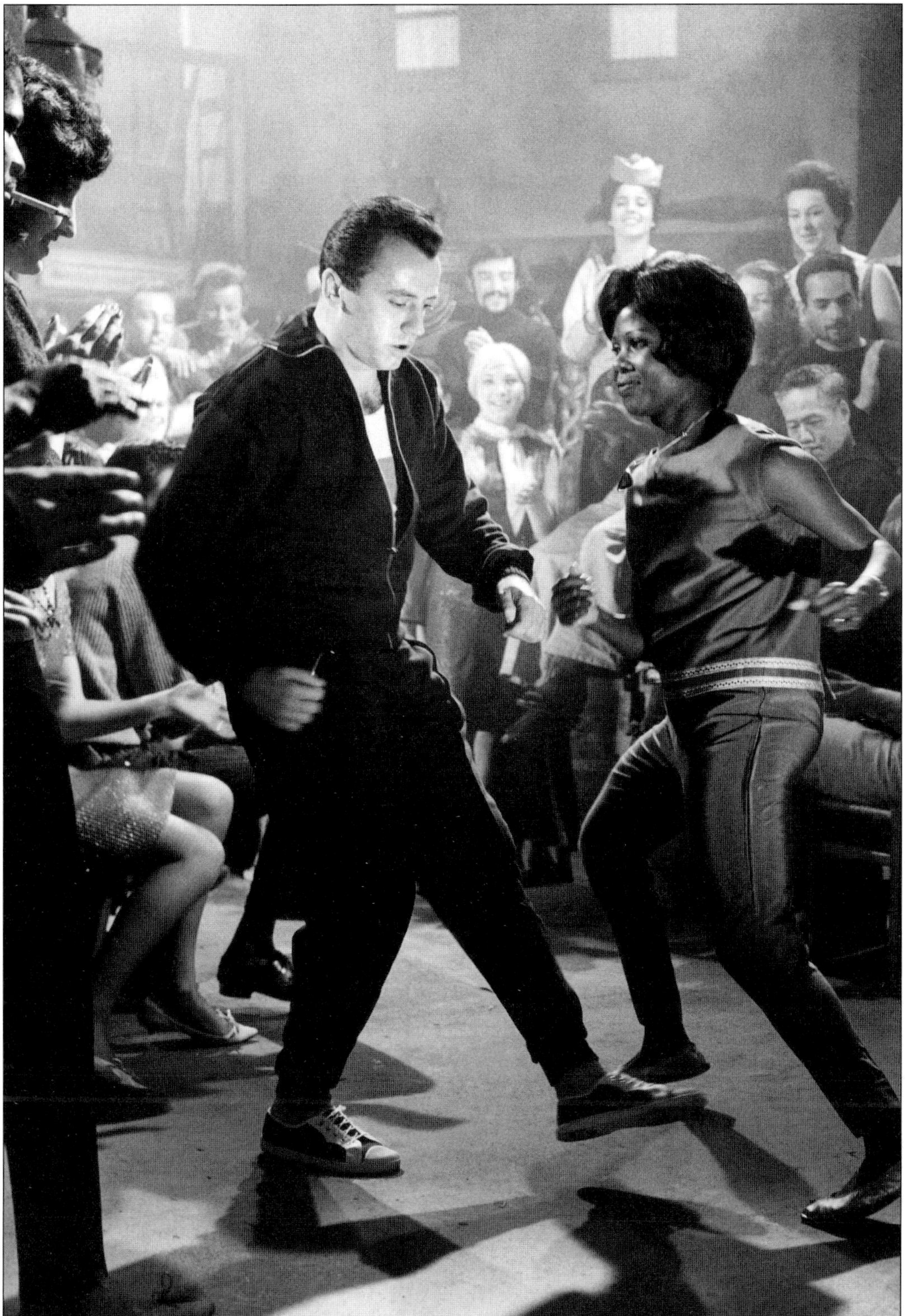

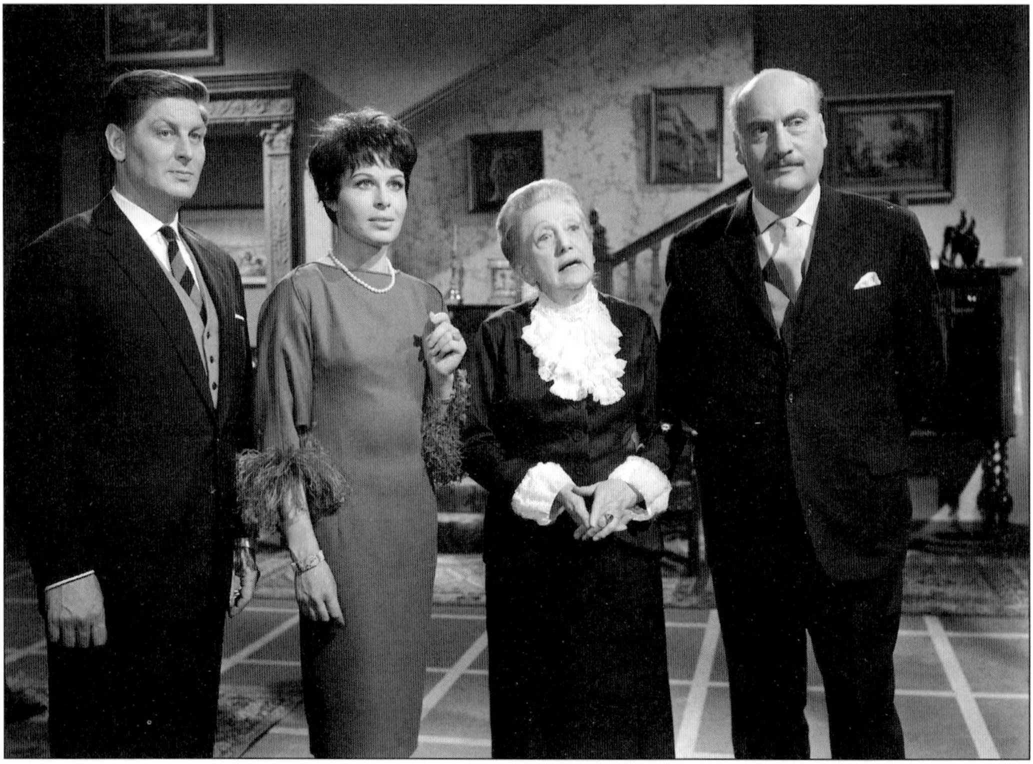

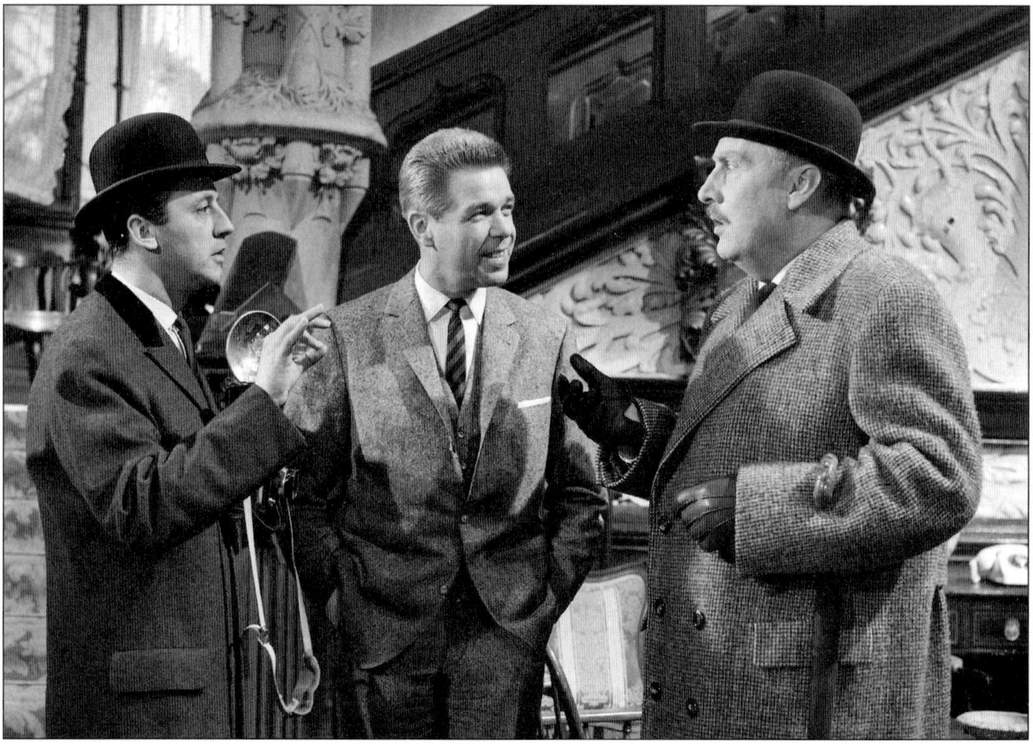

geschehen kann. Elisabeth Flickenschildt zeigt erneut, dass sie eine Schauspielerin mit interessierender Ausstrahlung ist. Sie vermag auch banale Sätze so zu sprechen, dass sie geistreich-bissig klingen. Brigitte Grothum – kein Wallace-Roman ohne heimliche Millionenerbin – hat leider wenig Gelegenheit, ihre Begabung für die Darstellung warmherzig-munterer Mädchenfiguren zu zeigen. Eddi Arent hat als verhinderter Rennruderer die Lacher auf seiner Seite, Klaus Kinski erhielt als Einziger eine Rolle, in der er für Überraschungen sorgen darf. Technisch ist der Film sauberer Durchschnitt.

Ein ungetrübtes Vergnügen ist es für die Zuschauer, Eddi Arent und Schürenberg in ihren gemeinsamen Szenen zuzusehen – und zuzuhören. Umständlich schildert Arent in einer Zeugenaussage, wie ihn ein anderes Boot zum Kentern gebracht habe. Darauf Sir John: »Er hat sie gerammt? Das kann ich verstehen!«

Anfang 1963 geht Rialtos Wallace-Film Nummer 13 ins Atelier: »Der Zinker«. Für Schürenberg ist es die dritte Verpflichtung bei einer Wendlandt-Produktion. Da das Drehbuch von Harald G. Petersson auf den Einsatz von Sir John verzichtet, übernimmt er diesmal die Rolle des dubiosen Zeitungsmagnaten Sir Geoffrey Fielding. Nach langer Abstinenz ist er

»Der Zinker«. Linke Seite:
Oben: Szene mit Günter Pfitzmann, Barbara Rütting, Agnes Windeck und Siegfried Schürenberg
Unten: Sir Fielding geht ein Licht auf

Unten links: Die Schlagzeile der Konkurrenz – ein Schlag für Sir Fielding!
Unten rechts: Um den Höhenunterschied zwischen den Schauspielern auszugleichen, wird der Schreibtisch aufgebockt

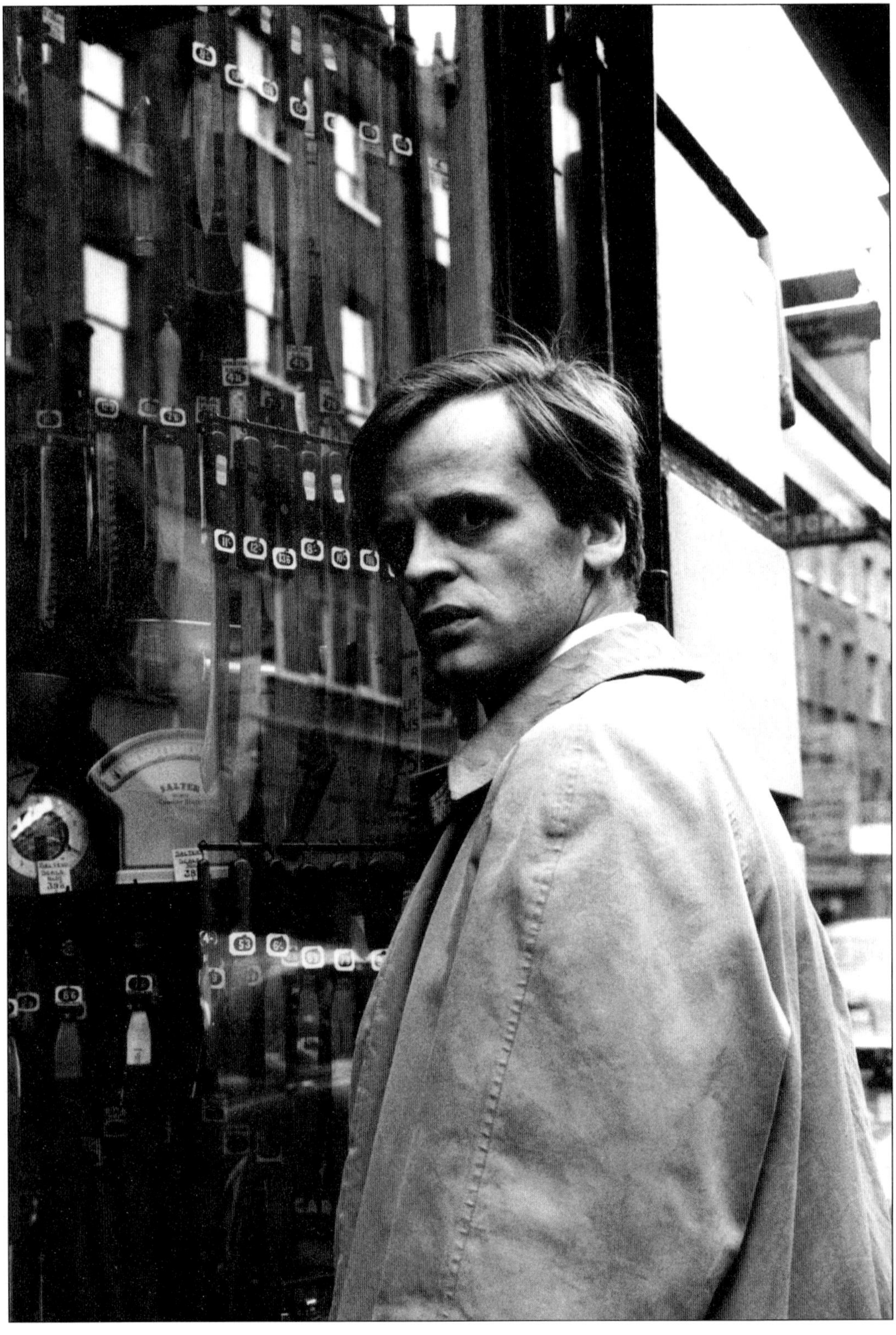
SALTER

mit diesem Film wieder in den CCC-Ateliers zu Gast. Abermals führt Alfred Vohrer Regie, als Darsteller kommen Heinz Drache, Barbara Rütting, Günter Pfitzmann, Agnes Windeck und natürlich Klaus Kinski und Eddi Arent zum Einsatz. Der geheimnisvolle Verbrecher tötet diesmal mit dem Gift einer schwarzen Mamba. Anläßlich der Uraufführung am 26. April 1963 schreibt die Kinozeitschrift »Film-Echo«/»Filmwoche«:

Auf diese zwölfte Wallace-Verfilmung paßt der Slogan »Im Dutzend billiger« erfreulicherweise nicht, denn sie ist die beste der bisherigen Serie. Der Film-Zinker ist in

»Der Zinker«. Linke Seite:
Klaus Kinski alias Krischna

Von oben links nach unten:
- Inspektor Elford berichtet über neue Vorfälle
- Eddi Arent und die Presse
- Teatime mit Agnes Windeck

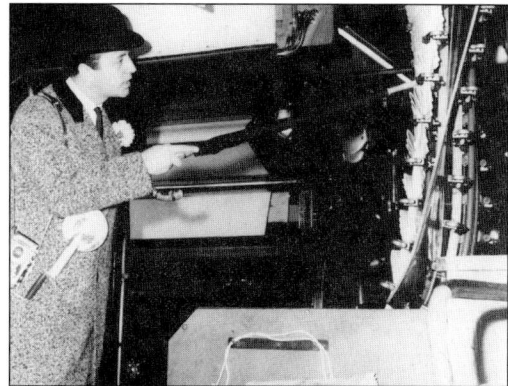

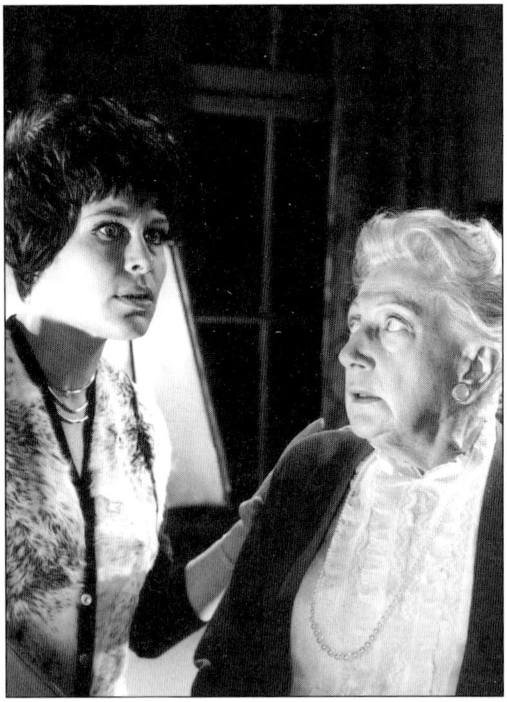

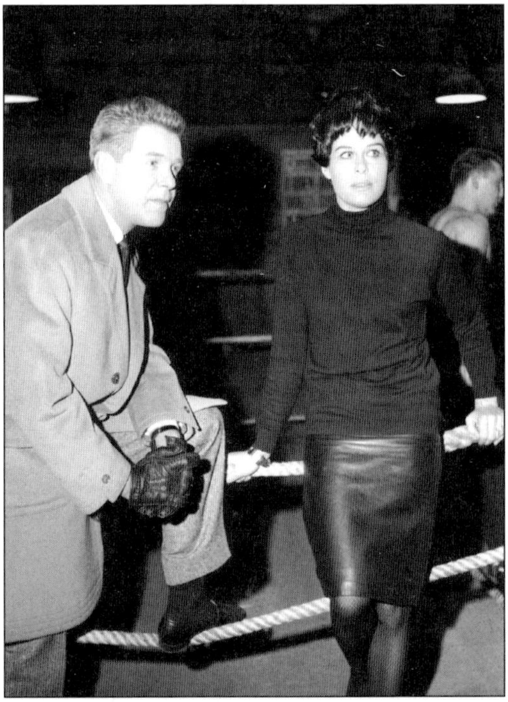

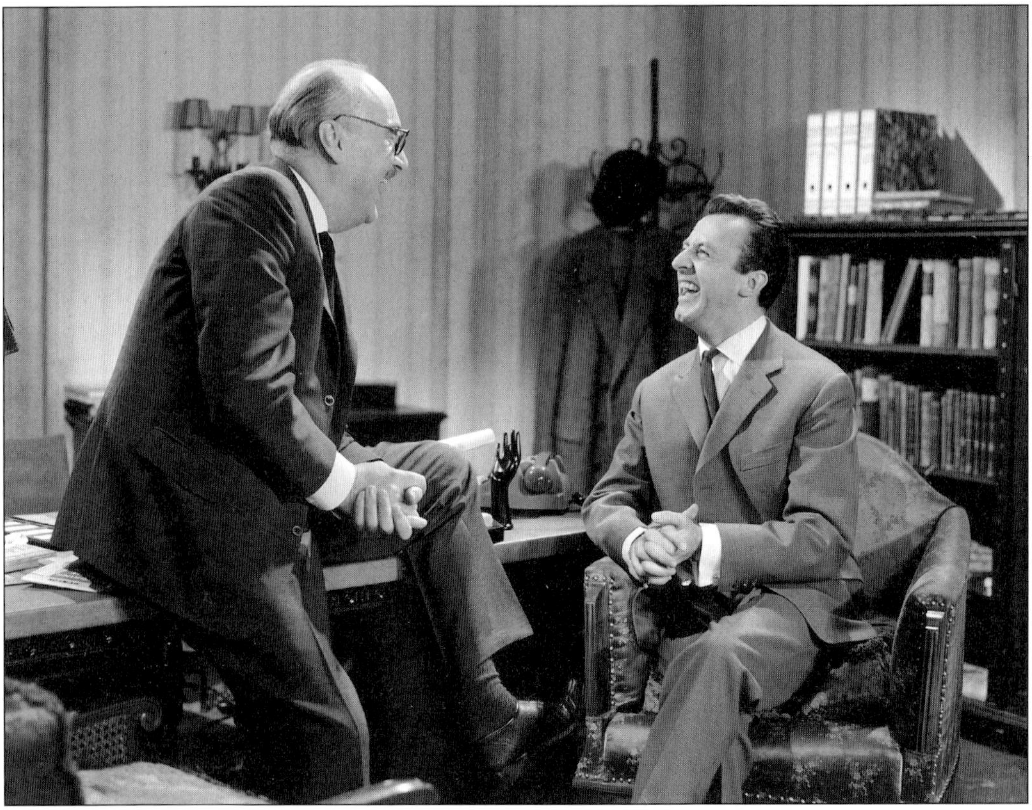

Siegfried Schürenberg 1957

Portrait aus »Der Mann, der Sherlock Holmes war« (Zeichnung von Ernst Litter)

Portrait aus »Verräter« (Zeichnung von Ernst Litter)

Siegfried Schürenberg 1957 (Zeichnung von Ernst Litter)

Portrait aus den fünfziger Jahren (Zeichnung von Ernst Litter)

Sabine Sinjen und Christian Wolff vor dem Schloss in »Alt Heidelberg«

Siegfried Schürenberg als Staatsminister Haugk in »Alt Heidelberg«

Schürenberg in »Die Schönste«

Winnie Markus, Curd Jürgens und Siegfried Schürenberg in »Du mein stilles Tal«

Die legendären CCC-Ateliers in Berlin-Spandau

CCC-Chef Artur Brauner

Wallace-Produzent Horst Wendlandt

Artur Brauner in seiner Berliner Villa

Als Konsul Ruben in »Das letzte Kapitel«

Als Konsul Ruben in »Das letzte Kapitel«

Monika Peitsch fürchtet sich in »Der Bucklige von Soho«

Richard Haller und Hilde Sessak in »Der Bucklige von Soho«

Hübsche Mädchen in Reih und Glied in »Der Bucklige von Soho«

Eddi Arent, Agnes Windeck, Hilde Sessak und Schürenberg in »Der Bucklige von Soho«

Uta Levka ganz entspannt in »Der Bucklige von Soho«

Uta Levka und Pinkas Braun in »Der Bucklige von Soho«

Agnes Windeck, Schürenberg und Günther Stoll in »Der Bucklige von Soho«

Günther Stoll und Schürenberg in »Der Bucklige von Soho«

Eddi Arent, Schürenberg, Uta Levka und Günther Stoll in »Der Bucklige von Soho«

Szene aus »Winnetou 2. Teil« mit Lex Barker und Renato Baldini als Oberst Merril, der von Schürenberg synchronisiert wurde

Schürenberg 1956 (Zeichnungen von Ernst Litter)

Portrait aus »Der unheimliche Mönch« (Zeichnung von Ernst Litter)

Pinkas Braun mit Uta Levka
in »Der Bucklige von Soho«

»Lieber gar nicht hingucken«:
Schürenberg in »Der Bucklige von Soho«

H. von Meyerinck und A. Windeck
in »Der Bucklige von Soho«

Eddi Arent mal als Bösewicht
in »Der Bucklige von Soho«

Pinkas Braun und Eddi Arent in »Der Bucklige von Soho«

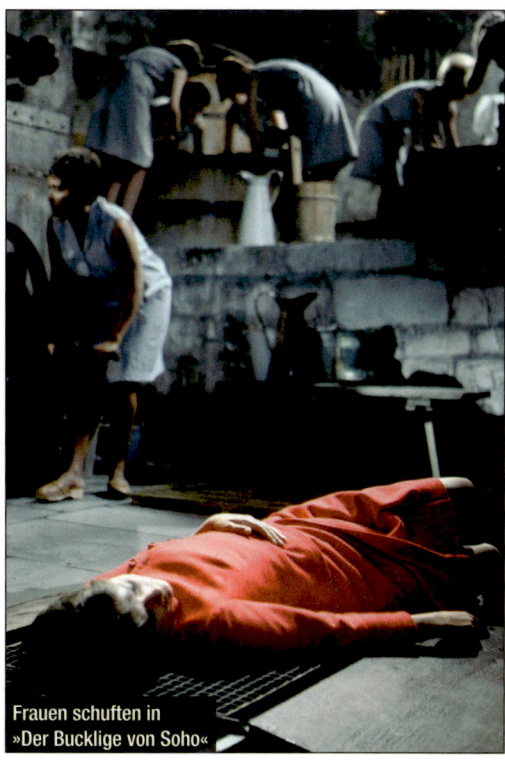

Frauen schuften in »Der Bucklige von Soho«

Verfolgte Unschuld: Monika Peitsch in »Der Bucklige von Soho«

Schürenberg mit Günther Stoll in »Der Bucklige von Soho«

Kriegsspiele mit Hubert von Meyerinck in »Der Bucklige von Soho«

Eddi Arent in »Der Bucklige von Soho«

Schürenberg in »Die blaue Hand« mit Albert Bessler

Er selbst: »Der Mönch mit der Peitsche«

Das Mädchenpensionat auf der Berliner Pfaueninsel in »Der Mönch mit der Peitsche«

Ursula Glas wagt einen Blick in »Der Mönch mit der Peitsche«

Schürenberg mit Joachim Fuchsberger (2.v.l.) in »Der Mönch mit der Peitsche«

Schürenberg mit Rudolf Schündler (2.v.l.) in »Der Mönch mit der Peitsche«

Fröhliches Treiben im Stadtbad Wedding in »Der Mönch mit der Peitsche«

Ursula Glas (l.) sieht etwas in »Der Mönch mit der Peitsche«

Diesen Anblick kann Konrad Georg nicht so richtig genießen. Aus »Der Mönch mit der Peitsche«

Inspektor Fuchsberger ermittelt in »Der Mönch mit der Peitsche«

Schürenberg mit Joachim Fuchsberger in »Der Mönch mit der Peitsche«

»Was sind das wieder für Ideen!« Aus »Der Mönch mit der Peitsche«

Nachdenklicher Sir John im Berliner Aquarium in »Der Mönch mit der Peitsche«

Kleines Schwätzchen mit Ursula Glas und Joachim Fuchsberger in »Der Mönch mit der Peitsche«

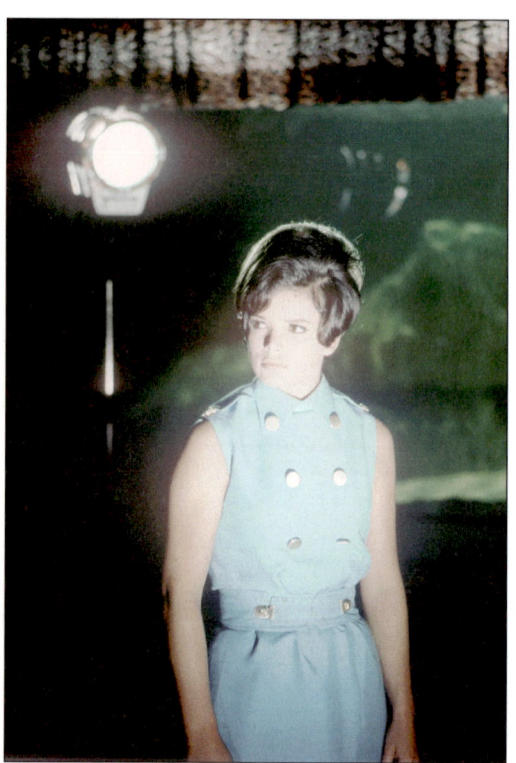

Ursula Glas hat keine Angst vor dem »Mönch mit der Peitsche«

Schürenberg mit Ilse Pagé (l.) und Karin Baal in »Der Hund von Blackwood Castle«

Mit Uta Levka, Karin Baal und Heinz Drache in »Der Hund von Blackwood Castle«

Mit Horst Tappert und Heinz Drache in »Der Hund von Blackwood Castle«

Mit Uschi Glas und Hansjörg Felmy in »Die Tote aus der Themse«

Offenherzige Filmpartnerin: Mascha Gonska in »Herzblatt oder Wie sag ich's meiner Tochter?«

Als Bankpräsident Rupprecht in »X 312 – Flug zur Hölle«

Als Bankpräsident Rupprecht in »X 312 – Flug zur Hölle«

Als Bankpräsident Rupprecht in »X 312 – Flug zur Hölle« (mit Fernando Sancho)

Portrait aus »Die Tote aus der Themse« (Zeichnung von Ernst Litter)

einer Londoner Tierhandlung angesiedelt. Die Hauptrolle spielt ein böses, kleines Reptil: eine schwarze Mamba. Sie liefert den Giftstoff für die Todesspritze des Zinkers. Eine zuverlässige Besetzung erfüllt alle Regieanweisungen. Bis auf Klaus Kinski, der den Tierpfleger und Helfer des Zinkers spielt, überspielt niemand. Heinz Drache als Inspektor setzt die Pointen des knallharten Humors überlegen. Schauspielerisch zuverlässig ist Barbara Rütting als Krimiautorin, etwas verkrampft und larmoyant dagegen Inge Langen als leidende Geheim-Gattin. Für die forsche alte Dame von Agnes Windeck, die tapfer den Zinker zum Geständnis zwingt, standen wohl die »Ladykillers« Modell. Günter Pfitzmann ist befriedigend in der Titelrolle. Eddi Arent gelang die Parodie auf einen Reporter vortrefflich.

Im nächsten Wallace-Film, »Der schwarze Abt«, ist Schürenberg nicht vertreten, und auch in »Das indische Tuch«, der vom 8. Juli bis 13. August 1963 unter Alfred Vohrers Regie in den CCC-Ateliers entsteht, ist er noch nicht wieder in seiner Paraderolle zu sehen. Als Sir Hockbridge muss er diesmal sogar den Filmtod sterben – ein Schicksal, das ihm als Sir John auf ewig erspart bleibt. Sechs Erben müssen sechs Tage und sechs Nächte auf einem Schloss in Schottland verbringen. Dort aber treibt ein geheimnisvoller Halstuchmörder sein

»Der Zinker«.
Linke Seite:
Von oben links nach unten:
- Entsetzen in den Augen von Barbara Rütting und Agnes Windeck
- Sparringspartner: Heinz Drache und Barbara Rütting
- Spaß bei der Arbeit: Schürenberg mit Eddi Arent

Oben: Premiere von »Der Zinker«: Produzent Horst Wendlandt (l.), rechts neben ihm Regisseur Alfred Vohrer

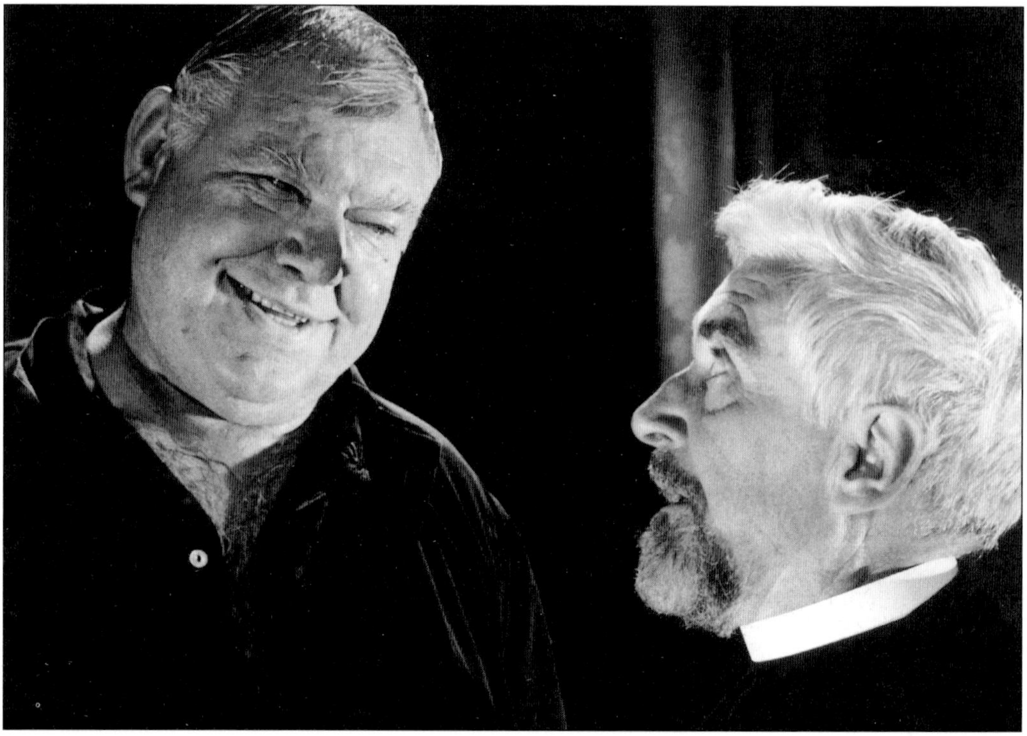

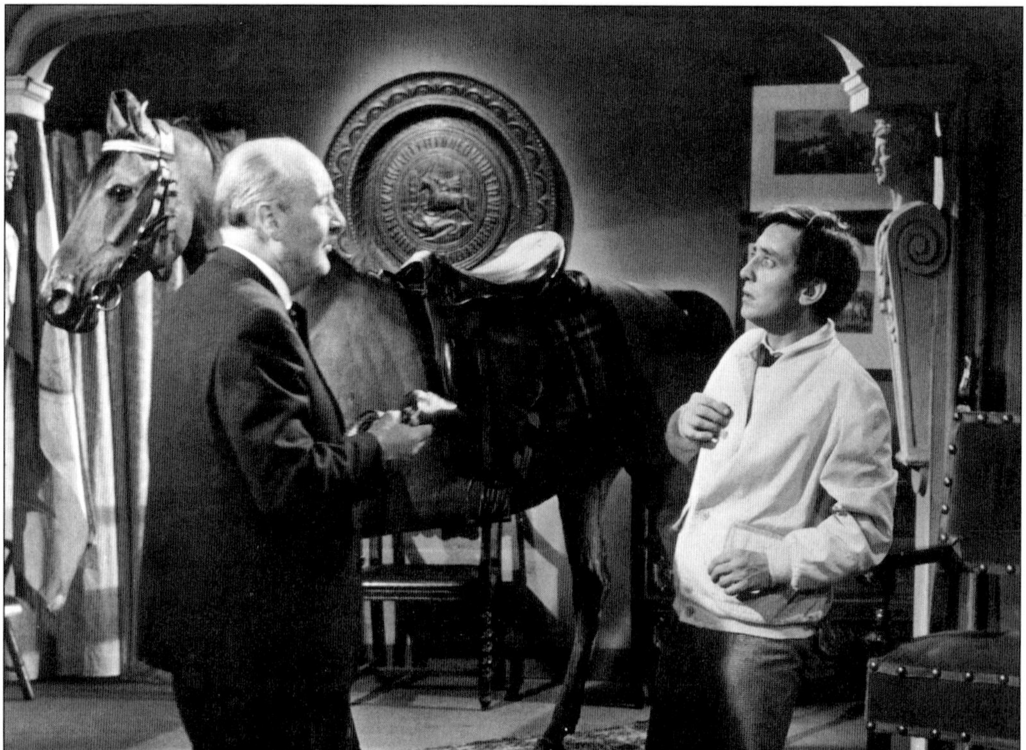

Unwesen. Zur Darstellerriege gehörten Heinz Drache, Corny Collins, Hans Nielsen, Gisela Uhlen, Elisabeth Flickenschildt sowie Klaus Kinski und Eddi Arent.

Laut Drehbuch muss Schürenberg ein Dampfbad nehmen, in dessen Verlauf er effektvoll vom Leben zum Tod befördert wird. Bei den Dreharbeiten kommen allerdings keine gesundheitsfördernden heißen Dämpfe zum Einsatz, sondern ein beißender und übel riechender Kunstnebel. »Ich lasse mir doch für einen Film nicht die Gesundheit ruinieren!«, schimpft der Schauspieler. »Lasst euch gefälligst was anderes einfallen!« Alfred Vohrer, besorgt um seinen grantelnden Star, lässt die Dreharbeiten unterbrechen. Doch eine ebenso bildwirksame Alternative bringen die Filmtechniker nicht zustande, und Schürenberg bleibt nichts anderes übrig, als die Szene zähneknirschend zu Ende zu bringen.

Während der Aufnahmen entdeckt der Schauspieler in einer Berliner Zeitung einen Artikel über seinen Garderobier Carl Philipps unter der Überschrift »Filmgewandmeister und Amateurtierpfleger«. Es entwickelt sich ein Kontakt zwischen Schürenberg und Philipps, und beide stellen fest, dass sie ein gemeinsames Hobby haben, nämlich die Ornithologie.

»Das indische Tuch«.
Linke Seite:
Oben: Der Reverend fürchtet sich vor Chico
Unten: Edward (Hans Clarin, r.) hat Angst vor seinem Onkel, der ein indisches Tuch in der Hand für nötig hält

Unten: Pfui Spinne! Sir Hockbridge fängt das Tier

Man verabredet sich zu einem Erfahrungsaustausch über Vogelzucht am Ende des Drehtages. Auf jeden Vogel, den man bespricht, leeren die beiden in voller Harmonie ein Glas Cognac. Man kommt auf insgesamt dreißig Vögel, und Schürenberg irrt in dieser Nacht orientierungslos um den Olivaer Platz, da er sich nicht mehr an die Adresse seines Hotels erinnern kann.

Am 13. September 1963 startet der Film programmgemäß in den Kinos. Die Kritik im Branchenblatt ist diesmal wohlwollender, bleibt aber distanziert:

> *Ein düsteres Schloss in Schottland, durch Deichbrüche von der Umwelt abgeschnitten, und im Speisesaal eine erwartungsfrohe Erbengemeinde, einer dem anderen Spinnefeind. Das ist die Ausgangssituation dieses gruselig-spannenden Krimis, für dessen geistige Vaterschaft Edgar Wallace verantwortlich zeichnet. Dann beginnt der geheimnisvolle Würger mit dem Halstuch sein Werk, und die Reihen lichten sich. Verdächtig machen sich alle, und doch muss einer nach dem anderen ins Gras beißen. Acht Leichen beträgt die Strecke des Halstuchmörders, bis ihn selbst das Geschick ereilt. Übrig bleiben nur das Liebespaar Corny Collins als umschwärmte und ver-*

»Das indische Tuch«.
Unten: Die lieben Verwandten beim Fototermin

Rechte Seite:
Oben: Regiebesprechung zwischen Hund und Tierpfleger
Unten: Diaschau mit Sir Hockbridge

117

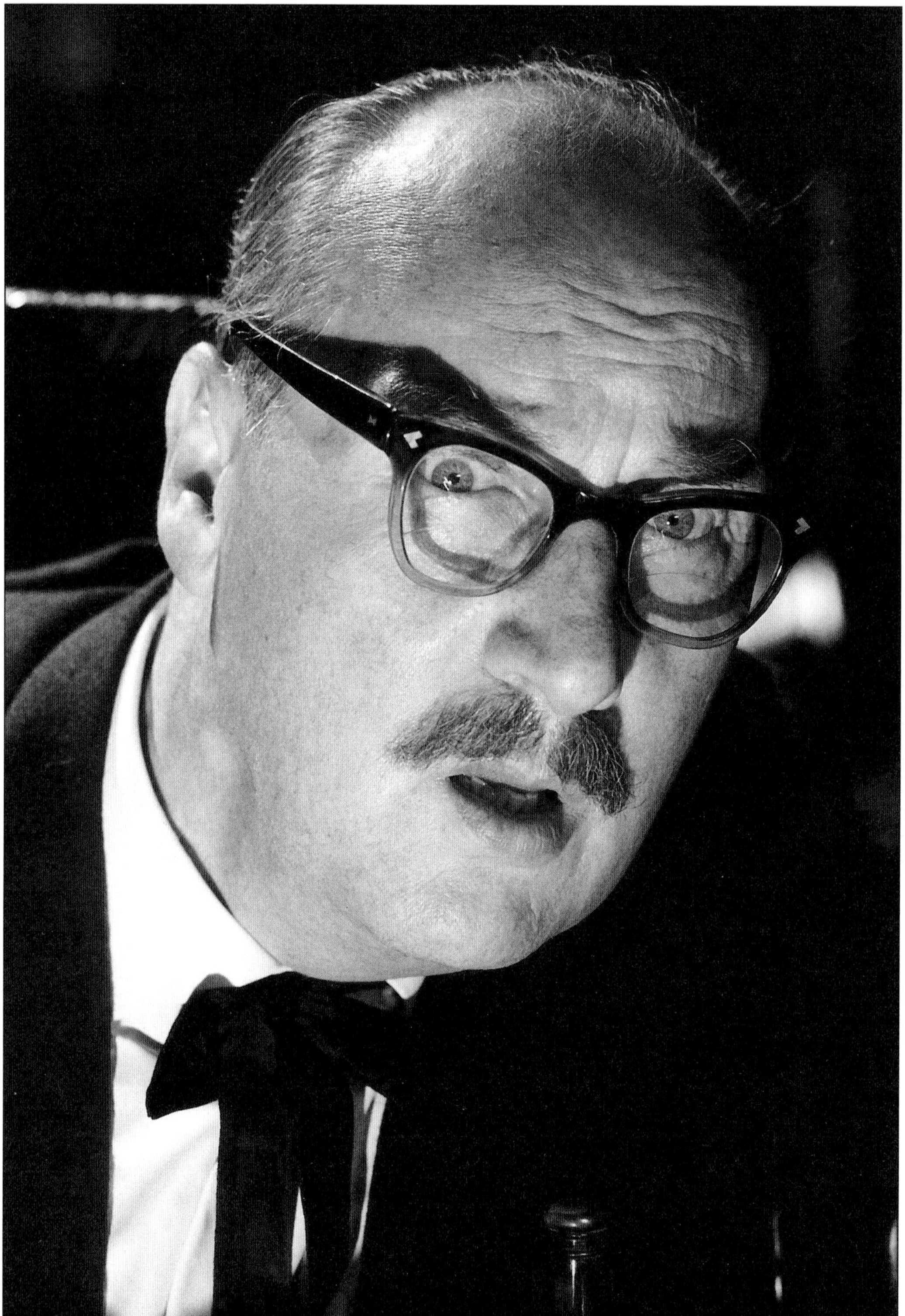

folgte Unschuld, Testamentsvollstrecker Heinz Drache und natürlich Eddi Arent als gravitätisch-komischer Butler. Im Verein mit Kameramann Löb haben Autoren und Regisseur für Überraschungen jeder Art, Nervenkitzel und makabren Humor gesorgt. Außerdem stand ihnen ein für diesen Zweck prädestiniertes Ensemble zur Verfügung, darunter Klaus Kinski, Hans Clarin, Richard Häussler, Ady Berber und vor allem Elisabeth Flickenschildt. Für Krimi-Freunde ein neues Amüsement und daher gute geschäftliche Aussichten in den entsprechenden Theatern. Es ist eben nicht leicht, von Edgar Wallace nicht gefesselt zu sein.

Ein Kuriosum am Rande: Wie aufmerksam damals die FSK, die Freiwillige Selbstkontrolle der Filmwirtschaft, über Filme wachte, zeigt eine Schnittauflage, der drei Worte von Sir John zum Opfer fielen. In einem Schreiben der FSK an den Verleih heißt es: »Der von Ihnen eingereichte Film ist am 20.08.1962 geprüft worden. Der Film wird freigegeben zur öffentlichen Vorführung ab 18 Jahren unter der Voraussetzung, dass die im Folgenden unterstrichenen Worte (gesprochen von Sir John) – etwa im 61. Bild auf die Äußerung: ›Ich glaube, wir haben ihn‹ – ›Was heißt: Ich glaube – wir sind doch nicht in der Kir-

»Das indische Tuch«. Linke Seite: Überraschung beim Diaabend

Unten: Da waren es nur noch neun!

120

che‹ entfernt oder geändert werden. Nach Durchführung der Auflage wird der Film auch freigegeben ab 16 Jahren.«

Mit dem kommenden Film, »Zimmer 13«, darf Schürenberg endlich an seiner Sir-John-Darstellung weiterfeilen. Regie führt diesmal Harald Reinl, der inzwischen mit seinen Karl-May-Verfilmungen »Der Schatz im Silbersee« und »Winnetou 1. Teil« zum erfolgreichsten Filmregisseur in Deutschland avanciert ist. Auch diese Filme wurden von Horst Wendlandt produziert, der sich damit neben den Wallace-Filmen eine weitere, noch ertragreichere Einnahmequelle verschaffen konnte. Als Detektiv agiert Joachim Fuchsberger, die unschuldige Schöne ist Karin Dor, Eddi Arent spielt den Polizeiarzt Dr. Dr. Higgins. Einzig Klaus Kinski fehlt in der bewährten Wallace-Spielschar. Für »Film-Echo«/»Filmwoche« begutachtet diesmal der renommierte Berliner Filmkritiker Friedrich Luft. Seine Stellungnahme ist – wie gewohnt in dieser Publikation – kritisch:

> London wird durch eine Serie von Rasiermesser-Morden erschreckt, und wie immer tappt Scotland Yard im Dunkeln. Die Rasiermesser jedoch tragen die Initialen eines angesehenen Mannes. Aufgrund einstiger Verfehlungen wird er von einem Gangsterboss erpresst, einen geplanten Postraub zu decken. Da er sich weigert, be-

»Das indische Tuch«. Linke Seite:
Oben: Die glorreichen Sieben vor der Kamera von Karl Löb
Unten: Regisseur Vohrer erläutert die nächste Szene. Links neben ihm seine Assistentin Eva Ebner. Links Schürenberg.

Oben: Die überlebenden Drei und ein Tuch

Oben: »Das indische Tuch«.
Alfred Vohrer mit Heinz Drache,
Schürenberg und
Elisabeth Flickenschildt

Rechte Seite: »Zimmer 13«:
Sir John am Apparat

drohen die Gangster das Leben seiner Tochter. Sie wird von einem mutigen Privatdetektiv beschützt, dem es schließlich gelingt, nicht nur die Gangster zu fangen, sondern auch herauszufinden, wer die Gurgeln schlitzt. Es ist, man sollte es nicht für möglich halten ... – aber das glaubt ja doch keiner. Von einem Kriminalfilm der Wallace-Serie wird niemand künstlerische Offenbarungen verlangen. Gleichwohl ist es unbegreiflich, warum derartige Konfektion nicht handwerklich besser verarbeitet wird als hier. Bereits bei Zuschnitt des Stoffes hätte auffallen müssen, dass die beiden Handlungszüge, also der Eisenbahn-Postraub und die Mordaffäre, schlecht gegeneinander abgewogen sind. Auch erscheint die Exposition wenig geglückt. Es kostet zunächst einige Mühe, diesem Fall überhaupt Interesse entgegenzubringen. Später gibt es dann immerhin einige Spannung, wenn auch allzu oft auf Sparflamme. Am effektvollsten und atmosphärisch stärksten erweist sich die Regie in der Flucht- und Verfolgungssequenz des jungen Mädchens, das auf einem mit Gerümpel voll gestopften Dachboden angstvolle Minuten verbringt. Aber was ist zum Beispiel der Schluss, die Gangster-Szene vor dem Schloss, für

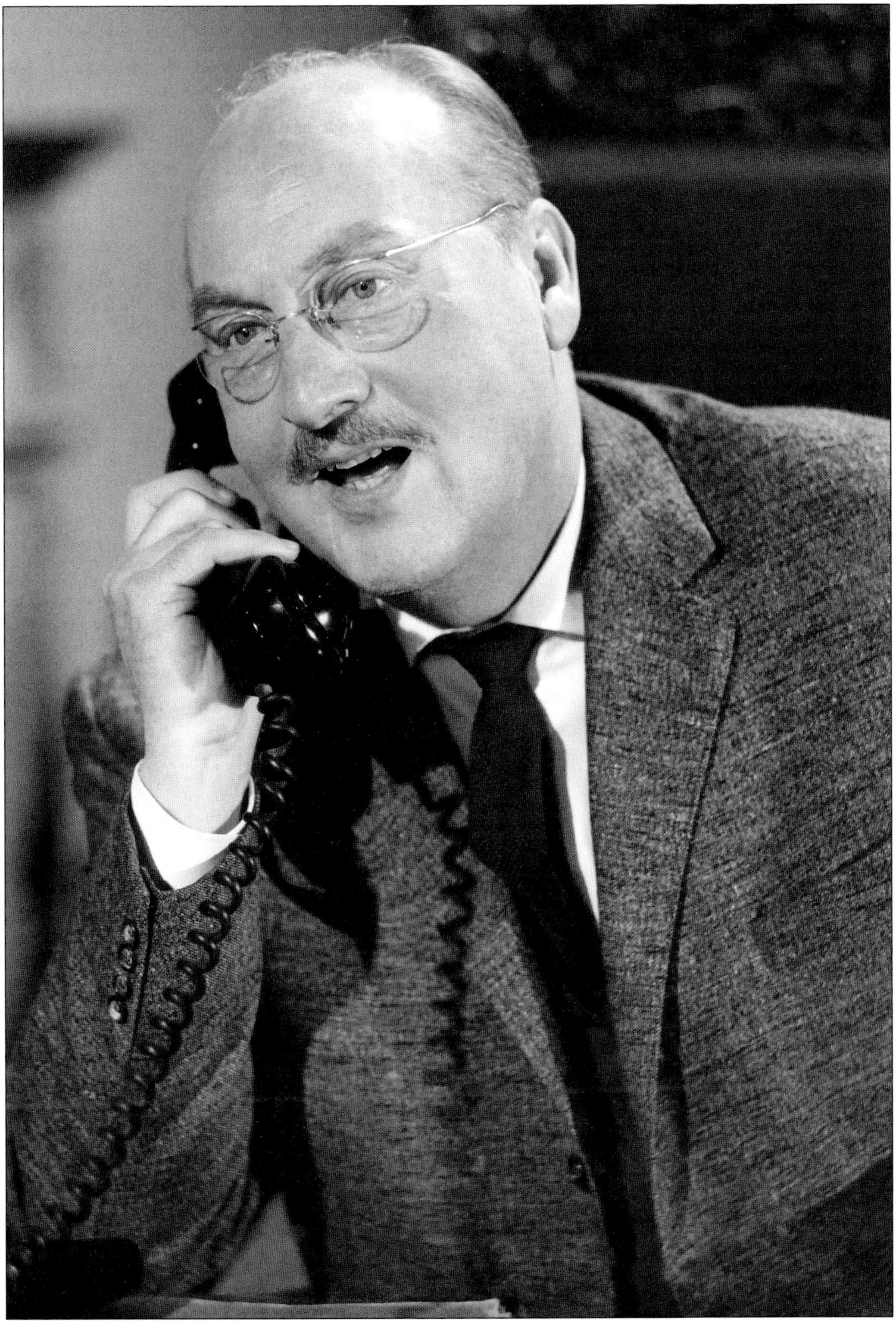

»Zimmer 13«.
Von oben links nach unten:
- Im Labor von Dr. Dr. Higgins
- Mord an der Puppe Emily
- Sir John hält an Mr. Igle fest!

Rechte Seite:
Nach der Explosion im Labor

eine Lahme-Enten-Etüde! Die Darsteller wirken zum Teil seltsam starr und unsicher, einzig bei den karikaturistisch angelegten Figuren verzeichnet man einigen Elan, beim Clown Eddi Arent, auch beim Chefinspektor Schürenberg und dem dämonisch angehauchten Frechling Hans Clarin. Karin Dor bemüht sich anerkennenswert um die schwierige Aufgabe, abwechselnd lieblich, tapfer und psychopathisch zu wirken. Zweifellos wird der Film den Zuspruch des breiten Publikums und der vielen Wallace-Sammler finden. Jedoch wäre für das

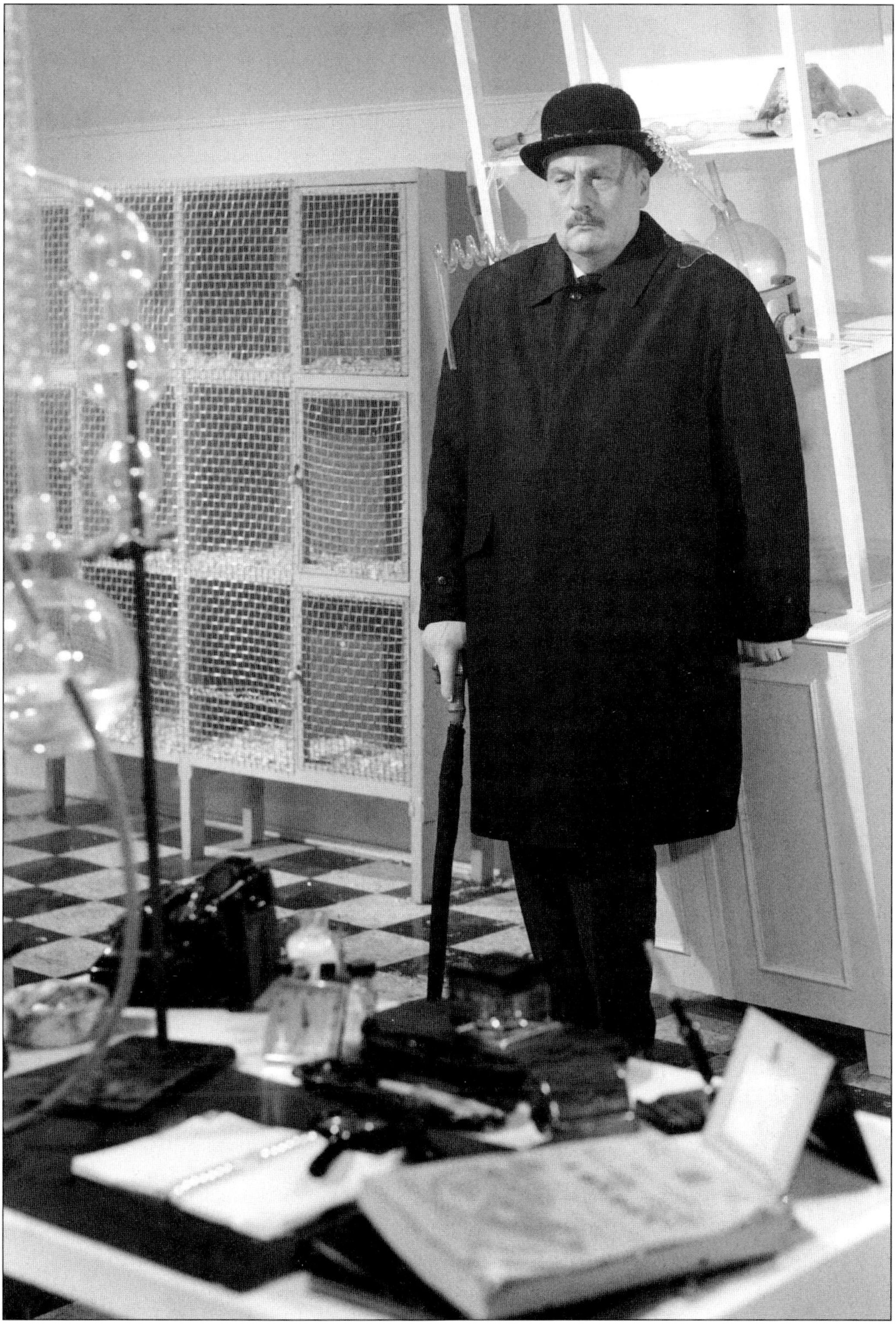

Krimi-Genre, soll es weiter ertragreich bleiben, mehr Pflege notwendig.

Der Wallace-Konkurrenzkampf

Edgar Wallace hatte sich für Produzent Wendlandt, die Rialto und den Constantin-Filmverleih zur Goldgrube entwickelt. So viel Erfolg weckte natürlich Begehrlichkeiten. Bereits am Anfang der Serie, als der anhaltende Erfolg noch gar nicht absehbar war, hatte Kurt Ulrich den »Rächer« auf den Markt geworfen. Wendlandts härtester Konkurrent aber sollte sein früherer Arbeitgeber Artur Brauner werden, der bereits insofern am Rialto-Erfolg partizipierte, als die Wallace-Filme in seinen Ateliers gedreht wurden.

Brauner versuchte anfangs, der Wallace-Serie mit einer »Mabuse«-Reihe Paroli zu bieten. Den Auftakt bildete 1960 der Film »Die 1000 Augen des Dr. Mabuse«, inszeniert von Fritz Lang, dem legendären Regisseur von »Dr. Mabuse, der Spieler« (1921/22) und »Das Testament des Dr. Mabuse« (1932/33). 1961 startete Brauner mit »Das Geheimnis der schwarzen Koffer« eine eigene Wallace-Reihe, die sich allerdings auf Vorlagen des Wallace-Sohnes Bryan Edgar stützte,

»Zimmer 13«.
Unten: Karin Dor will aus Zimmer 13 raus

Rechte Seite: Dr. Dr. Higgins in italienischer Maske vor dem Tresor

127

da die Rechte am Original-Wallace komplett bei Rialto-Film lagen. Mit einer Ausnahme: Für seinen 1963 gestarteten Wallace-Film »Der Fluch der gelben Schlange« hatte Brauner die Filmrechte bereits früher erworben.

Kurz vor dem Start seines neuen Wallace-Films »Die Gruft mit dem Rätselschloss« gab Horst Wendlandt im Frühjahr 1964 dem Filmjournalisten Hans Krüger-Franke ein Interview, in dem er deutlich machte, dass allein die Rialto-Film die »echten« Wallace-Filme produziere:

> *Frage: Herr Wendlandt, jahrelang galt der Kriminalfilm in Deutschland als Kassengift. Bis Sie dann das Eis gebrochen haben. Wie kamen Sie darauf, dass Krimis auch hierzulande erfolgreich sein könnten?*
>
> *Wendlandt: Eigentlich habe nicht ich das Eis gebrochen, sondern der dänische Filmproduzent Preben Philipsen. Er kaufte die Verfilmungsrechte von Edgar Wallace und begann Anfang 1959 mit Filmen wie »Der Frosch mit der Maske«, »Der rote Kreis« und »Die Bande des Schreckens«. Kurz darauf liierten wir uns. Die »Toten Augen von London« wurde unser erster Sensationserfolg mit 2,5 Millionen Besuchern.*

»Zimmer 13«:
Sir John verhört Igle

Frage: War der Erfolg Ihrer anderen Krimis nach Edgar Wallace, wie »Das Gasthaus an der Themse«, »Die Tür mit den sieben Schlössern« und »Der Zinker«, immer konstant?

Wendlandt: Wir fanden bald heraus, dass wir bei einem Edgar-Wallace-Film mit einer bestimmten Anhängerschaft rechnen konnten. Mit überwiegend jüngeren Besuchern zwischen 18 und 35 Jahren. Diese gehen im Schnitt monatlich zweimal ins Kino. Und sie gehen garantiert in jeden Edgar-Wallace-Film. Wir haben bei allen zehn Edgar-Wallace-Filmen die gleiche Besucherfrequenz. Zu den Jungen kommen dann noch die Krimileser älteren Jahrgangs. Bedenken Sie, dass nach dem Kriege in Deutschland 14 Millionen Edgar-Wallace-Romane verkauft wurden. Die Produktion eines Edgar-Wallace-Films ist also ein Rechenexempel. Wir wissen genau, dass sich die Besucherzahlen nie wesentlich über die bekannten Größen hinaus erhöhen werden.

Frage: Sie betonen in unserem Gespräch immer den Vornamen »Edgar«. Warum?

Wendlandt: Weil der Sohn des Schriftstellers – Bryan Edgar – in Deutschland einen Produzenten – Artur

»Zimmer 13«.
Unten links: Puppen im Highlow-Club
Unten: Joachim Fuchsberger, Inspektor vom Dienst

Brauner – gefunden hat, der mit dem Namen Wallace spekuliert.

Frage: Bedeutet das, dass Edgars Sohn Bryan gar keine Kriminalromane geschrieben hat?

Wendlandt: Bryan Edgar hat nur vier Bücher geschrieben, die bisher in Deutschland verlegt wurden: »George und Jojo«, »Der Mann, der nicht schwimmen wollte«, »Der Tod packt seinen Koffer« und »Die Welt steht auf dem Spiel«. Es handelt sich hierbei meist nicht um Kriminalromane, sondern um Spionageromane. Ihre deutsche Auflage beträgt ca. 30.000 Exemplare. »Der Tod packt seinen Koffer« wurde von der CCC verfilmt. Aber das Kuriose ist, dass der Inhalt des Romans gar nicht benutzt wurde, sondern nur der Titel und der Name Wallace.

Frage: Wollen Sie damit sagen, dass die deutschen Bryan-Edgar-Wallace-Filme gar nicht nach Romanen von Bryan Edgar gedreht wurden?

Wendlandt: Bryan Edgar ist als Schriftsteller unbedeutend. Die CCC benutzt den Namen Wallace nur zu Spekulationszwecken und versucht, im Fahrwasser der Edgar-Wallace-Erfolge mitzuschwimmen. Dieser Tat-

Produzent Horst Wendlandt (2. v. l.) bei den Dreharbeiten zu »Zimmer 13«

bestand ist bereits durch drei gerichtliche Verfügungen anerkannt worden.

Letztlich gelang es Wendlandt nicht, seinen Verfolger Brauner gänzlich abzuschütteln. In rascher Folge produzierte der CCC-Chef die Bryan-Edgar-Wallace-Filme »Der Würger von Schloss Blackmoor« (1963), »Der Henker von London« (1963), »Das Phantom von Soho« (1964), »Das Ungeheuer von London-City« (1964) und »Das siebte Opfer« (1964). Wendlandt hielt dagegen, indem er mit den Hauptdarstellern seiner Serie – darunter auch Schürenberg – Exklusivverträge abschloss, was sich für die Schauspieler finanziell durchaus als vorteilhaft erwies.

Die Rivalität in Sachen Wallace hielt sich über die Jahre bis 1972: Da brachte jeder der beiden seinen letzten Wallace-Film in die Kinos – der eine nach einem Stoff von Vater Edgar (»Das Rätsel des silbernen Halbmonds«), der andere nach einer Vorlage von Sohn Bryan Edgar Wallace (»Der Todesrächer von Soho«), Letzterer sogar mit Schürenberg.

Am Fließband

Am 30. April 1964 geht im Berliner Gloria-Palast die Uraufführung von Wallace Nummer 16 über die Bühne: »Die Gruft mit dem Rätselschloss«. Regie führt der Österreicher Franz-Josef Gottlieb, einst Dramaturg bei der Constantin-Film, inzwischen sowohl für Brauner wie für Wendlandt tätig. Der Film bedeutet das Wallace-Debüt für Harald Leipnitz; neben ihm spielen in der weiblichen Hauptrolle Judith Dornys, außerdem Rudolf Forster und Werner Peters. Klaus Kinski ist ebenso dabei wie Eddi Arent. Besonders delikat: Auch Schürenbergs Vorgänger als Scotland-Yard-Chef, Ernst-Fritz Fürbringer, steht auf der Besetzungsliste. Fürbringer, übrigens derselbe Jahrgang wie Schürenberg, hat allerdings die Seiten gewechselt und spielt den Gangsterboss Connor.

Der Filmkritiker der »Süddeutschen Zeitung« lässt kaum ein gutes Haar an dem Film:

> »Die Gruft mit dem Rätselschloss« beginnt mit einer jener Schießereien, die gewöhnlich am Ende derartiger Filme stehen. Zum ersten Mal ist man in einem Edgar-Wallace-Film gespannt, wie die Sache weitergehen wird. Da erscheint auf der Kinoleinwand das englische Wort »End«, und der verblüffte Zuschauer merkt, dass das, was er soeben auf der Leinwand sah, sich nur auf einer Leinwand abspielte. Dann sieht man auch die Zuschauer, die mit ein paar Bemerkungen über die Qualität des

Oben: Regisseur Franz-Josef Gottlieb

Unten: Der unheimliche Mönch schlägt Produzent Wendlandt zum Ritter

Films das Kino verlassen. Nur ein älterer Mann bleibt sitzen. Er scheint zu schlafen. Als eine Platzanweiserin ihn zu wecken versucht, kippt er um: Er ist tot. – Dieser Doppelgag – das Ganze dauert drei Minuten – ist der einzige Einfall des Films. Was ihm folgt, ist eine gleichgültig verwickelte Handlung, die so lange stur fortgesetzt wird, bis ein gewisser Prozentsatz der Personen gestorben ist.

Die Resonanz im Branchenblatt »Film-Echo«/»Filmwoche«, von Kinobesitzern wie Produzenten und Verleihern immer besonders aufmerksam registriert, fällt diesmal dagegen verhalten positiv aus. Es scheint, als könnten sich auch die Kritiker dem beständigen Geschäftserfolg der Wallace-Serie nicht verschließen:

Auch dieser neueste Wallace-Film erfüllt auf bewährte Weise sein Grusel- und Spannungs-Soll. Die bis in die kleinsten Rollen repräsentative Besetzung sichert darüber hinaus sogar ein beträchtliches schauspielerisches Niveau. Vor allem für Harald Leipnitz scheint die Rolle eines Gentleman-Ganoven wie geschaffen. Trotzdem ist der endgültige Rückfall dieser Figur ins Verbrechertum zu wenig motiviert und enttäuscht deshalb das Publi-

»Die Gruft mit dem Rätselschloss«. Oben: Ein schwieriger Zeuge. Unten: Sir John beweist Schlagkraft

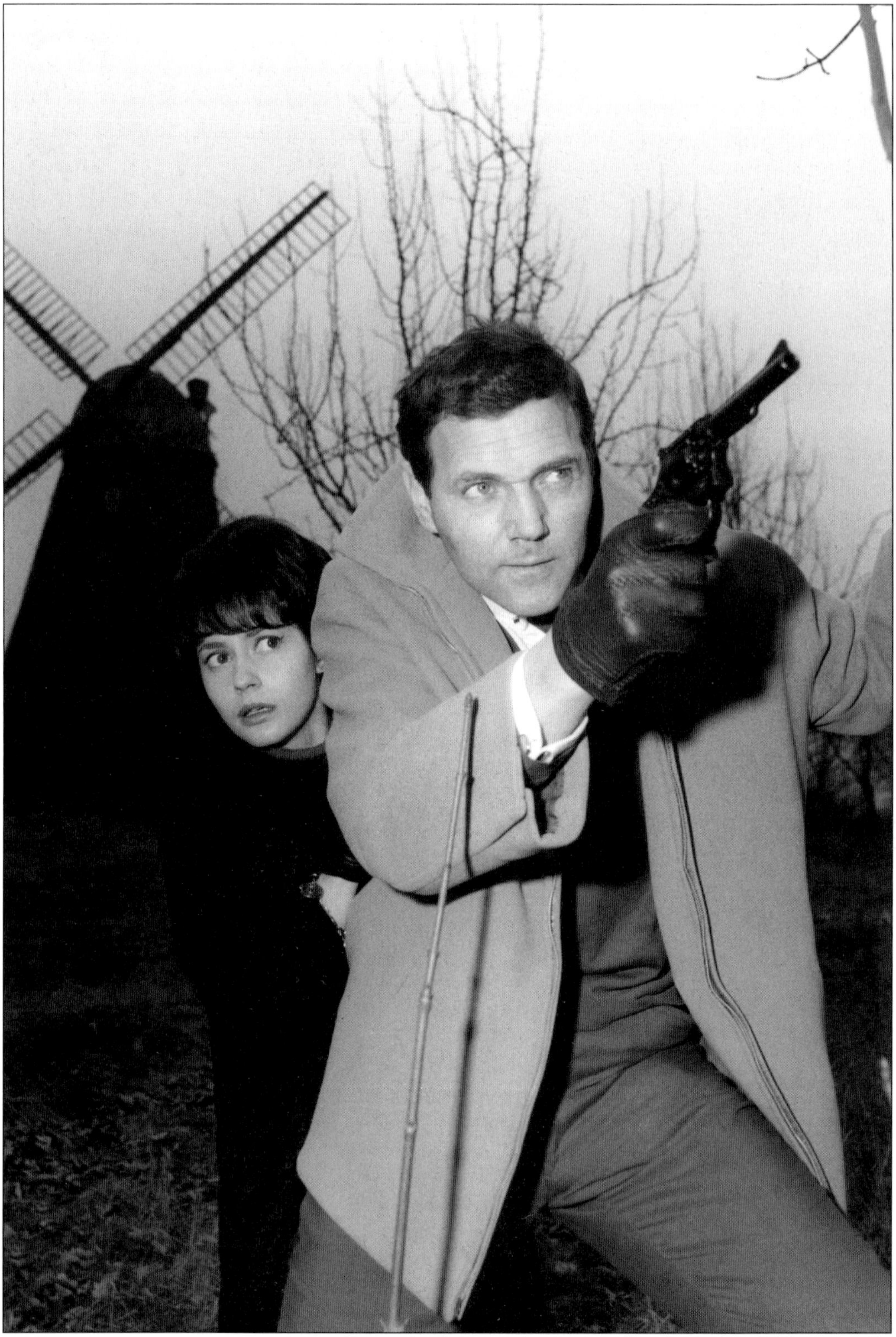

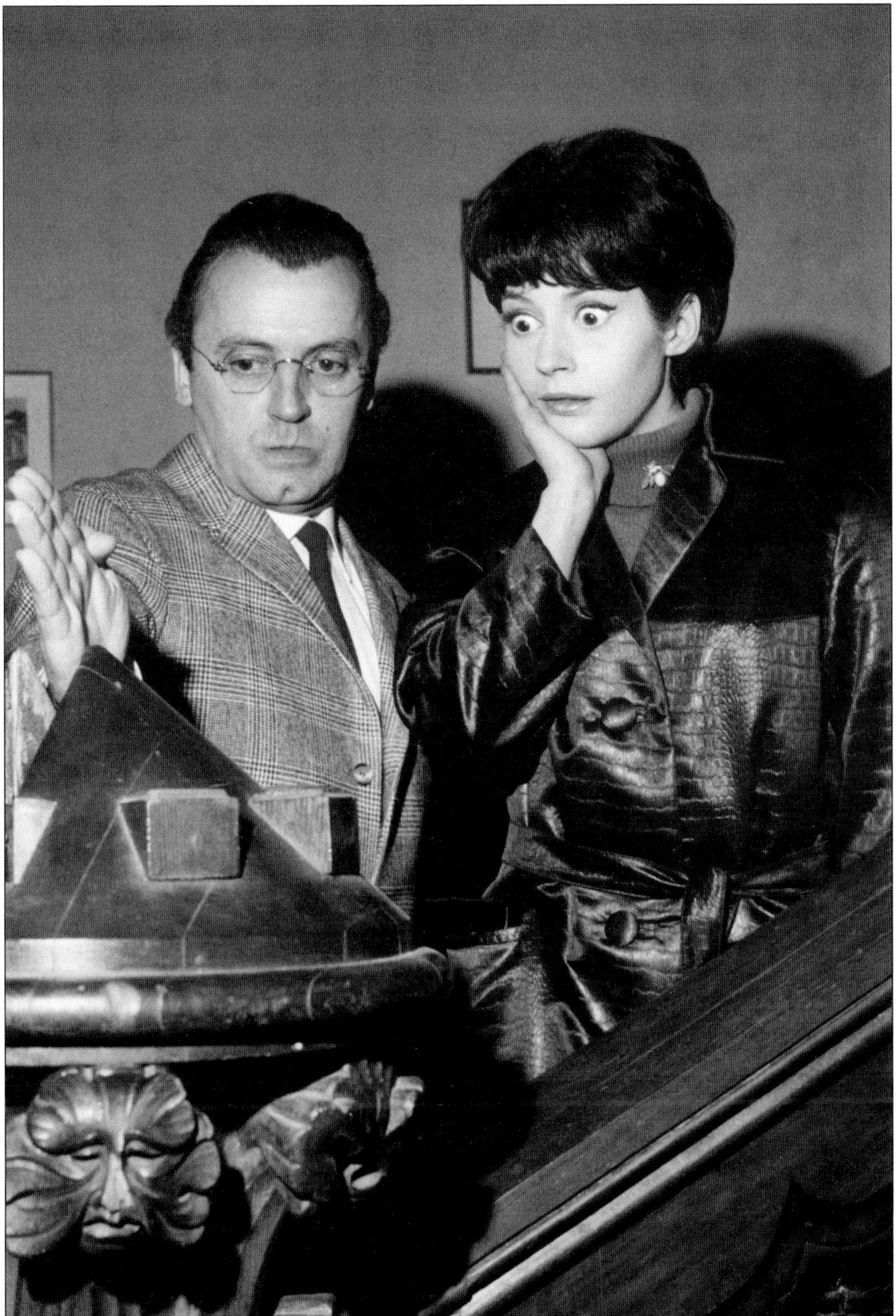

Vorherige Doppelseite:
»Die Gruft mit dem Rätselschloss«.
Links: Harald Leipnitz und
Judith Dornys
Rechts: Rätselhaft: Eddi Arent
und Judith Dornys

»Die Gruft mit dem Rätselschloss«.
Filmvorführung mit Romy Schneiders
Mann Harry Meyen

kum. Vor allem im letzten Drittel des Films wäre eine sorgfältigere Führung notwendig gewesen. Hervorzuheben ist Rudolf Forster. Eine glänzende Studie personifizierter Geldgier liefert auch Werner Peters. Doch was wäre ein Gruselfilm ohne Klaus Kinski: eine Gänsehaut ohne Frösteln! Die Szene, in der unter seiner technischen Aufsicht (er spielt einen harmlos wirkenden Müllerburschen, der natürlich ein Hauptakteur der Bande ist) einer der Glücksritter sein Leben zwischen Mühlrädern aushaucht, wird denn auch besonders genüsslich ausgewalzt. Aber glücklicherweise gibt es im deutschen Kriminalfilm noch Eddi Arent, als fröhliches Pendant. Ihm gelingt immerhin die reizvolle Paradoxie, sich ständig zu wiederholen, ohne sich jemals zu wiederholen.

Auch dieser Film lebt wieder vom komödiantischen Spiel der so gegensätzlichen Schauspieler Arent und Schürenberg. Als Arent flucht: »Niedergeschlagen haben sie mich«, entgegnet Sir John trocken: »Hätte ich auch!«

Nur dreieinhalb Monate später spuckt die Produktionsmaschine das nächste Wallace-Produkt aus: »Der Hexer« entstand nach dem wohl bekanntesten Roman des britischen Vielschreibers. Das Drehbuch stammte erstmals von dem

Autor Herbert Reinecker, der in der Folgezeit noch fünf weitere Wallace-Vorlagen bearbeiten sollte. Die Regie hatte Wendlandt abermals Alfred Vohrer anvertraut, und die Besetzungsliste wimmelt von bekannten Namen, wie etwa Joachim Fuchsberger, Heinz Drache, Siegfried Lowitz, Margot Trooger, René Deltgen und Eddi Arent. In der weiblichen Hauptrolle war die aparte Französin Sophie Hardy zu sehen, ein Augenschmaus nicht nur für den Produzenten, sondern auch für die Zuschauer (bekannt geworden war sie vor allem durch freizügige Aufnahmen im »Playboy«). »Der Hexer« wird – nicht zuletzt wegen des gelungenen Drehbuchs – zu einem der erfolgreichsten Wallace-Filme. Endlich einmal sind die Kritiken überwiegend positiv – auch in »Film-Echo«/»Filmwoche«:

*»Die Gruft mit dem Rätselschloss«.
Oben: Sir John ist entrüstet
Unten: Devise: Fangen – verhaften – einsperren!*

> *Das ist wohl mit Abstand die beste Wallace-Verfilmung der bisherigen Serie. Herbert Reinecker durfte hier einmal die ganz spritzige Feder nehmen. Er schuf unter Hinzufügung eigener Phantasie einen Krimi, der sich neben dem Original durchaus sehen lassen kann. Er sparte weder*

»Die Gruft mit dem Rätselschloss«:
Ferry Westlake bringt
Sir John zur Verzweiflung

Rechte Seite: »Der Hexer«
Oben: Ann Savo zieht
alle Blicke auf sich
Unten: Sir John flirtet mit Mrs. Milton

mit amüsanten Gags noch mit Modernisierungen der Story, die er hier und da sogar zur Persiflage auflockerte. Der Inhalt ist bekannt – wenn nicht: umso besser bei einem Krimi. Die Besetzung ist noch bekannter. Als Partner und Konkurrenten fungieren die beiden erprobten Kriminalkommissare der deutschen Leinwand und des Bildschirms: Heinz Drache und Joachim Fuchsberger. Margot Trooger ist als Frau des Hexers eine Salonschlange par excellence – und den Sex in Blond und Schwarz apostrophieren in rassiger Formgebung Sophie Hardy und Ann Savo. Regisseur Alfred Vohrer und Kameramann Karl Löb können zufrieden auf diese Hexerei blicken – das Publikum tut es auch.

Auf den großen Erfolg darf sich auch Schürenberg etwas zugute halten – der schrullige Yard-Chef ist ein Garant dafür, dass die Leute gut gelaunt aus dem Kino gehen. Sein Running Gag in diesem Film ist die Bemerkung, dass man das doch hätte berücksichtigen müssen – eigentlich nichts Besonderes, doch *wie* es Schürenberg sagt, ist unnachahmlich.

Ob es die Machart der Filme ist, die ihm entgegenkommt, seine Kollegen, mit denen er gerne zusammenarbeitet, oder

139

»Der Hexer«.
Von oben links nach unten:
- *Regisseur Vohrer muss im Drehbuch nachschauen*
- *Ist der Hexer in der Nähe? Higgins und Sir John sind skeptisch*
- *Inspektor Warren bietet seine Hilfe an*

seine im Laufe vieler Berufsjahre gewachsene Souveränität: Es ist tatsächlich so, dass Schürenbergs schauspielerisches Talent sich gerade in den eher mediokren Edgar-Wallace-Verfilmungen zur völligen Meisterschaft entwickelt.

Die Filme leben mehr und mehr von seinem besonderen Humor, der zum größten Teil auf seinen eigenen Eingebungen beruht, nicht auf den Ideen der Drehbuchautoren. Schürenbergs Einfälle und Extempores kann man nicht planen, sie sind plötzlich da – und wirken urkomisch. Ihm entgegen kommen sicherlich die Freiheiten, die ihm besonders der Regisseur Alfred Vohrer in seinen Filmen einräumt. Vohrer, der seine Schauspieler ohnehin gern an der langen Leine führt, ist dankbar für jedes Angebot. Zu seiner Regieassistentin Eva Ebner sagt er: »Wenn Sigi eine gute Idee hat, lass ihn. Erstens ist sie komisch, und zweitens kommst du eh nicht gegen ihn an.«

Sein Freund und Kollege aus zahlreichen Wallace-Filmen, Eddi Arent, beobachtet ihn oft bei den Dreharbeiten. Selbst ein Vollprofi, ist er fasziniert von Schürenbergs Darstellungskunst. Und Kommissar Heinz Drache urteilt trocken: »Ohne ihn wären wir oft verhungert.«

Ein Verlust, dass der nächste Film ohne den Schauspieler auskommen muss. »Das Verrätertor« entsteht 1964 als deutsch-britische Koproduktion in London. Von der bewährten Rialto-Crew sind nur wenige Darsteller – wie etwa Klaus Kinski – dabei, die meisten Rollen werden von englischen Schauspielern übernommen.

Doch schon beim Nachfolgefilm »Neues vom Hexer« sitzt Schürenberg wieder auf seinem Chefsessel. Der Film soll an den großen Erfolg des ersten »Hexer«-Films anknüpfen. Wieder ist Alfred Vohrer der Regisseur, und die Schauspielerriege

»Der Hexer«.
Unten links: Eddi Arent:
Bitte nicht schießen!
Unten: Sir John und
Joachim Fuchsberger

sieht so aus wie in jedem Wallace-Film: Heinz Drache, Barbara Rütting, Brigitte Horney, Margot Trooger, René Deltgen, Klaus Kinski und Eddi Arent. Am 4. Juni 1965 erlebt der Streifen seine Uraufführung – die Fachpresse in Gestalt von »Film-Woche«/»Filmecho« ist angetan:

Alfred Vohrer hat das »Knistervergnügen« – nach einem gagreichen Drehbuch von Herbert Reinecker – schwungvoll in Szene gesetzt. Die Rechnung mit dem großen »Unbekannten«, der gewillt ist, seine gesamte reich erbende Verwandtschaft systematisch auszurotten, geht bis zuletzt auf; zumal Peter Thomas für die entsprechende musikalische Spannungsuntermalung gesorgt hat. Das Wiedersehen mit Brigitte Horney erinnert daran, dass der deutsche Film einen Gutteil seiner besten Kräfte jahrelang links liegen gelassen hat. Barbara Rütting bekommt es ausgezeichnet, wieder einmal in einer aktiven Rolle agieren zu können. Auch Margot Troogers Hexer-Gattin – die sie mit einem tüchtigen Schuss charmanter Unverfrorenheit spielt – fällt wohltuend ins Gewicht. Regisseur Vohrer versteht, seine Darsteller zu erstaunlich abgerundeten Leistungen an-

»Der Hexer«.
Unten links: Sophie Hardy
verhext die Zuschauer
Unten: Reinliches Starlet
aus Frankreich: Sophie Hardy

zuhalten. Der Film sollte mit diesen – von den Haupt- bis zu den Nebenrollen – ausgewogenen schauspielerischen Leistungen den gewünschten geschäftlichen Erfolg haben.

Schürenbergs Part ist weiter angewachsen. Dies schlägt sich auch in den Kritiken nieder – immer wieder kommt es vor, dass seine Leistung ausdrücklich erwähnt wird. So heißt es im »Münchner Merkur« vom 8. Juni 1965: »Allein Siegfried

»Neues vom Hexer«.
Von oben links nach unten:
- Sir John bittet Mrs. Milton (Margot Trooger) um die Hilfe ihres Mannes
- Erkennt Wesby in dem Kellner den Hexer?
- Inspektor Wesby hält die Hand schützend um Sir Johns Sekretärin

»Neues vom Hexer«.
Von oben links nach unten:
- *Mylady und ihr mysteriöser Butler Klaus Kinski*
- *Brigitte Horney macht sich verdächtig*
- *Superschnappschuss für den Fotografen: Alle Schauspieler vor Gericht*

Schürenberg als Sir John, skurriler Chef von Scotland Yard, besitzt frappierendes Hollywoodformat – man achte auf ihn: Mit ein, zwei, drei kurzen Sätzen erzeugt er Lachkaskaden!«

Einem Ritterschlag kommt allerdings eine Bemerkung in der Zeitschrift »Film« gleich. Normalerweise begibt sich das Blatt der cineastischen Avantgarde nicht in die Niederungen der bundesdeutschen Kinokultur. Dass ein Film wie »Neues vom Hexer« hier überhaupt wahrgenommen wird, ist schon eine Ausnahmeerscheinung. So gesehen sind die Zeilen über Siegfried Schürenberg eine Würdigung, die nur vom »Oscar« übertroffen werden könnte:

»Die schauspielerische Attraktion ist Siegfried Schürenberg. Er hat schon etliche Male Polizeichefs gemimt. Aber wie er hier beflissene Dümmlichkeit ausstrahlt, von ausladend-verlegenem Gelächter verdeckt – das ist ein Kabinettstück, das ist einfach exzellent. Es ist nun wieder eine Verwandlungskunst, die der Maske völlig entraten kann.«

»Neues vom Hexer«.
Von oben links nach unten:
- Runter mit der Maske!
- Entschuldige, ich dachte, du wärst der Hexer!
- Margie bedroht den Falschen

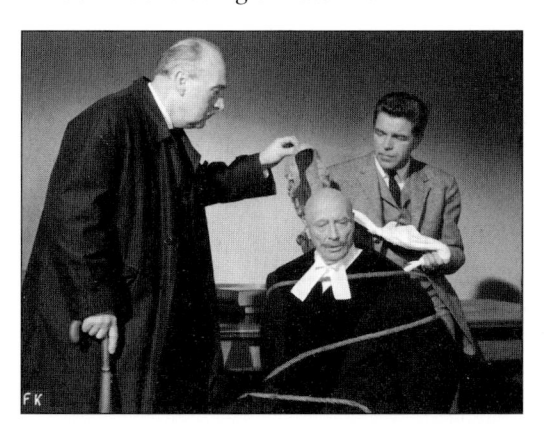

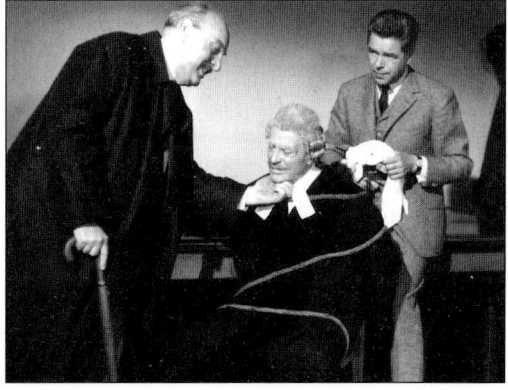

Von Mönchen, Nonnen und anderen Schurken

Schürenbergs zweiter Wallace-Film im Jahr 1965 ist »Der unheimliche Mönch«. Regie führt – wie bereits in »Zimmer 13« – der Wallace- und Karl-May-Spezialist Harald Reinl (Drehbuch: J. Joachim Bartsch und Fred Denger). Wie so oft in seinen Filmen spielt seine Ehefrau Karin Dor die weibliche Hauptrolle. Harald Leipnitz ist der Inspektor, außerdem an führender Stelle dabei Siegfried Lowitz und Eddi Arent. Kurz vor Weihnachten wird der Film uraufgeführt. »Film-Echo«/»Filmwoche« schreibt:

> *Selbst Krimi-Experten tippen bei diesem spannenden Reißer, bei dem Edgar Wallace Pate gestanden hat, daneben. Eddi Arent, in seinen Rollen als unerschütterlicher Detektiv-Sergeant oder Butler sonst hauptsächlich für makabere Scherze zuständig, als Mädchenhändler oder maskierter Mörder? Ein Verdächtiger nach dem anderen fällt dem geheimnisvollen Schreckgespenst in der Mönchskutte mit der Ochsentreiberpeitsche zum Opfer. Auf der Jagd nach dem Millionentestament und der schönen, nichts ahnenden Erbin Karin Dor engt sich der Kreis immer mehr ein. Nur wenige Zuschau-*

»Der unheimliche Mönch« treibt sein Unwesen am liebsten in der Nacht

er werden dem harmlos wirkenden Internats-Pedell auf die Schliche kommen, der neben der Killerei aus Rache noch einen gut florierenden und auf das Beste organisierten Mädchenhandel betreibt und Inspektor Harald Leipnitz trotz Sprechfunk- und Hubschrauberunterstützung einiges Kopfzerbrechen bereitet. Der Londoner Nebel und altes Gemäuer tragen ebenso viel zur zünftigen Atmosphäre dieser von Nervenkitzel erfüllten Detektivstory bei, wie die milieugerechten Aufnahmen Ernst W. Kalinkes, Peter Thomas' aufrüttelndes musika-

»Der unheimliche Mönch«.
Von oben links nach unten:
- Sir John kommt ins Grübeln
- Hier wird kein Mantel gestohlen, sondern Karin Dor!
- Wer verhört hier eigentlich wen?

»Der unheimliche Mönch«.
Von oben nach unten rechts:
- *Der Mönch schwingt die tödliche Peitsche*
- *Der Inspektor erfährt von einer Entführung*
- *Sir John: Hoch auf gelbem Wagen*
- *Harald Leipnitz und Sir John*
- *Ins rechte Licht gesetzt*

Rechte Seite,
von oben links nach unten rechts:
- *Regisseur Harald Reinl*
- *Schürenberg, entsetzt*
- *Die Dreharbeiten sind zu Ende: vor dem Hamelner Schloss*

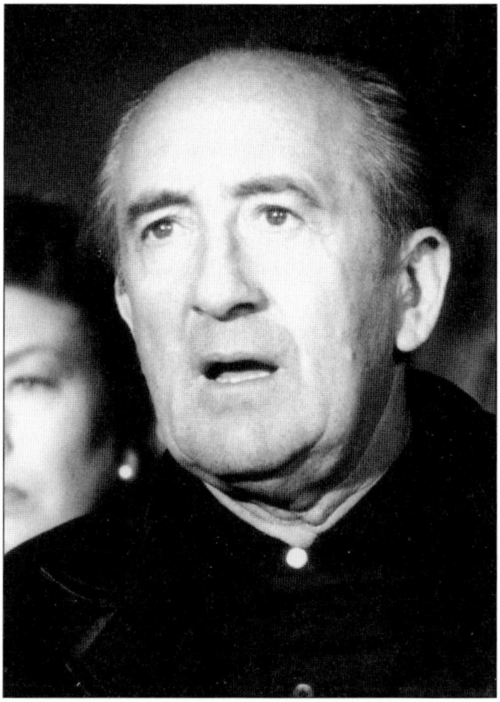

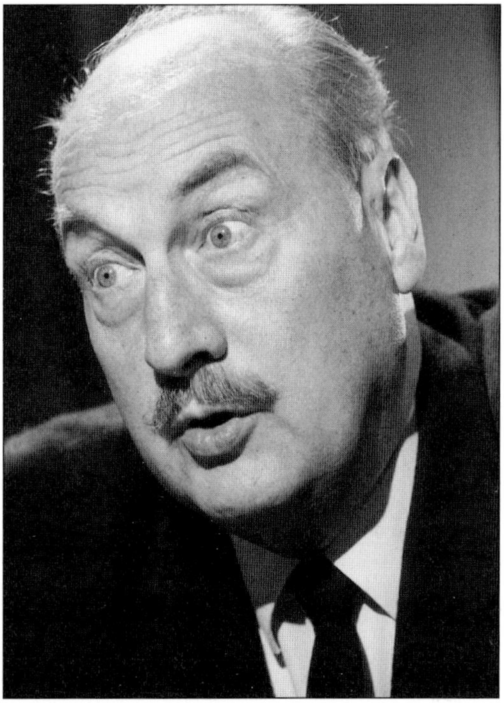

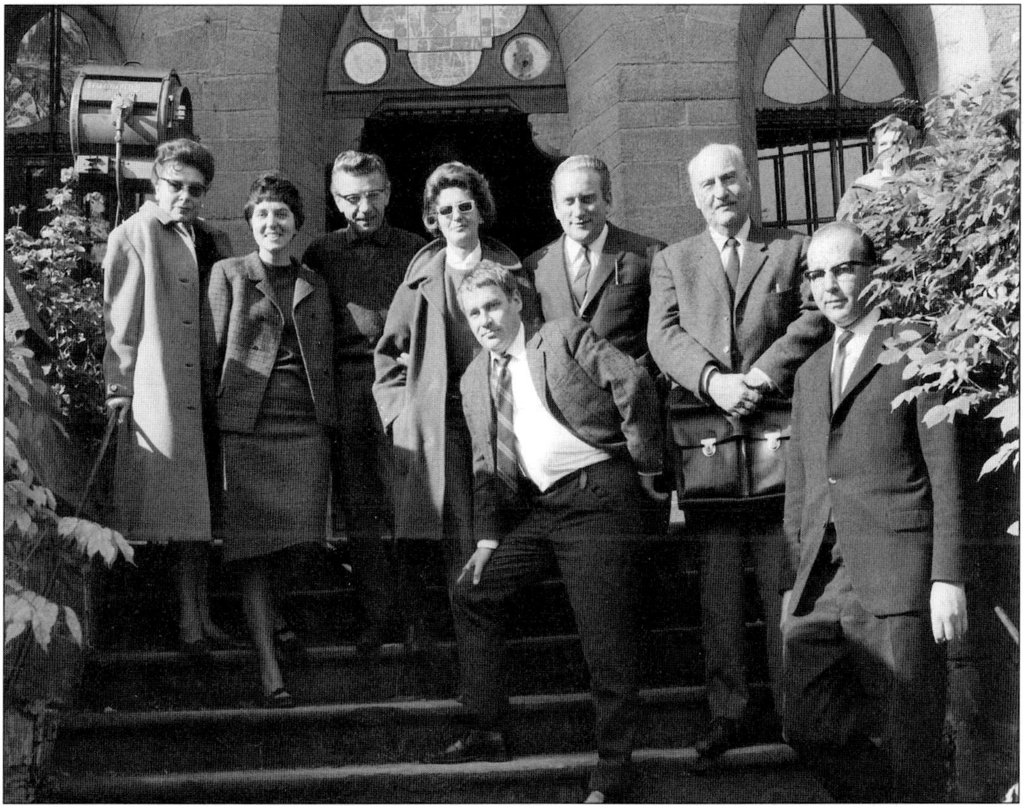

lisches Motiv beim Auftauchen des Mönches und die bewährten Schurkendarsteller vom Format eines Siegfried Lowitz, Dieter Eppler, Rudolf Schündler, Kurt Pieritz und des in diesem Fach ungewohnten Hartmut Reck. Im reich bestückten Angebot anziehender Weiblichkeit fiel Uta Levka auf.

Da es ihm mühelos gelang, seine Zuschauer bis zum letzten Augenblick in Atem zu halten, kann Regisseur Harald Reinl auch mit seinem neuesten Kriminal-Opus zufrieden sein.

In einer kleinen Rolle hat die junge Ursula Glas ihren ersten Filmauftritt. Produzent Wendlandt hat an der bildhübschen Münchnerin Gefallen gefunden und gibt ihr kurz darauf die weibliche Hauptrolle in dem Karl-May-Film »Winnetou und das Halbblut Apanatschi«.

Der »Unheimliche Mönch« wird zu einem der besucherstärksten Filme der Wallace-Serie. Es scheint, als wären selbst Produzent und Verleih von diesem Erfolg überrascht. Im Sommer 1966 geht deshalb unvermeidlich die nächste Produktion ins Berliner CCC-Atelier: »Der Bucklige von Soho«. Das Drehbuch hat abermals der routinierte Herbert

»Der Bucklige von Soho«.
Von oben links nach unten rechts:
- *Die Schönen und das Biest*
- *Ein Funkbild von Wanda*
- *Zwei, die sich viel zu sagen haben: Eddi Arent und Siegfried Schürenberg*
- *Agnes Windeck, Günther Stoll und Schürenberg*

Reinecker verfasst, Stammregisseur Alfred Vohrer inszeniert. Siegfried Schürenberg als Sir John ist natürlich wieder dabei, nur sein Inspektor hat gewechselt: Erstmals leitet der durch die TV-Serie »Melissa« bekannt gewordene Günther Stoll die Ermittlungen. Weiterhin dabei sind Monika Peitsch, Gisela Uhlen und Hubert von Meyerinck. Eddi Arent, einst der Komiker vom Dienst, spielt hier als dämonischer Pfarrer seine schwärzeste Wallace-Rolle.

Die Uraufführung findet am 6. September 1966 im premierengeübten Mathäser-Filmpalast in München statt. Anschließend berichtet »Film-Echo«/»Filmwoche«:

> *Was diesen neuesten Wallace-Schocker weitgehend um seine Schauder-Wirkung bringt, ist die maßlose Gruseleffekt-Hascherei vor allem der Regie. Sie beginnt bereits im Vorspann und wächst parallel mit dem Ansteigen des Leichenberges. Alfred Vohrer laviert hierbei zwischen Parodie und Krimi-Spuk; der Zuschauer*

Von oben links nach unten rechts:
- *»Hände hoch, Herrschaften« – Schürenberg mit Hubert von Meyerinck*
- *Der Bucklige entwaffnet den Reverend*
- *»Ich bräuchte bitte ein Taxi!«*
- *Sir John ertappt Hopkins bei der Hausarbeit*

kommt letzten Endes um beides. Günther Stolls sachliche Lässigkeit bewährt sich in der Rolle des Inspektors vom Dienst vorzüglich. Gisela Uhlen spielt eine in ihrer Gefühlskälte faszinierende Bordell-Mutter. Und Eddi Arent hat seine große Stunde: Er darf endlich einmal Schurke sein. Hubert von Meyerincks Klein-Stratege ist ein Kabinett-Stückchen für sich. Fazit: das Blutbad von Soho.

Der zweite Wallace-Film des Jahres 1966 trägt den Titel »Das Geheimnis der weißen Nonne« und kommt – inzwischen schon Tradition – zum Weihnachtsfest in die Kinos. Der Streifen fällt – wie früher bereits »Das Verrätertor« – aus dem üblichen Fabrikationsschema der Serie heraus: Er wurde von einer englischen Tochtergesellschaft der Rialto-Film in London gedreht, mit überwiegend britischem Stab (Regie: Cyril Frankel). Star des Films ist Stewart Granger (der Old Surehand der Karl-May-Filme) als Polizei-Superintendent. Die weiblichen Hauptrollen spielen Susan Hampshire und Sophie Hardy. Als deutsche Darsteller sind Brigitte Horney, Siegfried Schürenberg und – letztmals in der Wallace-Serie – Eddi Arent dabei. Schürenbergs Rolle als Sir John wird in der englischen

Unten: Brigitte Horney in »Das Geheimnis der weißen Nonne«

Unten rechts: Cooper Smith entdeckt das Geheimnis der weißen Nonne

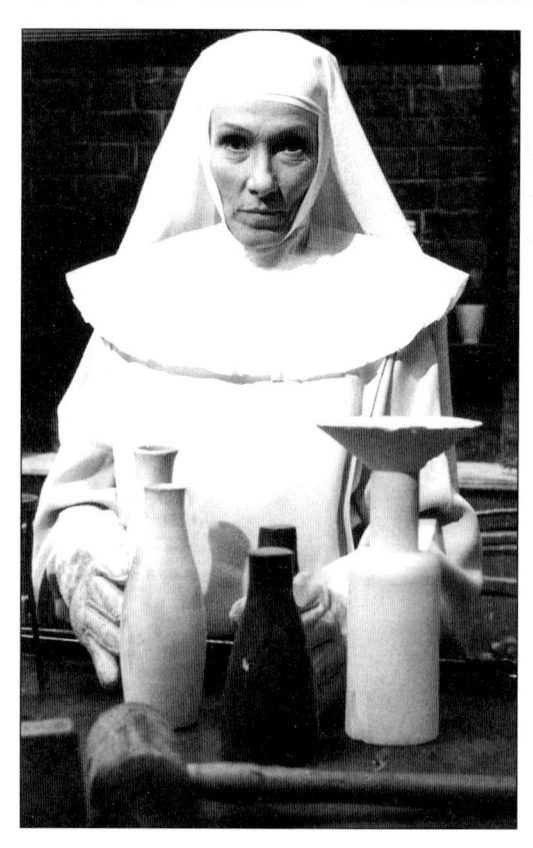

Fassung von James Robertson-Justice übernommen – weil die britische Seite noch einen weiteren bekannten Darstellernamen wünschte, vielleicht auch weil es einem Inselbewohner suspekt vorkommen musste, wenn eine so urbritische Rolle wie der Sir John von einem Deutschen gespielt würde. Allerdings bewegt sich Robertson-Justice so lustlos durch den englischen Film, dass man wünschen möchte, Schürenberg solle auf der Stelle zurückkehren.

Wer von den Lesern von »Film-Echo«/»Filmwoche« die Kritiken zu den Wallace-Filmen über die Jahre verfolgt hat, wird sich die Augen reiben, wie sich die Sichtweise des Kritikers inzwischen zum Positiven hin gewandelt hat:

Im Gegensatz zu anderen behält die Wallace-Serie formal und technisch ihr sauberes Format. Man mordet noch mit Methode, hübsch im Detail und logisch der Reihe nach. Das stilvolle steife Schloss mit der geschäftigen Abteilung der weißen Nonnen, die alles andere als harmlos sind, ist die ideale Kulisse für einen Romantik-Thriller. In der exakten Regie von Cyril Frankel spielt Stewart Granger den Scotland-Yard-Mann als eleganten Inspektor mit grauen Schläfen und dem gepflegten und

Sir John mit Stewart Granger als Cooper Smith

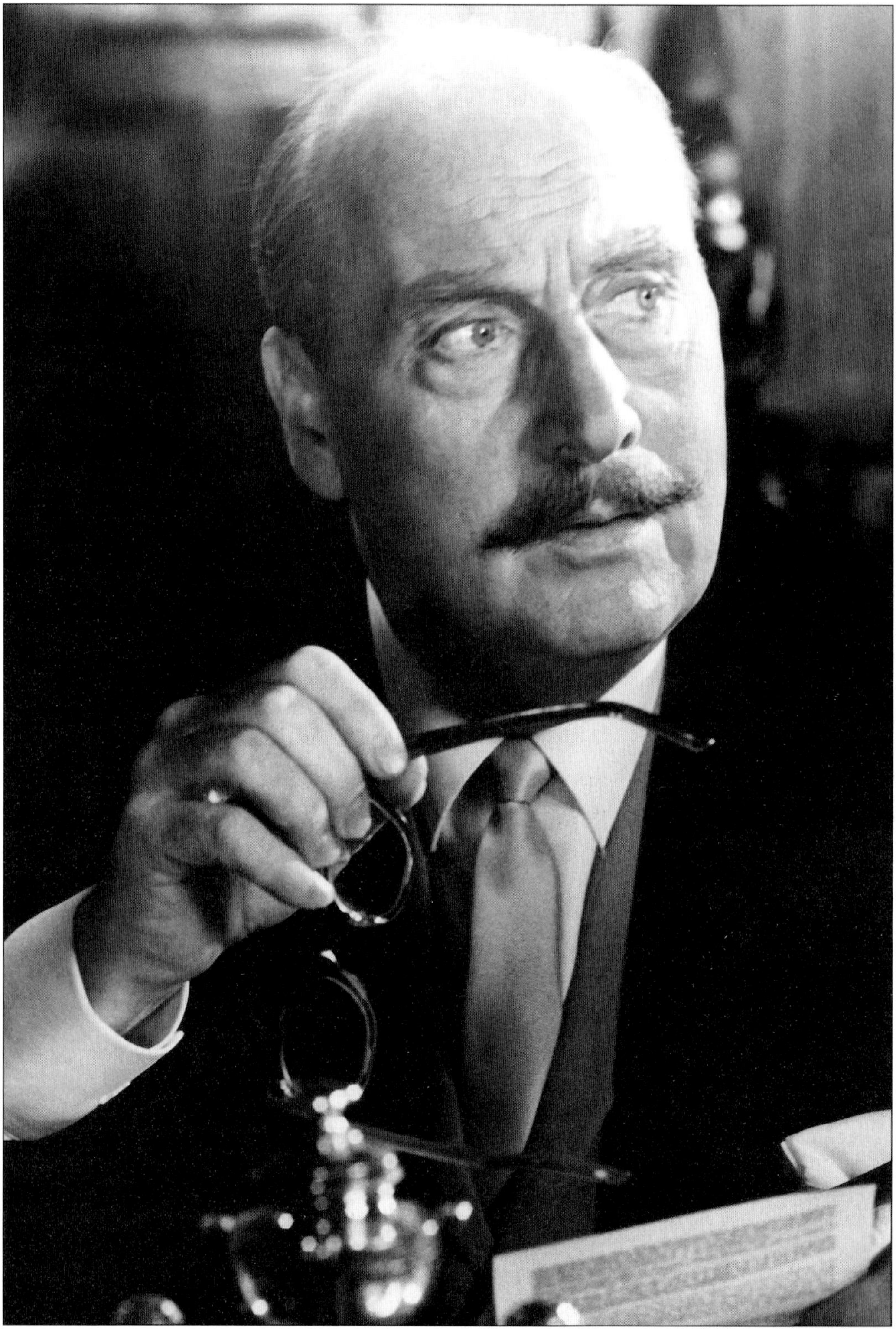

lässigen Sex des Londoner Melonenträgers. Nachdem der Fall ausgestanden ist, darf er die kleine Französin mit dem Akzent von der Seine in die Arme nehmen. Sophie Hardy spielt sie mit Striptease und makabrem Wand-an-Wand-Bad mit nachbarlichem Mordgemenge. Ausgezeichnete Chargen sind Brigitte Horneys seelenharte Oberin und Robert Morleys Verbrecher wider Willen mit der ewigen Angst in den Basedow-Augen. Peter Thomas – inzwischen in diesem Genre ganz zu Hause und entsprechend versiert – lieferte die musikalische Geräuschkulisse mit »angsthochpeitschenden« Rhythmen.

»Das Geheimnis der weißen Nonne« war so kostenaufwändig, dass von vornherein geplant war, einen Teil der Produktionskosten durch Auslandsverkäufe abzudecken. In Deutschland lief der Film mit großem Erfolg. Schon wenige Wochen nach der Premiere ging im Februar 1967 der nächste Wallace-Streifen ins Atelier: »Die blaue Hand«. Abermals war Siegfried Schürenberg Sir John. Als sein Inspektor fungierte

Linke Seite:
»Das Geheimnis der weißen Nonne«
Was machen meine Beamten in einem Kloster?

Butler Anthony hat
»Die blaue Hand« in der Hand

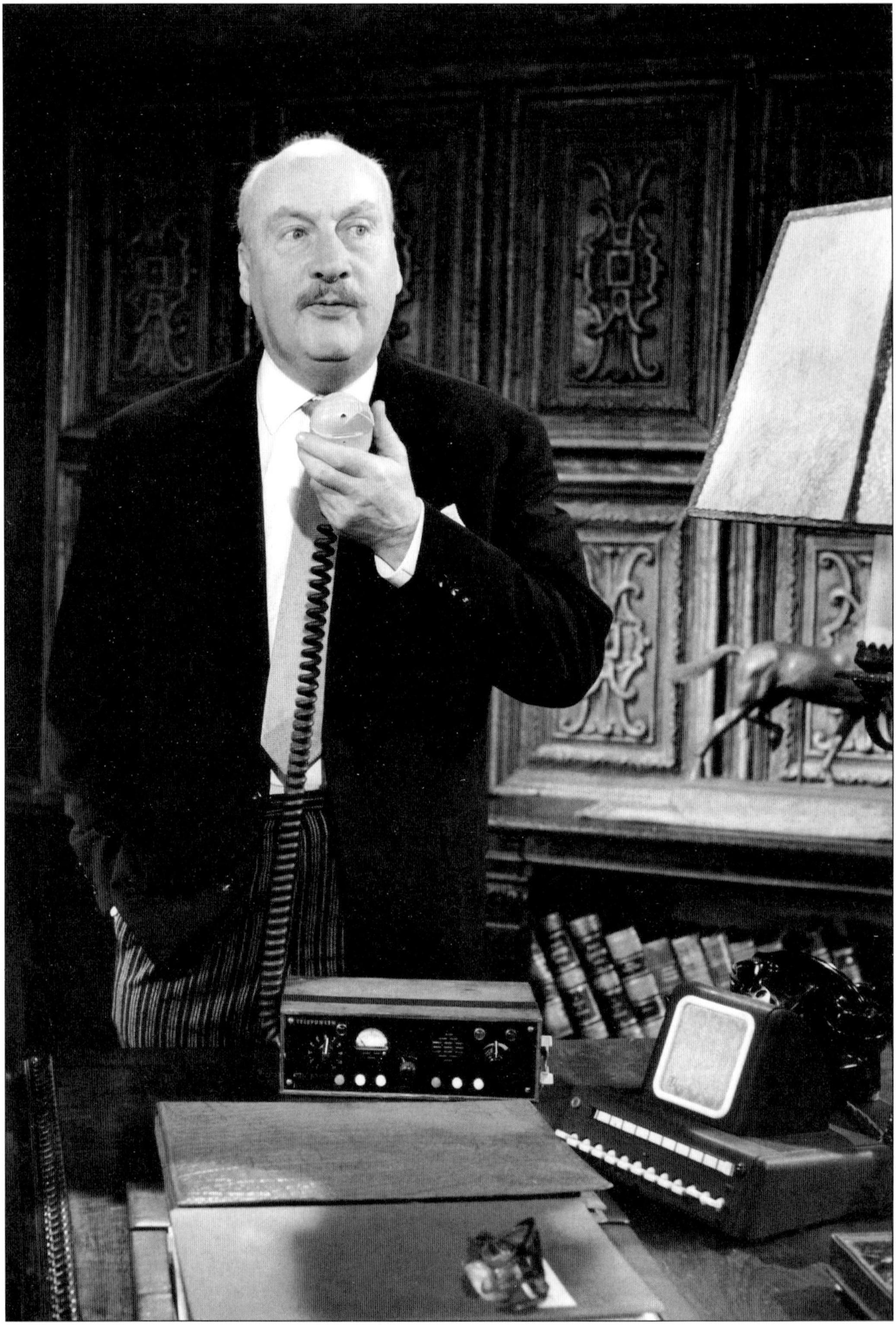

Harald Leipnitz. Klaus Kinski agierte in einer Doppelrolle, außerdem wirkten Carl Lange, Ilse Steppat, Diana Körner und Ilse Pagé mit. Das Drehbuch kam vom unermüdlichen Herbert Reinecker, Regie führte mit nie versiegender Routine Alfred Vohrer. Ihm und dem ganzen Film spendete »Film-Echo«/»Filmwoche« nach der Premiere am 28. April 1967 wohlwollendes Lob:

»Die blaue Hand«. Linke Seite: »Alarm! Razzia im Irrenhaus!«

Oben links: Sir John zweifelt an seinem Geisteszustand
Oben: »Nun werden Sie bloß nicht komisch, Inspektor!«

> *Regisseur Alfred Vohrer gibt mit diesem Film wieder ein Beispiel seiner meisterlichen Beherrschung des Unterhaltungsfilms. Ort der Handlung ist diesmal ein Irrenhaus, das sich ja für Gruselkrimis besonders bewährt hat. Dazu die ebenfalls bewährten Themse-Nebel, alten Schlösser und unterirdischen Geheimgänge. Dort muss Gangsterjäger Craig eine Mordserie aufklären. Dabei entpuppt sich die »blaue Hand« als eine mittelalterliche Mordwaffe, mit der Richard Haller – längst zum Buh-Mann des deutschen Films aufgestiegen – als Geisteskranker die letzten Sprösslinge und damit die Erben einer alten englischen Adelsfamilie auszurotten trachtet. Nun ist das alles nicht mehr so ganz neu. Und nach dem x-ten Wallace auch nicht mehr so originell. Und das hat auch Regisseur Vohrer begriffen, der mit diesem Fall das ganze Genre in schöne Selbstironie anstatt in Realismus tauchte. So kann man dann beruhigt Spaß am Spaß haben, und die Gänsehaut läuft einem so angenehm wie selten den Rücken hinunter, weil man sie nicht mehr ernst nehmen muss. Dies ist Gruseln zum puren Vergnügen.*

Der zweite Wallace-Film des Jahres 1967 trug den Titel »Der Mönch mit der Peitsche«. Nahtlos konnte Alfred Vohrer weiterarbeiten, fast unnötig zu sagen, dass auch Herbert Reinecker wieder das Drehbuch geschrieben hatte. Was sich jedoch verändert hatte, war die Stellung von Schürenberg. Auf den

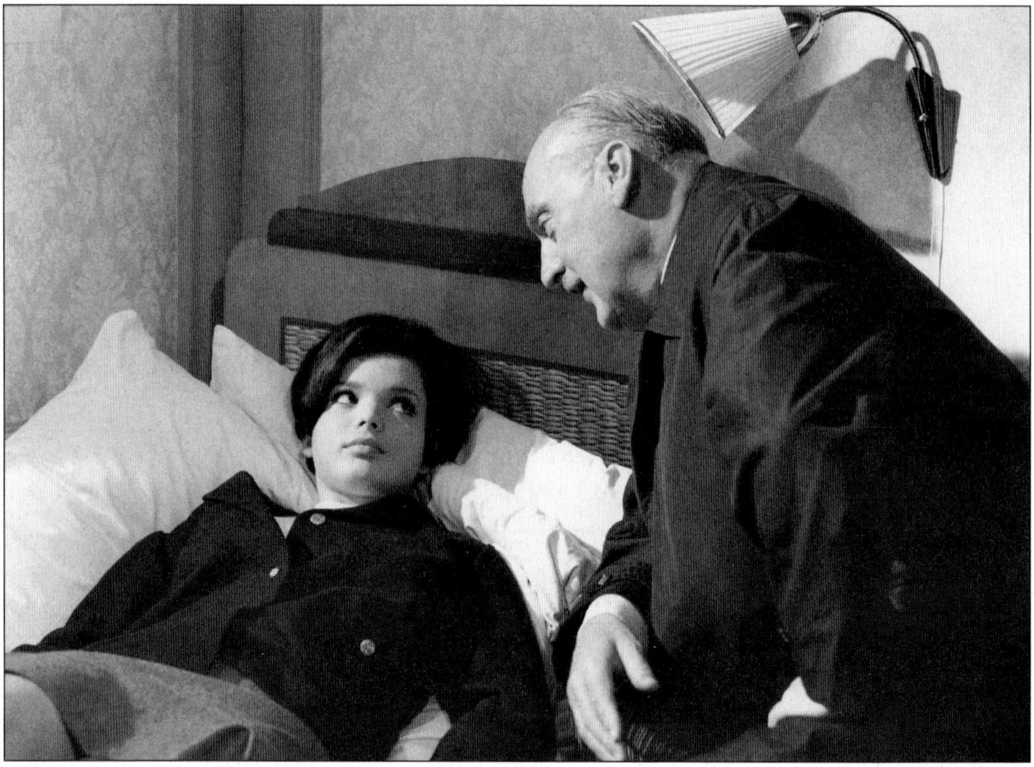

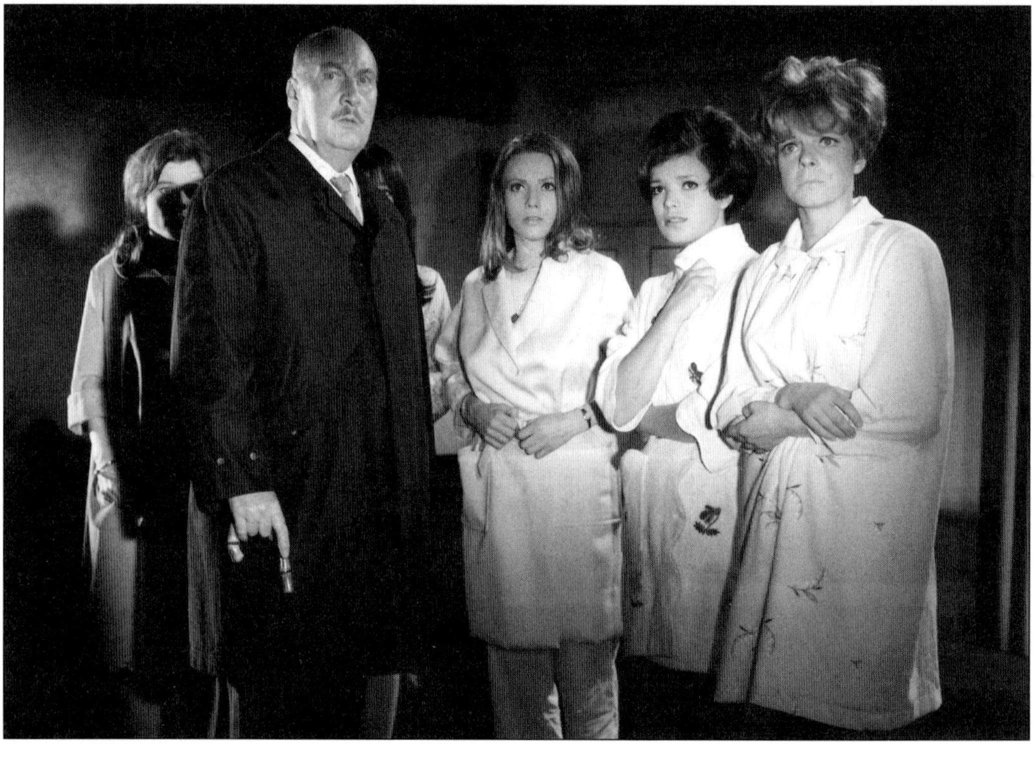

»Der Mönch mit der Peitsche«. Linke Seite: Oben: Zur Sache, Schätzchen: Sir John beim
psychologischen Verhör (mit Uschi Glas) Unten: Die Damen haben den Mönch gesehen!
Diese Seite: Der Mönch mit der Peitsche und der Mann von Scotland Yard (Joachim Fuchsberger)

Plakaten erscheint sein Name in gleicher Größe wie der von Hauptdarsteller Joachim Fuchsberger, und im Vorspann des Films erhält er einen Einzeltitel (»... und Siegfried Schürenberg«) – eine besondere Auszeichnung für den Sir-John-Darsteller. Er ist inzwischen zu einem der wichtigsten Protagonisten der Serie aufgestiegen, auch wenn er, wie wir noch sehen werden, nicht unverzichtbar ist.

Seit der Komiker Eddi Arent innerhalb der Serie – beginnend mit »Der Hexer« – zunehmend ernstere Rollen übernommen hatte, verlagerten sich die komischen Anteile der Filme auf Siegfried Schürenberg. Sir John ist auf dem Gipfel seines Ruhms.

Auch Ursula Glas ist inzwischen ein Star. Mit ihr und Joachim Fuchsberger stehen Grit Böttcher, Konrad Georg, Harry Riebauer, Tilly Lauenstein, Ilse Pagé und Siegfried Rauch vor der Kamera. Nach der Premiere am 11. August 1967 liest man in »Film-Echo«/»Filmwoche« die mittlerweile obligate positive Kritik:

Eine Reihe geheimnisvoller Morde dienen einem Erbschleicher als Ablenkungsmanöver für seinen eigentlichen Coup: seine junge Verwandte vor Erreichung ihrer Volljährigkeit zu töten, um als legitimer Nachfolger in den Besitz ihrer Millionen zu gelangen. Der

»Der Mönch mit der Peitsche«. Leichenfund im Internat!

teuflische Plan, dem zwei Wissenschaftler (die für den in den Kellergewölben einer alten Villa residierenden »Chef« ein geruchloses Gas entwickeln mussten) sowie Schülerin und Personal eines Mädcheninternats zum Opfer fallen, wird jedoch von dem wackeren Inspektor in allerletzter Minute vereitelt. Bis zu dem Augenblick, da der Goldfisch (Ursula Glas) endlich einer ruhigeren Zukunft entgegenschwimmen kann, darf sich der Zuschauer – neben seinen Verdächtigungsmutmaßungen – über englische Internate wundern und um das Leben

»Der Mönch mit der Peitsche«.
Von oben links nach unten:
- Sir John klärt Higgins über die Möglichkeiten der Psychologie auf
- Wir sind bestimmt unschuldig!
- Higgins kommt zu spät

»Der Mönch mit der Peitsche«.
Von oben nach unten rechts:
- *Higgins stellt den Chauffeur*
- *Flirten statt Fakten*
- *Kurz vor der Entlarvung des Verbrechers*
- *Diese drei haben das Filmende hinter sich*
- *Uschi Glas, Schürenberg, Fuchsberger*

der unschuldigen Dinger zittern. Vor allem Grit Böttcher, die für vorzügliche Panikstimmung sorgt, würde man in diesem Zusammenhang einen besseren Fluchterfolg wünschen. Tilly Lauenstein sorgt nicht nur für Überraschungen bei der Demaskierung des peitschenknallenden Kuttenphantoms, sie bringt auch die Zwielichtigkeit der Internatsleiterin überzeugend ins Spiel. Neben Konrad Georg in der Rolle eines »gefallenen Lehrers« überzeugt vor allem Siegfried Rauch als der kleine Gauner, der sich wider Willen als Mordbube dingen lässt. Den Routine-Wallace hat Alfred Vohrer zwar nicht mit ausgefallenen Regieeinfällen bereichert, doch hält er das obligatorische Gruselgeschehen so weit in Schwung, dass man sich gut unterhält.

»Der Mönch mit der Peitsche«.
Oben links: Niemals kopflos:
Wallace-Stammregisseur Alfred Vohrer
Oben: Zwei, die am gleichen
Strang ziehen

Schürenberg ist mit sich und der Welt im Reinen. So wirkt er auf seine Umwelt. Ein älterer Herr, der viel erlebt haben mag. Immer etwas distanziert, aber immer auch freundlich, ohne Allüren, nie polternd, nur manchmal grummelnd, wenn ihm die Dummheit der Welt allzu sehr auf die Nerven geht.

Manchmal – nach Schluss der Dreharbeiten in den Berliner CCC-Studios – macht sich dieser soignierte Herr auf den Weg. Bewaffnet mit einer Flasche Wein, fährt er zum Friedhof am Halleschen Tor und besucht das Mausoleum, in dem seine Eltern beigesetzt sind. Er lässt sich nieder und trinkt andachtsvoll den edlen Tropfen. Nach einer Weile geht er wieder und denkt: »Zum Glück kann ich noch wieder raus!«

Zum Jubiläum: Pensionierung auf Widerruf

18. Januar 1968, Mathäser-Filmpalast in München. Für Rialto-Chef Horst Wendlandt ein Tag zum Feiern. Der 25. Edgar-Wallace-Film erlebt seine glanzvolle Premiere. Titel des neuen Streifens: »Der Hund von Blackwood Castle«. Alfred Vohrer inszenierte nach einem Buch von Herbert Reinecker. Zu den Protagonisten zählen Heinz Drache als Kommissar vom Dienst, Karin Baal, Horst Tappert, Agnes Windeck und Hans Söhnker. Nicht dabei Klaus Kinski und Eddi Arent. Schürenberg darf sich dagegen über eine umfangreiche Rolle freuen.

»Noch nie«, so feiert der »Kino-Dienst« das Ereignis, »hat es im deutschen Film eine solche Erfolgsserie gegeben. Seit 1958/59 produziert die Rialto-Film Wallace-Filme. Gemeinsam mit Constantin-Film wurde eine Wertmarke entwickelt. Bei Wendlandts Wallace-Krimis hat sich Constantins Haus-Slogan ›Was Constantin bringt, kommt an aufs Beste‹ bestätigt.«

Tatsächlich hat Edgar Wallace weder zu Lebzeiten noch nach seinem Tod in seiner Heimat die Erfolgszahlen erzielt, die ihm deutsche Verleger einbrachten. Wendlandts Filme sicherten seinen Erben einen unerwarteten Geldsegen. An-

»Der Hund von Blackwood Castle«:
Ilse Pagé, Schürenberg
und Alexander Engel

Rechte Seite: Nächtliche Ermittlungen
im Wald von Blackwood Castle

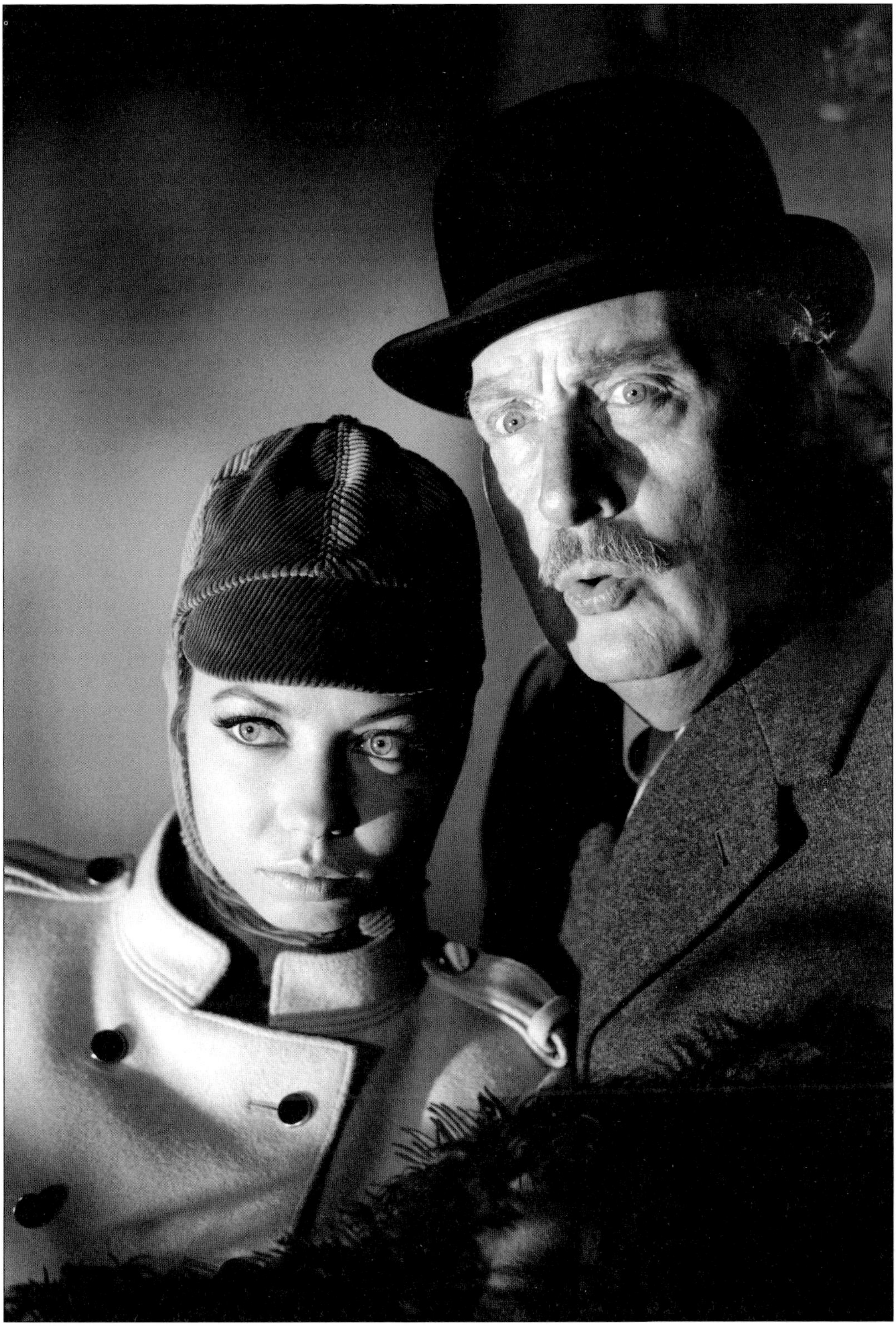

lässlich des Jubiläumsfilms legte der Constantin-Verleih eine beeindruckende Erfolgsbilanz vor:

- 72 Millionen Kinobesucher in Deutschland;
- 120 Millionen DM Brutto-Kassenumsatz in Deutschland;
- 12 Millionen DM Erlös durch Auslandsverkäufe.

Für die einzelnen Filme stellte man folgende Rechnung auf:
- Die Durchschnittsdrehzeit pro Film betrug 32 Tage.
- Die Herstellungskosten pro Film betrugen im Schnitt 1,4 Millionen DM.
- Die Besucher pro Film betrugen in Deutschland im Schnitt 3 Millionen.
- Der Brutto-Kassenumsatz pro Film betrug in Deutschland im Schnitt 5 Millionen DM.
- Auslandserlöse brachte jeder Film im Schnitt rund 500.000 DM.

In dem Jubiläums-Wallace bekommt Schürenberg seine größte Rolle innerhalb der Serie. Er kann sich als Scotland-Yard-Chef voll ausleben, denn es gibt diesmal keinen Inspektor. Auf Verbrecherjagd geht er mit leerer Pistole. Seine besorgte

»Der Hund von Blackwood Castle«.
Von oben links nach unten rechts:
- *»Toten sollte man ihre Ruhe lassen«, meint Sir John*
- *Im »Old Inn« trifft Sir John alte Bekannte*
- *Sir John erschreckt Miss Finley mit einem Mord auf seinem Schreibtisch*
- *Sir Johns Schüsse gehen garantiert ins Leere*

Sekretärin hat die Patronen vorsichtshalber entfernt, was sich allerdings für die Aufklärung des Falles als außerordentlich hilfreich erweist.

Für die Außenaufnahmen zieht der Drehstab von den CCC-Studios in Spandau zur Pfaueninsel im Wannsee um. Es ist ein ungemütlicher Herbsttag, vorzüglich geeignet für echte Wallace-Stimmung. Ein Fahrer bringt in der Mittagspause die Gulaschkanone, die mit der Fähre zur Insel hinübertransportiert wird. Alle lassen es sich schmecken, auch Schürenberg.

»Der Hund von Blackwood Castle«.
Von oben links nach unten rechts:
- Artur Binder, Agnes Windeck, Ilse Pagé, Schürenberg und Karin Baal (v. l. n. r.)
- *Wann sagt der Regisseur denn endlich »Action!«?*
- *»Miss Finley, bitte zum Diktat!«*
- *Doc Adams sucht die Diamanten*

Allerdings hat die Mahlzeit eine durchschlagende Wirkung, so dass die Dreharbeiten unterbrochen werden müssen. Auf der Insel, so stellt sich heraus, gibt es nicht einmal Toiletten. Nach der Premiere will Schürenberg die Gunst der Stunde nutzen. Er spielt praktisch eine Hauptrolle – dafür verlangt er vom Produzenten eine höhere Gage. Doch Wendlandt ist ein kühler Rechner. Er lehnt ab, und da auch Schürenberg ein Dickschädel von Format ist, wird seine Rolle im nächsten Wallace-Streifen, »Im Banne des Unheimlichen«, umbesetzt. Der neue Chef von Scotland Yard heißt – von heute auf morgen – Hubert von Meyerinck.

Schürenberg hätte sich wohl selbst kaum träumen lassen, dass der Sturz vom Schauspieler-Olymp so schnell erfolgen kann. Später stellte er die entscheidende Unterredung mit Wendlandt so dar:

»Ich stand mit Wendlandt immer sehr gut. Ich habe nachher nur abgebrochen. Ich sagte: ›Jetzt habe ich so viele Filme gemacht, nun möchte ich mal eine Erhöhung haben.‹ – ›Ja, ja, aber doch nicht jetzt‹, hat Wendlandt gesagt. Ich erwiderte: ›Nicht jetzt, aber beim nächsten Film!‹ – ›Sei doch vernünftig!‹ – ›Ich will aber nicht mehr vernünftig sein. Ich habe jetzt genug!‹ Und so kamen wir auseinander. Heinz Drache meinte

»Der Hund von Blackwood Castle«. Unten: Freude über den 25. Wallace-Film: Agnes Windeck, Ilse Pagé, Schürenberg

Rechte Seite: Die Letzte macht das Licht aus: Uta Levka

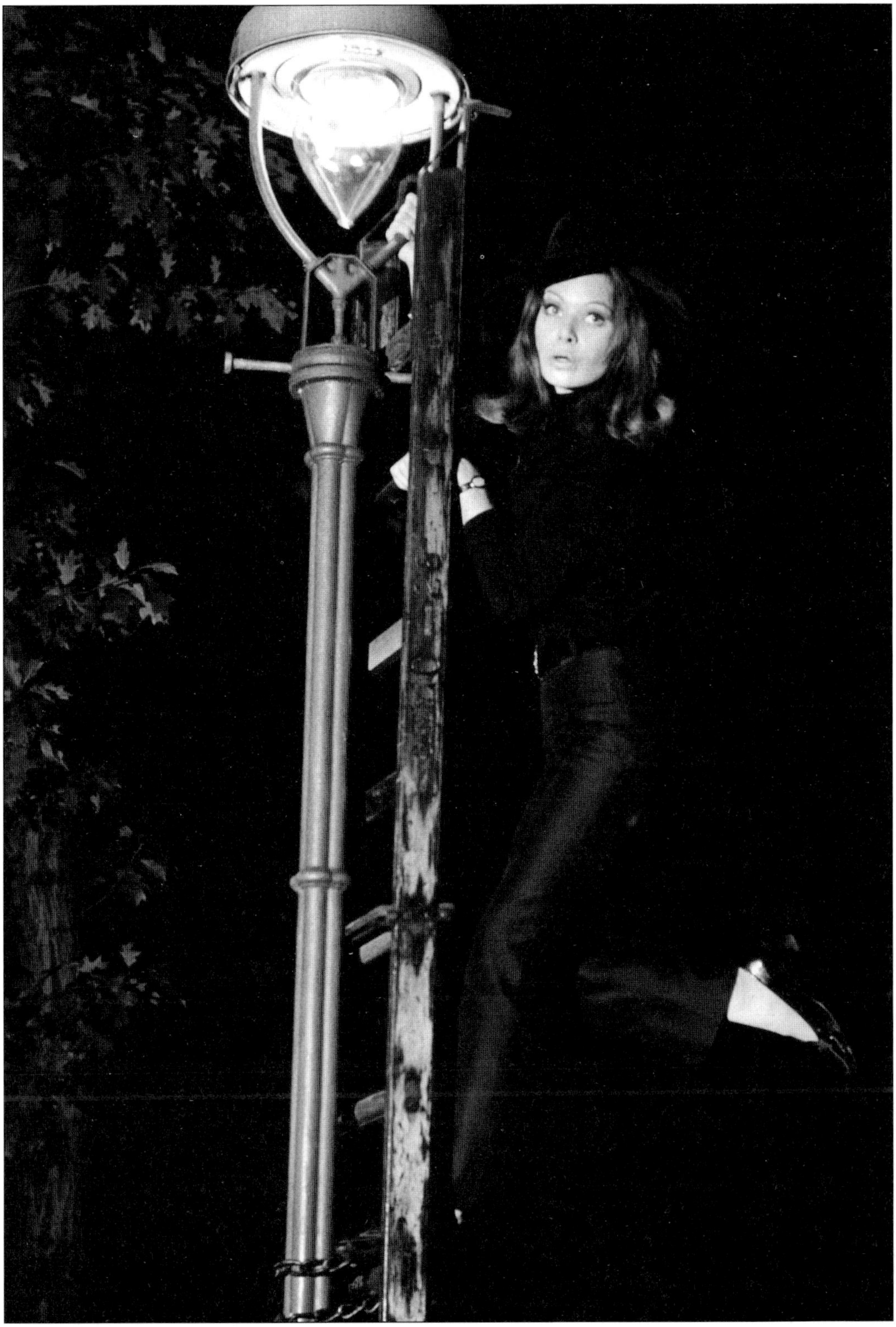

*»Der Hund von Blackwood Castle«.
Von oben links nach unten:*
- *Gefährliches Schach: Alexander Engel, Tilo von Berlepsch*
- *Agnes Windeck wartet vor dem »Old Inn«*
- *Uta Levka und Harry Wüstenhagen in Gefahr*

dann zu mir: ›Ich wette mit dir um eine Flasche Cognac, er wird dich wiederholen.‹ Ich entgegnete: ›Nein, das wird er nicht!‹ Es war ja lächerlich, ich wollte ja nicht 20.000 Mark mehr haben. Und er ist nicht gekommen. Später hat er mich wieder zu sich eingeladen, zum Silvesterball oder so was. Da bin ich dann nicht hingegangen, was er mir wohl sehr übel genommen hat.«

Der Nachfolger von Sir John heißt Sir Arthur. Er macht die gleiche Arbeit, aber er macht sie hektischer als der Vorgänger.

Schließlich ist Hubert von Meyerinck bekannt für betriebsame Geschäftigkeit, die in der Regel zu nichts führt. »Hubsi« ist ein Vollprofi. Gekonnt sorgt er für Lacher. Doch er hat einen schweren Stand gegen seinen Vorgänger. Es ist immer problematisch, gegen eine Rolle anspielen zu müssen, die in den Köpfen der Zuschauer bereits besetzt ist. Letztlich scheitert Meyerinck daran. Doch die Serie hat ohnehin ihren Zenit überschritten. Vielleicht ist es ein Glück, dass Schürenberg das Ende nicht mehr erleben muss.

»Das ist Privatsache!«

Schürenbergs Arbeit in den sechziger Jahren wird beherrscht von Edgar Wallace – mit Sir John hat er die Rolle seines Lebens gefunden, die ihm große Bekanntheit verschafft, ihn beim Publikum populär macht und sein Image dauerhaft prägen wird.

Andererseits: Es ist keineswegs so, dass er nun täglich als Chefinspektor durchs Leben schreitet. Sein Drehpensum bei den Wallace-Filmen konzentriert sich jeweils auf wenige Tage oder Wochen. Arbeitsmäßig ist er bei weitem nicht ausgelastet. So ist es nur natürlich, dass er sich neben seiner Tätigkeit

Unten: Produzent Wendlandt mit seinem Sohn Matthias vor seiner Villa am Wannsee

Portrait aus »Der unheimliche Mönch«

Rechte Seite: Völlig seriös in »Das älteste Gewerbe der Welt«

für Rialto-Boss Horst Wendlandt auch nach anderen Beschäftigungsmöglichkeiten umsieht.

Das aufstrebende Fernsehen allerdings ist ihm verhasst. Dies ist nicht seine Welt. Zwar steht er in der ersten Hälfte der sechziger Jahre für vier Fernsehspiele vor der Kamera, doch obwohl er mit erstklassigen Kollegen und Regisseuren zusammenarbeitet und auch die Drehbücher manche seiner Filmwerke deutlich in den Schatten stellen, bleibt ihm das neue Medium fremd. Nie wieder wird er nach diesen tastenden Versuchen vor einer TV-Kamera stehen.

Was ihn indes weiterhin ausfüllt, ist seine Tätigkeit als Synchronsprecher und – mit Einschränkungen – beim Rundfunk. Die Synchronisation ist als Brot- und Buttergeschäft eine Einnahmequelle, auf die er sich verlassen kann, auch wenn einmal kein Filmengagement vor der Tür steht. Auf diese Weise kommt er auch in Kontakt mit Rialtos zweiter Erfolgsserie neben Edgar Wallace: Karl May. Die Karl-May-Filme mit Lex Barker als Old Shatterhand und Pierre Brice als Winnetou sind die Kassenknüller der ersten Hälfte der sechziger Jahre. Für einen Typ wie Schürenberg gibt es in ihnen keine Rolle – aber: eine Stimme. In zwei Filmen der Serie leiht er sein wohltönendes Organ dem italienischen Schauspieler Renato Baldini, der 1964 in »Winnetou 2. Teil« einen Offizier und in »Unter Geiern« einen Richter spielt. Beides sind Charaktere, die Schürenberg aus früheren Rollen durchaus vertraut sind.

Ein besonderes Erlebnis stellt für ihn die Synchronarbeit zu dem Walt-Disney-Film »Das Dschungelbuch« dar. Schürenberg spricht darin – in »kongenialer Weise«, wie ein Kritiker registriert – den Bösewicht in Gestalt des Tigers Shir Khan und jagt mit seiner bedrohlichen Stimme den jungen Kinobesuchern Angstschauer über den Rücken. Der Film wird ein Bombenerfolg. Eine Hörspielfassung erscheint als Schallplatte. Nicht weniger erfolgreich laufen in den deutschen Kinos die Abenteuer des Comic-Helden Asterix. Auch hier kann man Schürenberg in zwei Folgen mit seiner kultivierten und energischen Stimme hören, und zwar in der Rolle als römischer Feldherr Julius Caesar.

Von seinem Privatleben lässt der Mime nur wenig nach außen dringen. Schon seine Haltung wirkt auf Außenstehende unnahbar. Aber auch Kollegen gewinnen nur selten engeren Kontakt zu dem immer distanziert wirkenden Schürenberg. Kaum einer, der wirklich sagen könnte, wie es hinter der undurchdringlich erscheinenden Fassade wirklich aussieht. Im Gegensatz zu seinen Rollen ist der Schauspieler sehr zurückhaltend, still und wirkt bisweilen sogar scheu.

1966 ereignet sich für Schürenberg eine private Katastrophe. Sein zweiter Sohn Andreas stirbt mit nur 29 Jahren nach einem Selbstmordversuch. Der junge Mann war in die

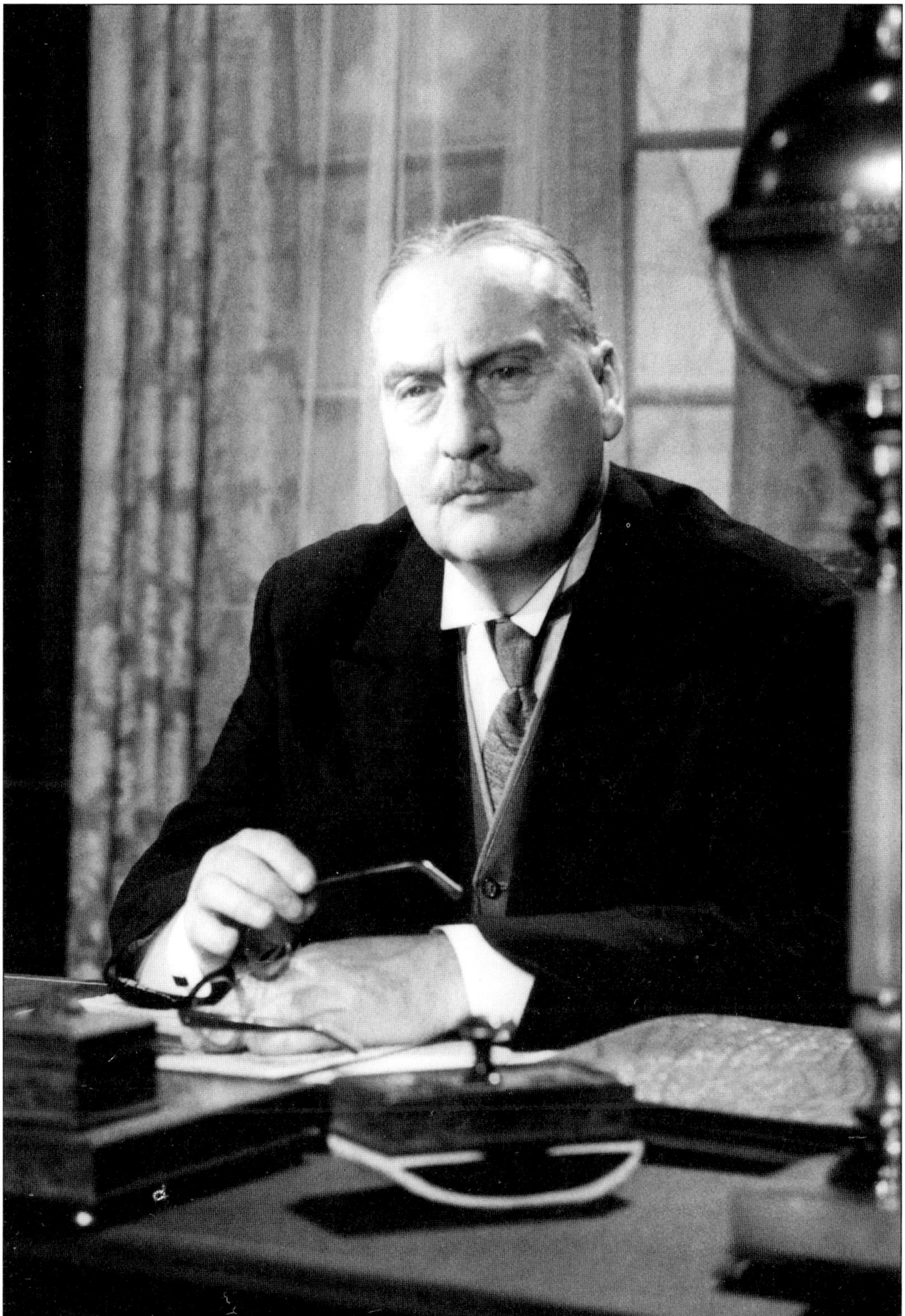

Fußstapfen des Vaters getreten und ebenfalls Schauspieler geworden. 1958 stand er in dem Film »Endstation Liebe« erstmals vor der Kamera. 1960 stand er unter dem Namen Andreas York in Gelsenkirchen erstmals auf der Bühne. Monika Peitsch, die gemeinsam mit ihm die Schauspielschule besuchte, erinnert sich: »Er war von uns allen der Beste, sehr begabt und gut aussehend. Wir waren damals alle überzeugt, dass er eine große Karriere machen würde. Als wir von seinem plötzlichen Freitod hörten, war das für uns ein riesiger Schock!«

Von Schürenberg ist kein einziges Wort über das Ereignis zu hören. Selbst seinem langjährigen Produzenten Horst Wendlandt, der mit einem russischen Erbteil durchaus einen Hang zur Leutseligkeit hat, gelingt es nicht, die Barriere zu überwinden. Wendlandt erinnert sich: »Er war der einzige Schauspieler, mit dem ich nicht per Du war. Als ich von dem Selbstmord seines Sohnes hörte und ihn darauf ansprach, sagte er nur knapp: ›Herr Wendlandt, das ist Privatsache!‹«

Besonders schwer haben es Journalisten mit ihm. Er ist alles andere als ein dankbarer Interviewpartner. Die meisten Fragesteller beißen bei ihm auf Granit. Oberflächliche Beobachter könnten meinen, es handele sich um Starallüren eines alten Mannes. Tatsächlich aber ist es nur Selbstschutz – der so rau und grantig wirkende Schürenberg fürchtet sich vor allzu großer Nähe. Es bedarf großer Vertrautheit, wenn er es jemandem gestattet, einen kleinen Blick in sein Innerstes zu werfen. Journalisten scheitern meist, wie der folgende Mitschitt eines Gesprächsversuchs dokumentiert:

Reporter: Ich lösche jetzt das Band!
Schürenberg: Nein, erst wenn Sie ausschalten, spreche ich!
Reporter: Das Band ist jetzt gelöscht.
Schürenberg: Nein, nein, ich traue Ihnen nicht. Für Sie gibt es doch als Reporter nichts Schöneres, als irgendeine Sache zu kriegen, wo ich den Mund aufmache und Dinge sage, die sonst kein Mensch sagt!
Reporter: Die Kassette läuft jetzt, wir fangen von Anfang an, so wird das Alte automatisch gelöscht.
Schürenberg: Sie können mir viel erzählen, nichts davon glaub ich.
Reporter: Was ist denn da noch an Filmen gewesen? »Fahrt ins Leben«?
Schürenberg: Keine Ahnung!
Reporter: »Der grüne Kaiser«?
Schürenberg: Keine Ahnung!
Reporter: Mit Gustav Diessl?
Schürenberg: Nichts weiß ich!
Reporter: Im Ernst?

Schürenberg: Nein, wirklich nicht, Sie können mich totschlagen. Ich mag mich auch selbst nicht sehen! Sonst sagen Sie doch, der Schürenberg ist so ein eitler Mensch, dass er sich weder hören noch sehen mag, das ist doch sehr schön!
Reporter: Die Hörer wollen doch wenigstens wissen, wo Siegfried Schürenberg geboren ist.
Schürenberg: Meinen Sie die direkte Geburt?
Reporter: (ratloses Schweigen)

Der Schauspieler, der in seinem siebten Lebensjahrzehnt steht, entwickelt eine auffällige Unruhe. Immer wieder zieht er in den sechziger Jahren um. 1966 kommt es zu der größten Veränderung: Von Berlin-Dahlem zieht er ins schweizerische Tessin, eine Gegend, in der sich zahlreiche Deutsche, die es sich leisten können, niedergelassen haben. In dem Dorf Bosco bei Lugano hat er ein Haus erworben inklusive eines 112 Quadratmeter großen Gemüsegärtchens. »Ich habe das Haus praktisch als Ruine gekauft und wie ein Denkmalpfleger ausgebaut«, berichtet er stolz.

In Lugano bekommt er eines Tages Besuch aus Berlin. Produzent Artur Brauner steht vor der Tür. Der CCC-Chef will ihn gern für sein Filmprojekt »Lange Beine – lange Finger« engagieren, in dem Senta Berger und Martin Held die Haupt-

Schwere Zeiten für Oberstudiendirektor Schürenberg: Schülerin »Herzblatt« (Mascha Gonska) will nicht einsehen, dass ein BH für den Unterricht nötig ist. Szene aus »Herzblatt oder Wie sag ich's meiner Tochter?«

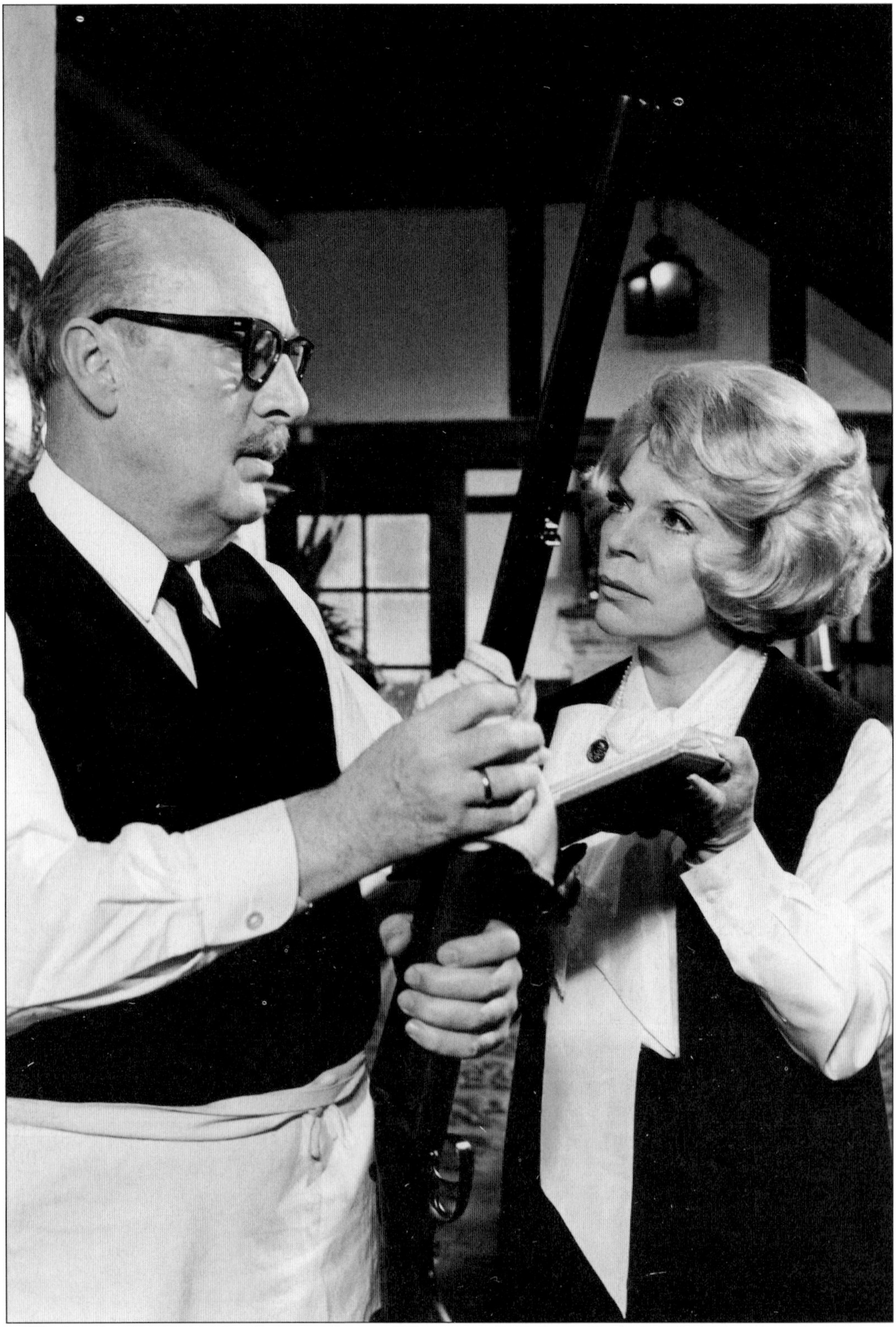

rollen spielen. Schürenberg hatte vorab als Gage 15.000 DM gefordert. Brauner möchte ihn gern davon abbringen. Schürenberg lässt nicht locker – dass sei sein ganz normaler Pauschalsatz. Doch bei dem sparsamen Brauner beißt er auf Granit. Die Rolle des Sir Hammond bekommt schließlich der englische Schauspieler James Robertson-Justice.

Nach nur drei Jahren verkauft Schürenberg sein Anwesen wieder und zieht ins badische Murgtal nach Bermersbach. Im Tessin war es ihm zu laut und zu hektisch. Von seiner neuen Heimat ist er dagegen begeistert: »Hier habe ich alles, was ich brauche: Ruhe, Luft, Schönheit, Wege und Wälder.« Über einen Makler besichtigt er ein leer stehendes Haus, das nur von einer Katze bewohnt wird. Kurz entschlossen erwirbt Schürenberg das Anwesen, macht aber mit einem Anflug von Schalk die Bedingung: »Nur mit Katze!« So kommt es, dass der besorgte Makler das Tier so lange füttert und umsorgt, bis der Kaufvertrag unterzeichnet ist.

Schürenberg liebt die Natur. Sein Garten ist für ihn eine Kraftquelle. Im Grunde ist er ein verhinderter Biologe. Darüber hinaus ist er Mitglied ornithologischer Gesellschaften, korrespondiert mit zahlreichen Vogelliebhabern und züchtet australische Sittiche und Prachtfinken. »Die Berührung mit der Natur«, so gesteht er einmal, »ist für mich das Schönste, was ich mir vorstellen kann.«

In der zweiten Hälfte der sechziger Jahre ebbt die Wallace-Welle ab. Weniger Engagements bedeutet das für Schürenberg indes einstweilen nicht. Immer kurzatmiger versucht das deutsche Kino, die Zuschauer mit neuen Themen zu ködern. Genau genommen müsste man sagen: Es sind die ewig alten Themen, die in neuer – und meist schlechterer Zubereitung – wiederkehren: Musikfilme, Paukerfilme, schließlich erotische Komödien. An all dem ist Schürenberg beteiligt. Ob es ihm Spaß macht oder ob allein die Gage zählt – darüber verliert er kein Wort.

1966 wagt sich Rialto-Chef Wendlandt in neue Gefilde. Es ist ihm gelungen, den amerikanischen Kurvenstar Raquel Welch zu verpflichten, der zu der Zeit hoch im Kurs steht. Das Busenwunder gehört zu den Stars des Episodenfilms »Das älteste Gewerbe der Welt«, der in einer internationalen Koproduktion entsteht. In der deutschen Episode – unter der Regie von Michael Pfleghar – verführt die lustvolle Lady als »Fräulein Nini« einen leicht trotteligen Bankdirektor in Gestalt von Martin Held. Schürenberg spielt seinen Bruder – und darf, im Gegensatz zu Held, sämtliche Kleidungsstücke anbehalten.

1969 hat ihn die populäre Serie der Paukerfilme eingeholt. »Klassenkeile« heißt die Routineproduktion, die von der Rialto hergestellt wird und in der Uschi Glas die Hauptrolle

Linke Seite: Mit Tilly Lauenstein in »Das gelbe Haus am Pinnasberg«

spielt. Wallace-Regisseur Franz-Josef Gottlieb (»Die Gruft mit dem Rätselschloss«) führt Regie. Für zwei weitere Filme aus dem gleichen Genre verpflichtet ihn 1970 der Österreicher Karl Spiehs mit seiner Lisa-Film. In »Musik, Musik, da wackelt die Penne« darf er als Erziehungsminister erscheinen. Zu den Darstellern zählen der populäre »Lümmel«-Darsteller Hansi Kraus, Chris Roberts und Gunther Philipp, Regie führt der österreichische Altmeister Franz Antel. Der andere Streifen heißt »Unsere Pauker gehen in die Luft«, inszeniert von Harald Vock, mit den Darstellern Georg Thomalla, Wencke Myhre und abermals Chris Roberts. Produzent Spiehs engagiert ihn im gleichen Jahr noch für ein weiteres Fließbandprodukt: »Wer zuletzt lacht, lacht am besten« kombiniert die »Bravo«-Idole Uschi Glas und Roy Black mit Theo Lingen und Eddi Arent – Komikern, die in diesem Filmgenre weit unterfordert sind. Regisseur ist Harald Reinl, der Altmeister der Karl-May-Verfilmungen.

Gemeinsam mit seinem geschätzten Wallace-Regisseur Alfred Vohrer wagt Schürenberg sich 1969 auch zweimal auf das Gebiet des Sex-Lustspiels. Federführend ist beide Male der Münchener Produzent Luggi Waldleitner, ein Spezi von Franz-Josef Strauss, mit seiner Roxy-Film. Der erste Film heißt »Herzblatt oder Wie sag ich's meiner Tochter?« Ein Vater, gespielt von Georg Thomalla, kommt in arge Schwierigkeiten, als er sein 16-jähriges Töchterlein aufklären soll. Schürenberg verkörpert einen Schuldirektor, für ihn geradezu eine Paraderolle, die er mit links absolviert. Dass der Film in den Kinos reüssiert, ist vor allem das Verdienst der appetitlichen Mascha Gonska, die anschließend eine beachtliche Karriere macht.

Kurz darauf trifft sich das gleiche Team (beteiligt ist auch Ernst W. Kalinke, renommierter Kameramann der Wallace- und Karl-May-Filme) zu den Aufnahmen für »Das gelbe Haus am Pinnasberg«. Die Geschichte ist weit weniger dezent: Es geht um ein Bordell, in dem männliche Angestellte einer finanzkräftigen weiblichen Kundschaft zu Diensten stehen. Für Schürenberg ist der Film dennoch erwähnenswert: Erstmals nach langer Zeit spielt er – als Chef des Etablissements – wieder eine Hauptrolle. Er verheiratet seine Tochter glücklich mit einem ehemaligen Angestellten des Unternehmens und verkauft das Haus anschließend – gerade rechtzeitig, bevor es buchstäblich zusammenbricht. Fazit: So war er, der deutsche Film der sechziger und siebziger Jahre.

In dem 1969 gedrehten Wolfgang-Staudte-Film »Die Herren mit der weißen Weste« spielt Schürenberg den Kommissar Berg, der deutliche Anklänge an Sir John aufweist. Der Film – abermals heißt der Produzent Rialto – setzt sich wohltuend von der Masse der bescheidenen Produktionen

Während der Premierenfeier zu »Herzblatt oder Wie sag ich's meiner Tochter?«: Schürenberg im Gespräch mit Regisseur Vohrer (M.)

jener Jahre ab. Ein pensionierter Oberlandesgerichtsrat, gespielt von Martin Held, erfüllt sich einen Wunsch, indem er – etwas außerhalb der Legalität – einen raffinierten Ganoven zur Strecke bringt, den er während seiner Dienstzeit nie dingfest machen konnte. Zu der spielfreudigen Darstellerriege zählen weiterhin Mario Adorf, Walter Giller, Hannelore Elsner und Heinz Erhardt.

Einige Szenen des Films werden in Berlin auf dem Flughafen Tempelhof gedreht. Es ist kurz vor Weihnachten, Schürenberg ist unkonzentriert. Er muss noch Einkäufe erledigen, alles dauert ihm zu lange, er hat doch nur einen einzigen Satz zu »spielen«. Die Aufnahmen ziehen sich hin, ein Kleinkind spielt mit, das Heinz Erhardt auf dem Rücken zu transportieren hat, was weitere Verzögerungen bedeutet. Schließlich platzt dem sonst so gelassenen Schürenberg der Kragen: Wutschnaubend verlässt er den Drehort. Der Aufnahmeleiter ist entsetzt – die Szene ist noch nicht im Kasten. Regisseur Staudte jedoch, ein alter Routinier, verliert nicht die Ruhe: »Keine Sorge, der kommt wieder. Erstens ist es draußen bitterkalt, und zweitens kriegt er kein Taxi!« Der Menschenkenner behielt Recht. Wenige Minuten später drehte Schürenberg seinen Satz ab.

Das Ende einer Serie

Edgar Wallace hatte Horst Wendlandt, den Berliner Produzenten, reich gemacht. Die Filmrechte an den Krimis des britischen Autors waren gleichbedeutend mit einer Lizenz zum Gelddrucken. Doch hat es im Filmgeschäft bisher noch keine Serie gegeben, die ewig dauerte (James Bond mag als Ausnahme durchgehen, die die Regel bestätigt). Wendlandt konnte das Ende noch für einige Zeit hinauszögern, indem er die ur-

Die Tote aus der Themse wird identifiziert

Immer elegant! Sir John macht sich fein für den Pressetermin

sprünglichen Schwarzweißproduktionen auf Farbe umstellte, teure Stars einkaufte und den Weg internationaler Koproduktionen beschritt. Doch der Geschmack des Publikums hatte sich gewandelt, und der Produzent war zu sehr Geschäftsmann, als dass er sich nostalgischen Gefühlen hingegeben hätte. Ihm war klar: Die große Zeit der Wallace-Filme war vorbei.

1969 lief die Produktionsplanung noch auf Hochtouren. Rialto-Film kündigte drei neue Wallace-Filme an: »Das Geheimnis der grünen Stecknadel«, »Der leuchtende Schlüssel« und »Der Engel des Schreckens«. In allen drei Produktionen sollte Schürenberg den Sir John spielen.

Als sich allerdings zeigte, dass die beiden letzten Wallace-Filme »Der Mann mit dem Glasauge« und »Das Gesicht im Dunkeln« nur mit bescheidenen Einspielergebnissen aufwarten konnten, stoppte Wendlandt die Planung. 1970 erschien kein einziger Wallace-Film auf dem Markt.

Erst 1971 versucht der Produzent einen neuen Anlauf. Der geplante »Engel des Schreckens« wird jetzt als »Die Tote aus der Themse« realisiert. »Das Geheimnis der grünen Stecknadel« wird auf 1972 verschoben und dann als deutsch-italienische Koproduktion realisiert. Das Filmvorhaben »Der leuchtende Schlüssel« schließlich wird ganz fallen gelassen.

»Die Tote aus der Themse« wird somit die einzige Wallace-Produktion der Rialto im Jahr 1971. Nichts zeigt die Krise deutlicher als die dünne Handlung, die ebenfalls in der Themse ertrunken zu sein scheint.

Harald Philipp, völlig ohne Wallace-Erfahrung, inszeniert den Film in Berlin und London. An der Spitze der Besetzungsliste stehen Hansjörg Felmy als Kommissar und Wendlandts derzeitiger Lieblingsstar Uschi Glas. Für Schürenberg sollte

»Die Tote aus der Themse«.
Von oben links nach unten:
- *Sir John wundert sich*
- *Sir John beaufsichtigt die Vernichtung des Rauschgifts*
- *Schürenberg, Uschi Glas, Hansjörg Felmy und Werner Peters (v.l.n.r.)*

Rechte Seite: Ungewohnte Rolle: Sir John in Handschellen (mit Petra Schürmann)

dies sein dreizehnter und gleichzeitig letzter Auftritt als Sir John werden.

Am 11. Januar 1971 beginnen in Berlin die Dreharbeiten. Weil Wendlandt sparen will, hat er auf Studioaufnahmen, die traditionell immer in den CCC-Ateliers in Spandau stattfanden, verzichtet. Alle Aufnahmen finden diesmal an Originalmotiven statt. Für das Büro von Sir John hat man einen besonderen Ort gewählt: Es handelt sich um das Chefzimmer seines Produzenten in den Räumen der Rialto-Film in der Bismarckstraße 108. So weit hat es Sir John immerhin gebracht!

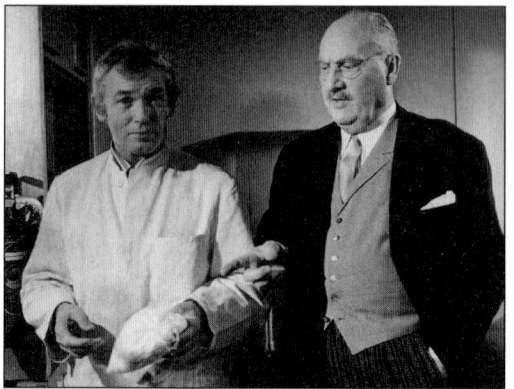

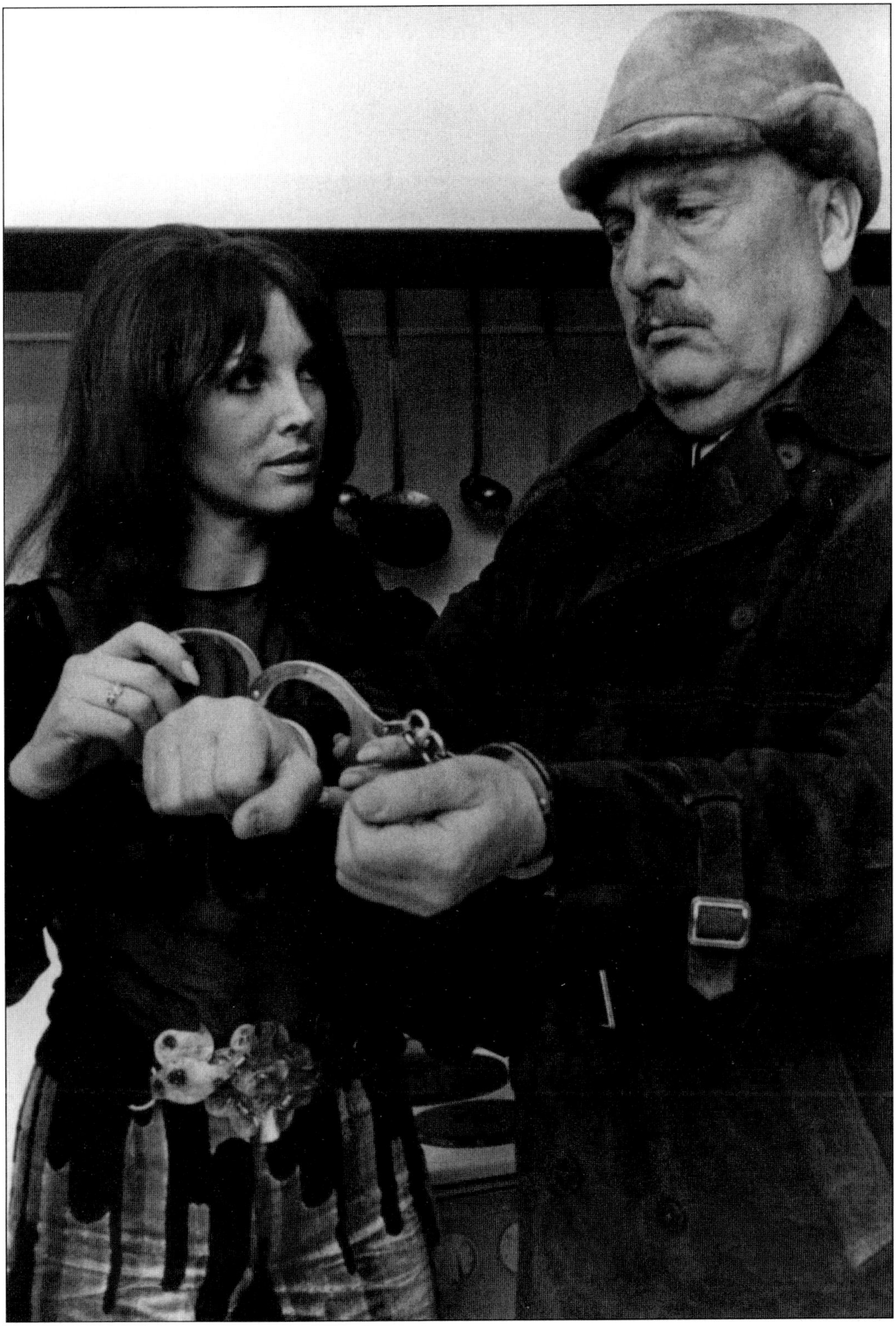

Aus Anlass des Drehbeginns zu »Die Tote aus der Themse« erscheint am 17. Januar 1971 ein Interview mit Siegfried Schürenberg in der »Berliner Morgenpost«. Darin bekennt er: »Nach rund 10 Jahren ist mir die Rolle ans Herz gewachsen. Alle anderen« – er rückt seinen Schlips zurecht, der bei Sir John immer korrekt sitzen muss – »lenken irgendwann den Verdacht auf sich, ich – nie!«

Gefragt, ob er denn auch privat Kriminalromane lese, antwortet er: »Nein, es sei denn, sie stammen von Edgar Allan Poe. Die kann ich fast auswendig!« Aber auch im Kino oder Fernsehen führe er sich keine Krimis zu Gemüte – er mache ja schließlich welche, das muss genügen. Seine lakonische – wenngleich nicht ganz logische – Begründung: »Ein Bäcker isst ja auch nicht immer nur Kuchen!«

»Die Tote aus der Themse« wird der Abgesang der Wallace-Serie – wenngleich auch nicht der Schlusspunkt. Zwei weitere Filme wird Wendlandt im gleichen Jahr noch mit Italien koproduzieren. An diesen Werken ist Schürenberg jedoch nicht mehr beteiligt.

Das Fachblatt »Film-Echo«/»Filmwoche« kommentiert den Film nach seiner Premiere am 30. März 1971 mit dem aus den letzten Jahren bekannten Wohlwollen, wenngleich kritische Zwischentöne nicht zu überhören sind:

»Die Tote aus der Themse«: Hansjörg Felmy, Peter Neusser, Schürenberg (v.l.n.r.)

Wallace made by Wendlandt: Das ist ein solides Markenfabrikat. Man weiß, was einen erwartet, und wenn man das weiß, kann man eigentlich nicht enttäuscht werden. So auch nicht von dem neuesten Film, in dem eine sehr damenhaft agierende Uschi Glas und der sympathische Hansjörg Felmy die Hauptrollen spielen. Es geht um eine Rauschgiftaffäre, in die rivalisierende Gruppen verstrickt sind, um zwei Schwestern, von denen die eine zwecks Spannung mehrmals sterben muss (ehe sie die Kugel wirklich trifft), um einen geheimnisvollen Be-

»Die Tote aus der Themse«.
Von oben links nach unten:
- »Aber, aber, der Chef macht das schon!«
- Hansjörg Felmy, Günther Stoll und Schürenberg (v.l.n.r.)
- Sir Johns Büro ist das seines Produzenten Wendlandt

»Die Tote aus der Themse«:
Von oben links nach unten:
- *Rolf Thiele inszeniert*
  »Rosy und der Herr aus Bonn«
- *Der Chauffeur ist gleichzeitig*
  der Regisseur: Harald Philipp
  mit Uschi Glas
- *Abschied von Sir John: Schüren-*
  bergs letzter Auftritt als Sir John

Rechte Seite: Portrait aus
»Die Tote aus der Themse«

schützer und einen geheimnisvollen Schützen – und um die Ehre von Scotland Yard natürlich. Aber obwohl man weiß, dass man bei Wallace um die Witzchen nicht herumkommt – ihre Einfallslosigkeit verärgert zuweilen doch. Einfallsreicher dagegen die Wahl der Schauplätze: Ein Schlachthof macht sich gut als Hintergrund für Schlägereien und Schießereien, und Kühlkammern sind feine Aufbewahrungsorte für potentielle Leichen.

Im Film agiert Schürenberg als Sir John in altbekannter Selbstüberschätzung. Nachdem sein Inspektor den Fall quasi

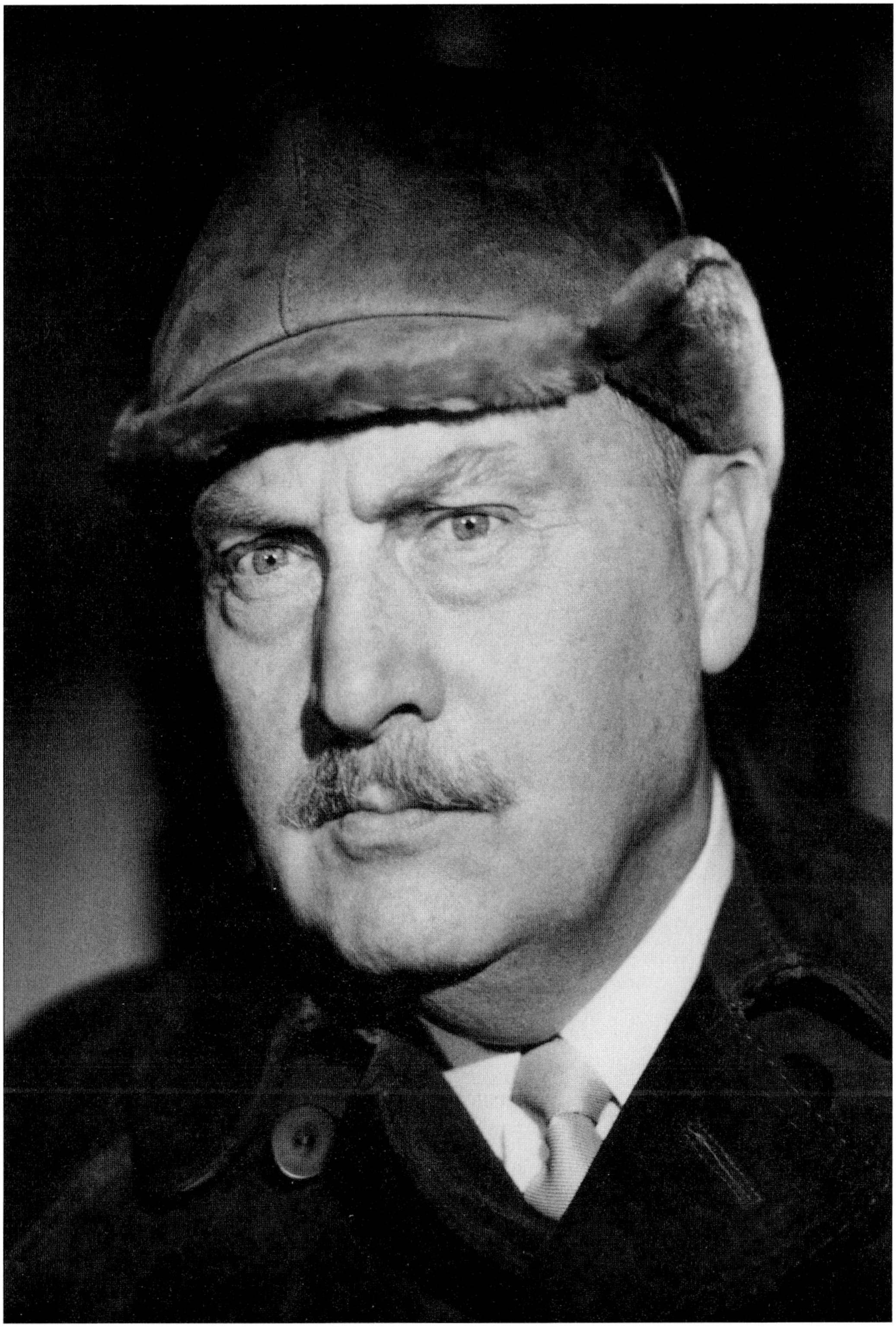

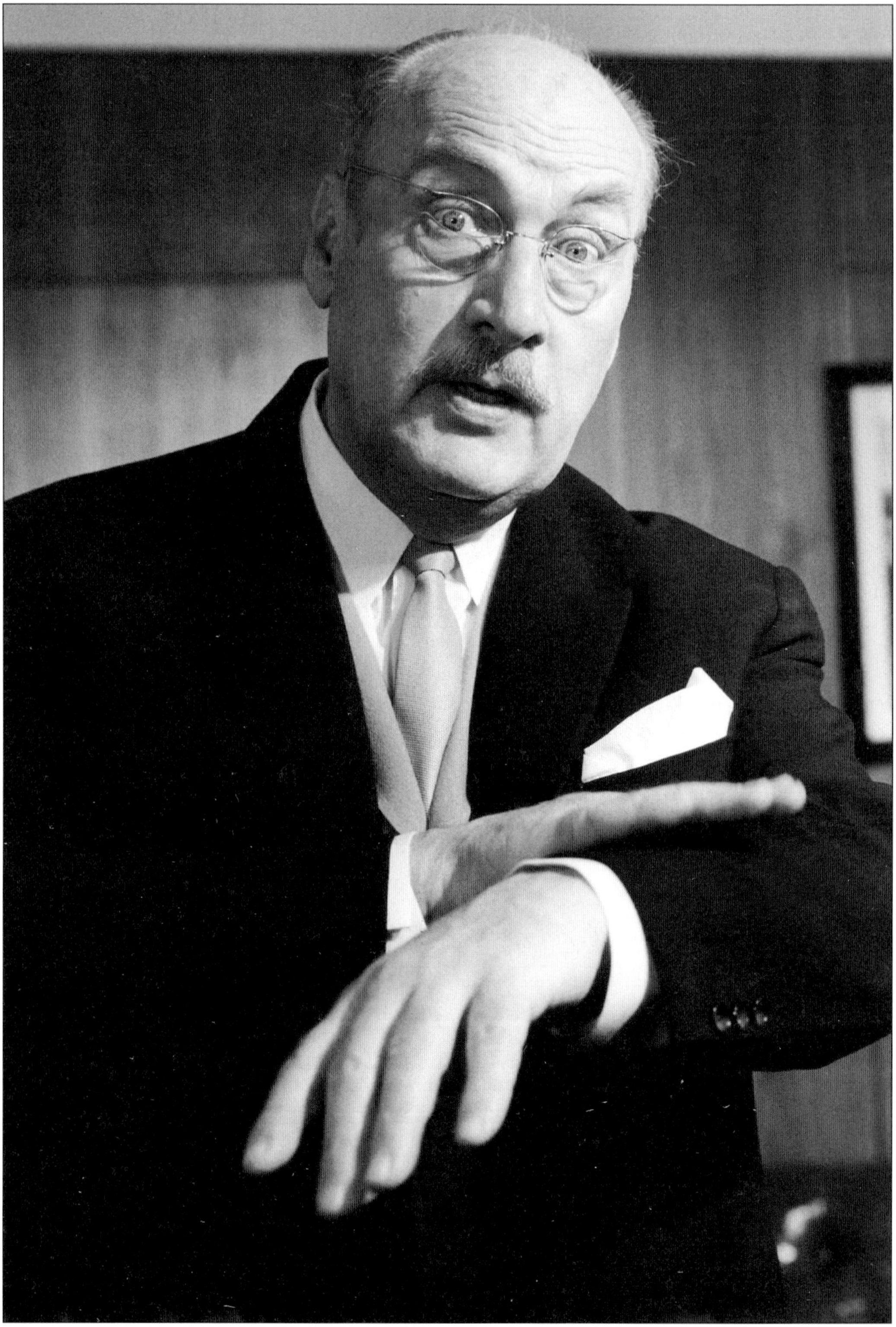

im Alleingang geklärt hat, äußert er sich: »Ja, ja, der Fall hat mir einiges Kopfzerbrechen bereitet, aber *ich* habe ihn gelöst!« Noch ahnt der Schauspieler nicht, dass er nie wieder seine Paraderolle spielen wird. Es ist nicht so, dass die Wallace-Serie jemals offiziell zu Grabe getragen wird – sie schläft einfach ein.

Ohnehin ist der Schauspieler weiterhin bei Wendlandt beschäftigt. Schon kurze Zeit nach seinem Wallace-Einsatz steht er für die Komödie »Rosy und der Herr aus Bonn« vor der Kamera, die Rolf Thiele für die Rialto inszeniert. Zu seinen Mitspielern gehören Horst Tappert, Heidi Hansen, Uwe Friedrichsen und Margot Trooger. Thiele, dessen Name früher für anspruchsvolle Unterhaltungsfilme (»Das Mädchen Rosemarie«) stand, dreht mittlerweile nur noch dürftige Sex-Klamotten, die sich als Zeitkritik tarnen. Die Filmstory: Rosy gibt sich lüsternen Männern gegenüber als Edelprostituierte aus, ohne aber im entscheidenden Moment eine Leistung zu erbringen. Auch der Staatssekretär erliegt ihrem Angebot – obwohl er doch eigentlich von Rosys Vater, dem Oberlandesgerichtsrat, erwartet wird.

Immerhin – dieser Oberlandesgerichtsrat ist eine dankbare Rolle für Schürenberg. Zur Premiere reist er mit einigen Mitspielern nach Koblenz. In der Hotelhalle wird ein Journalist Zeuge, wie Schürenberg mit sonorer Stimme die Kollegen mit seinen Erinnerungen unterhält: »Koblenz kenne ich von früher her, als ich als aktiver Schlaraffe dort war. Hier habe ich 1923 die schönste Schlaraffia erlebt, die ich je mitgemacht habe.«

In einer Kritik nach der Uraufführung heißt es: »Eine Reihe von guten Darstellern mit gutem Namen sorgt für Witz und Pfiff – unter ihnen Margot Hielscher, Margot Trooger, Horst Tappert und Siegfried Schürenberg, dem die Krone im komödiantischen Spiel gebührt.«

Dennoch entwickelt sich der Film an der Kinokasse zum veritablen Reinfall. Der Verleih versieht ihn daraufhin mit dem neuen, anzüglichen Titel »Bleib sauber, Liebling!« Aber auch das kann das Machwerk nicht mehr retten.

Rückkehr zu Wallace

Linke Seite: Sir John weiß es: Jack the Ripper war Linkshänder

Edgar Wallace ist nicht tot

1970 liegt der deutsche Film am Boden. Papas Kino ist auf dem Niveau des »Schulmädchenreports« angelangt. Den Jungfilmern, die mit ihrem »Oberhausener Manifest« den deutschen Film revolutionieren wollten, ist es mit ihren Autorenfilmen nicht gelungen, das Publikum in die Kinos zu locken.

Artur Brauner, der große Zampano des deutschen Kinos in den fünfziger Jahren, hat sich auf internationale Koprodukti-

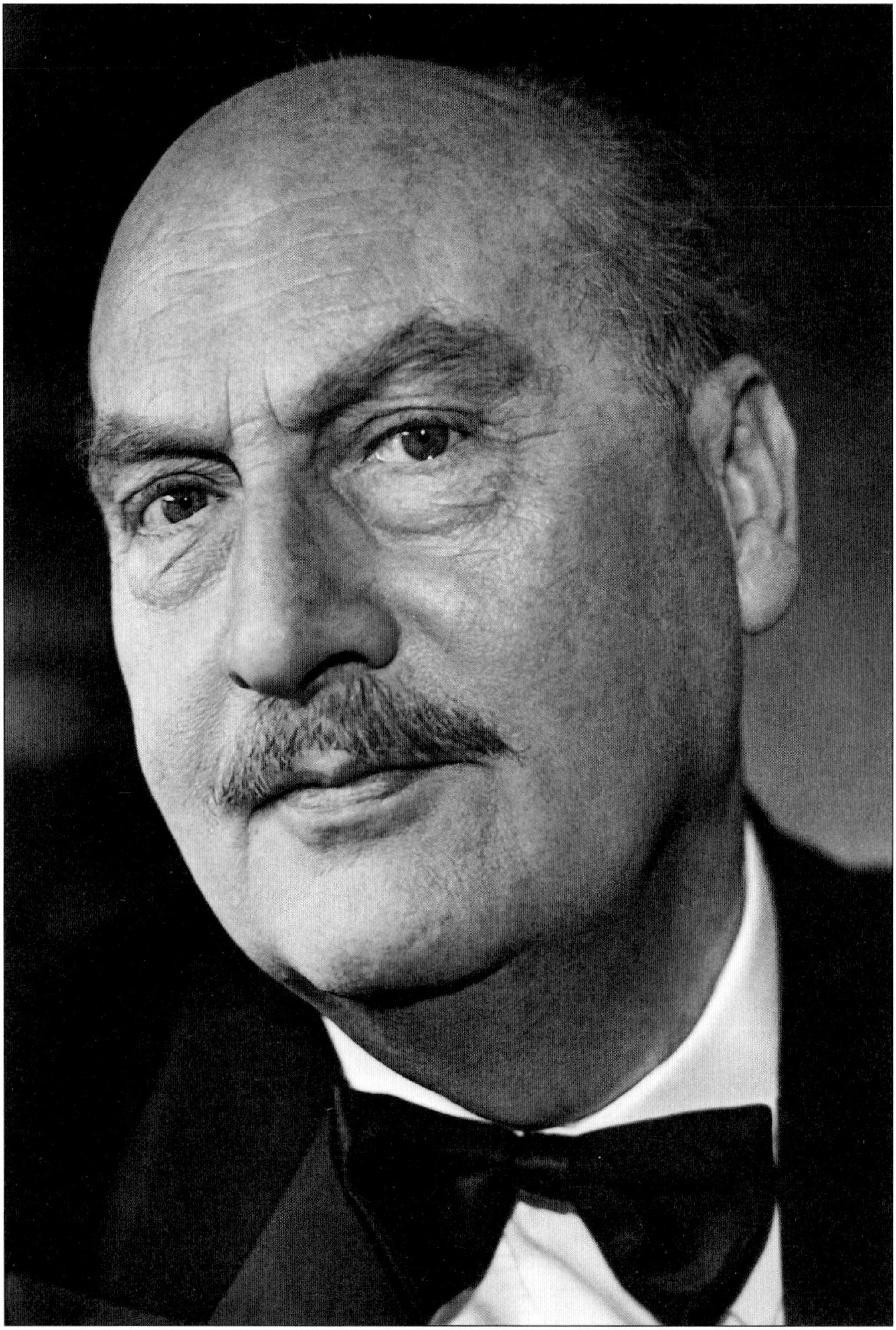

onen verlegt. Er hat sich mit dem Spanier Jesús Franco Manera verbunden, der als Spezialist für billig hergestellte Horror- und Sexstreifen gilt und unter dem Pseudonym »Jess Franco« arbeitet. In Deutschland war er etwa durch eine Reihe von schludrig hergestellten Fu-Man-Chu-Filmen und das Machwerk »Nachts, wenn Dracula erwacht« bekannt geworden.

Mit Franco, der sich in späteren Jahren einen zweifelhaften Ruf als »König des Trash-Kinos« erwerben sollte, produziert Brauner in den Jahren 1970/71 in Spanien eine Reihe von Filmen, deren Titel allein die ganze Spannbreite von Francos cineastischen Fähigkeiten offenbaren: »Vampyros Lesbos – Erbin des Dracula«, »Sie tötete in Ekstase«, »Der Teufel kam aus Akasava«, »X 312 – Flug zur Hölle«, »Der Todesrächer von Soho« und »Jungfrauenreport«. Einige dieser Erzeugnisse (vor allem »Vampyros Lesbos«) genießen heute Kultcharakter bei einer verschworenen Gemeinde, aus welchen Gründen auch immer.

Schürenberg, der Brauner ja bereits seit Anfang der fünfziger Jahre verbunden war, hatte das Vergnügen, an drei dieser Streifen beteiligt zu sein. Und auf diese Weise sollte er – nachdem er in »Die Tote aus der Themse« seine Abschiedsvorstellung als Sir John gegeben hatte – doch noch einmal mit Edgar Wallace in Berührung kommen. Bei der ersten der drei Produktionen handelte es sich nämlich um eine waschechte Edgar-Wallace-Verfilmung. Dem Drehbuch von Ladislas Fodor und Paul André lag die Wallace-Erzählung »Akasawa« zugrunde. Zwar kam die Rolle von Sir John darin nicht vor, Schürenberg allerdings blieb sich treu und spielte mit nur geringen Variationen den Sir Philip von Scotland Yard. In der Geschichte geht es um einen geraubten, wertvollen Stein, auf den Agenten des US-Geheimdienstes und Scotland Yard gemeinsam Jagd machen. Hauptdarsteller waren Horst Tappert, der als Zugräuber in der TV-Serie »Die Gentlemen bitten zur Kasse« berühmt geworden war, und die junge Spanierin Susann Korda, die Produzent Brauner für eine große Begabung hielt und die kurz nach den Dreharbeiten bei einem tragischen Autounfall ums Leben kommen sollte.

Der zweite Film »X 312 – Flug zur Hölle« handelte von einem Flugzeugabsturz im Amazonasgebiet und dem Überlebenskampf der Passagiere. Das Drehbuch hatte Produzent Brauner höchstpersönlich unter dem Pseudonym »Art Bernd« geschrieben. Schürenberg spielte einen Bankpräsidenten, dem sein Geld zum Verhängnis wird. Hauptdarsteller waren Thomas Hunter (»Liebesnächte in der Taiga«) und die als naives »Engelchen von Bamberg« bekannt gewordene Gila von Weitershausen.

Schließlich brachte auch die dritte Produktion für Schürenberg noch einmal eine Rückkehr zu Wallace. Das Drehbuch zu

Linke Seite:

Motiv der letzten Autogrammkarte

»Der Todesrächer von Soho« basierte nämlich auf einer Story von Wallace-Sohn Bryan Edgar, die Jess Franco und Artur Brauner für den Film bearbeitet hatten. Die Geschichte dreht sich um einen psychopathischen Mörder, der sein Unwesen im Rauschgiftmilieu treibt und der seinen Opfern zuvor die Koffer packt. Abermals spielte Horst Tappert die Hauptrolle, den weiblichen Part hatte die ebenfalls krimierfahrene Barbara Rütting übernommen. Schürenberg ist als Dr. Blademore zu sehen.

Die Dreharbeiten zu den Jess-Franco-Produktionen fanden vorwiegend in Spanien statt. Fred Williams, der in »Der Teufel kam aus Akasava« und »Der Todesrächer von Soho« mitwirkte, erinnert sich an Schürenberg: »Das war ein großer Schauspieler, Typ Oberschullehrer, mit einer ganz klaren Aussprache, das beste Deutsch, das ich je gehört habe. Er wirkte natürlich auch ein bisschen skurril. Die Spanier haben immer ihre Witzchen über ihn gemacht, typischer Deutscher und so. Er war ja auch ein Original. Er hatte wohl mal Probleme mit einer Frau, er hat sich dann eine Jüngere genommen, und die hat ihn dann einiges gekostet.«

Viel Freude hat Brauner an den Filmen nicht. Aufgrund von Querelen mit dem spanischen Koproduzenten kann er die Filme über lange Zeit nicht fertig stellen. Als sie endlich im Kino anlaufen, sind die Einspielergebnisse katastrophal. Über die Jahre hinweg, mit Video- und DVD-Rechten, wird er schließlich doch noch sein Geschäft machen.

Ich lebe noch ein bisschen!

Anfang der siebziger Jahre trennt sich Schürenberg von seiner dritten Frau. Nach der Scheidung zieht er vom badischen Murgtal wieder nach Berlin. In Frohnau, ganz im Norden gelegen, kauft er sich ein kleines Einfamilienhaus, das er allein mit seinen Tieren bewohnt.

1973 dreht er seinen letzten Film mit dem Titel »Als Mutter streikte«. Zugrunde liegt ein heiterer Familienroman von Eric Malpass, der dem Kino mit »Morgens um sieben ist die Welt noch in Ordnung« und »Wenn süß das Mondlicht auf den Hügeln schläft« zwei große Kassenerfolge verschafft hatte. Produziert wird der Streifen von Franz Seitz. Die Regie hat Eberhard Schröder; Peter Hall, Johanna Matz, Gila von Weitershausen und Gaby Dohm spielen die Hauptrollen. Schürenberg steht in zwei Szenen noch einmal mit Elisabeth Flickenschild vor der Kamera, der alten Bekannten aus den klassischen Edgar-Wallace-Verfilmungen.

Danach hat ihm der deutsche Film nichts mehr zu bieten. Schürenberg ist jetzt dreiundsiebzig Jahre alt. Er hat keine

Lust mehr, in schlüpfrigen Lustspielen mitzuwirken. Auch Theatertourneen, mit denen viele seiner Kollegen gutes Geld verdienen, reizen ihn nicht. Er findet das ständige Umherreisen zu anstrengend. Seinen Rückzug begründet er drastisch: »Ich will im Bett sterben und nicht mit der Schnauze auf den Bühnenteppich fallen.«

Wieder einmal verbirgt das raubauzige Vokabular sein sensibles Inneres. Noch einmal wird der alte Mann von einem harten Schicksalsschlag getroffen. 1973 stirbt auch sein erster Sohn Sven, nachdem bereits 1966 der jüngere Andreas aus dem Leben geschieden war. Sven, der einem Krebsleiden erliegt, wurde 51 Jahre alt. Der Vater überlebt seine Kinder, er ist jetzt allein.

Bis 1979 arbeitet er noch regelmäßig als Synchronsprecher. Vor allem für das Fernsehen ist er jetzt tätig. Er übernimmt Synchronrollen etwa in der Krimireihe »Der Chef« und der populären Serie »Das Haus am Eaton Place«. Danach zieht er sich endgültig vom Filmgeschäft zurück.

Sein Leben konzentriert sich jetzt ganz auf seine Tiere, mit denen er in seinem Haus lebt. Zur Familie gehören 40 Prachtfinken, sechs Katzen und ein Schäferhund. Für diese Mena-

Portrait aus den achtziger Jahren

Mit Elisabeth Flickenschildt und Peter Hall in »Als Mutter streikte«

*Die mutterlose Familie in
»Als Mutter streikte«.
Schürenberg spielt Onkel Walter*

gerie sorgt er mit großer Umsicht und kocht sogar das Essen. »Tiere sind jetzt mein Leben«, sagt er einmal. »Sie enttäuschen einen nie. Seit meine beiden Söhne tot sind, sind die Tiere meine Kinder.«

Wie sehr Schürenberg seine Tiere liebt, kann auch Eva Ebner bestätigen, die als Regieassistentin von Alfred Vohrer dem Schauspieler in zahlreichen Edgar-Wallace-Verfilmungen begegnet ist. Als der Schauspieler einmal während einer Drehpause völlig geistesabwesend herumsteht, spricht sie ihn an und fragt, ob sie ihm helfen könne. Schürenberg sieht sie mit einem langen Blick an, dann beginnt er zu erzählen. Einer seiner Kanarienvögel leide an einer Krebsgeschwulst und werde wahrscheinlich daran sterben. Es bedrücke ihn, wenn er sich die Schmerzen des Tieres vorstelle, und er wisse nicht, ob eine Operation nun Linderung seiner Leiden bringen würde oder nur eine Verlängerung der Qualen.

Anfang der achtziger Jahre lernt der Schauspieler seine vierte Frau Charlotte kennen. Der über 80-Jährige wählt dazu einen ganz modernen Weg und bedient sich einer Kontaktanzeige. Als es zum ersten Treffen kommt, stellt er sich mit seinem Geburtsnamen als »Siegfried Wittig« vor. Charlotte hält ihn anfangs aufgrund seiner immer noch eindrucksvollen Stimme und seiner hoch aufragenden Statur für einen Opernsänger. Sie bekommt allerdings Zweifel, als sie bemerkt, dass es in seiner Wohnung gar keinen Flügel gibt – das ist bei einem Opernsänger dann doch schwer vorstellbar. Bald darauf erfährt sie die wahren Hintergründe. Als die beiden heiraten, zwinkert der Standesbeamte: »Jetzt heiratet Sir John!«

Sir John hat seine Ruhe

Die Zeit seines Ruhestands verbringt Schürenberg nach einem festen Tagesablauf. Morgens um sieben steht er auf und verpflegt als Erstes seine Tiere. Anschließend begutachtet er seinen Garten, in dem er alles selbst gepflanzt hat.

Dann ist es Zeit für einen Spaziergang. Er berichtet: »Anfangs habe ich mich in Frohnau immer verlaufen, jede Straße sieht hier gleich aus. Manchmal dauerte es ziemlich lange, bis ich mein Haus wiedergefunden hatte.«

Bisweilen wird er auf der Straße angesprochen. Dann tut er so, als ob er es nicht wäre, und geht schüchtern weiter. Als er einmal gefragt wird, ob er der Schauspieler Siegfried Schürenberg sei, antwortet er entsetzt: »Und wenn ich's bin, was wollen Sie?«

Immer wieder wird er auf Sir John und die Edgar-Wallace-Filme angesprochen. In ihm löst das zwiespältige Gefühle aus. Nach außen hin mokiert er sich. »Da spielt man ein Leben lang die tollsten Rollen im Theater, und das bleibt hängen!« Grantelnd tut er kund, dass er die Filme für »Z.-K.-Produkte« hält – im Klartext: »Zum Kotzen«. Im Grunde freut er sich aber doch, dass die Menschen sich an ihn erinnern und ihm so viele Sympathien entgegenbringen.

In den letzten Jahren seines Lebens zieht sich Schürenberg völlig zurück – und das im wahrsten Sinne des Wortes. Mittelpunkt seines Lebens wird sein wunderschönes Himmelbett aus dem 18. Jahrhundert, das er nur noch selten verlässt. Hier liegt er wie ein Buddha, an dem die Aufgeregtheiten der Welt vorübergleiten. Seine Frau Charlotte versorgt ihn, seine einzige Verbindung zur Außenwelt ist das Telefon. Er ist nicht krank, allein, die normalen Gebrechen des Alters machen auch vor ihm nicht Halt. Er will einfach nur seine Ruhe, und er liebt jetzt in seinen letzten Lebensmomenten die Bequemlichkeit.

Am 31. August 1993 schläft Siegfried Schürenberg im Alter von 93 Jahren friedlich ein.

Mit der Bestattung beauftragt seine Frau das Berliner Beerdigungsinstitut Grieneisen. Auf dem Friedhof am Halleschen Tor – genau gesagt auf dem Kirchhof III – gehört der

Familie ein Erbbegräbnis (im Lageplan des Friedhofs als »EB 79« verzeichnet), auf dem bereits seine Eltern und der Sohn Andreas beigesetzt sind. Zu den berühmten Geistern, die auf dem jahrhundertealten Friedhof ihre letzte Ruhestätte fanden, zählen E. T. A. Hoffmann und Adalbert von Chamisso. Ganz in der Nähe befindet sich das Grab von Felix Mendelssohn Bartholdy.

Siegfried Schürenbergs Beisetzung – er ist mit einem Frack bekleidet – findet am 14. September 1993 auf Wunsch der Witwe in aller Stille statt. Auf dem mit einem schmiedeeisernen Zaun umsäumten Areal des Familiengrabs – gekennzeichnet durch ein Schild mit der Aufschrift »Wittig – Schürenberg« – findet er auf der linken Seite seine letzte Ruhestätte.

Charlotte Schürenberg, seine Frau, stirbt am 28. März 1996 und wird in einer Urne neben dem Schauspieler beigesetzt.

Heute – im Jahr 2005 – ist das Grab völlig verwildert. Eine Szenerie wie in einem düsteren Edgar-Wallace-Film: Der Sargdeckel ist eingebrochen, das Grab abgesackt. Anders als bei der großen Marlene Dietrich, die ebenfalls in Berlin beigesetzt ist, schmücken keine Blumen die Ruhestätte. Nachkommen, die die Erinnerung an den Schauspieler wachhalten, gibt es nicht. Kein Edgar-Wallace- oder Clark-Gable-Fan, der hier eine Rose niederlegt. Nur der eine oder andere einsame Spaziergänger, der zufällig an dem Grab innehält, mag sich erinnern – an den großen, eigenwilligen Charaktermimen Siegfried Schürenberg.

Was sind denn das für Sachen!

1995, zwei Jahre nach seinem Tod, taucht der Name von Siegfried Schürenberg noch einmal in zahlreichen Zeitungsmeldungen auf. Es geht um Sir John. Der friesische Komiker Otto Waalkes hat sich der Edgar-Wallace-Filme bemächtigt und die alten Schwarzweißstreifen für eine 13-teilige Comedy-Serie für den Privatsender RTL ausgeschlachtet.

Einige der damaligen Mitwirkenden finden das gar nicht komisch. Sie sind der Meinung, Ottos Humor gehe auf ihre Kosten. Im Übrigen: Der Komiker benutze für seine Sendung künstlerische Leistungen anderer, ohne auch nur einen Pfennig dafür zu bezahlen. Gemeinsam mit Günter Pfitzmann und dem Komponisten Peter Thomas reicht Schürenbergs Witwe Klage gegen das vermeintliche Unrecht ein – mit Erfolg.

Schürenberg hätte vermutlich gegrantelt: »Aber meine Herrschaften, was sind denn das für Sachen!«

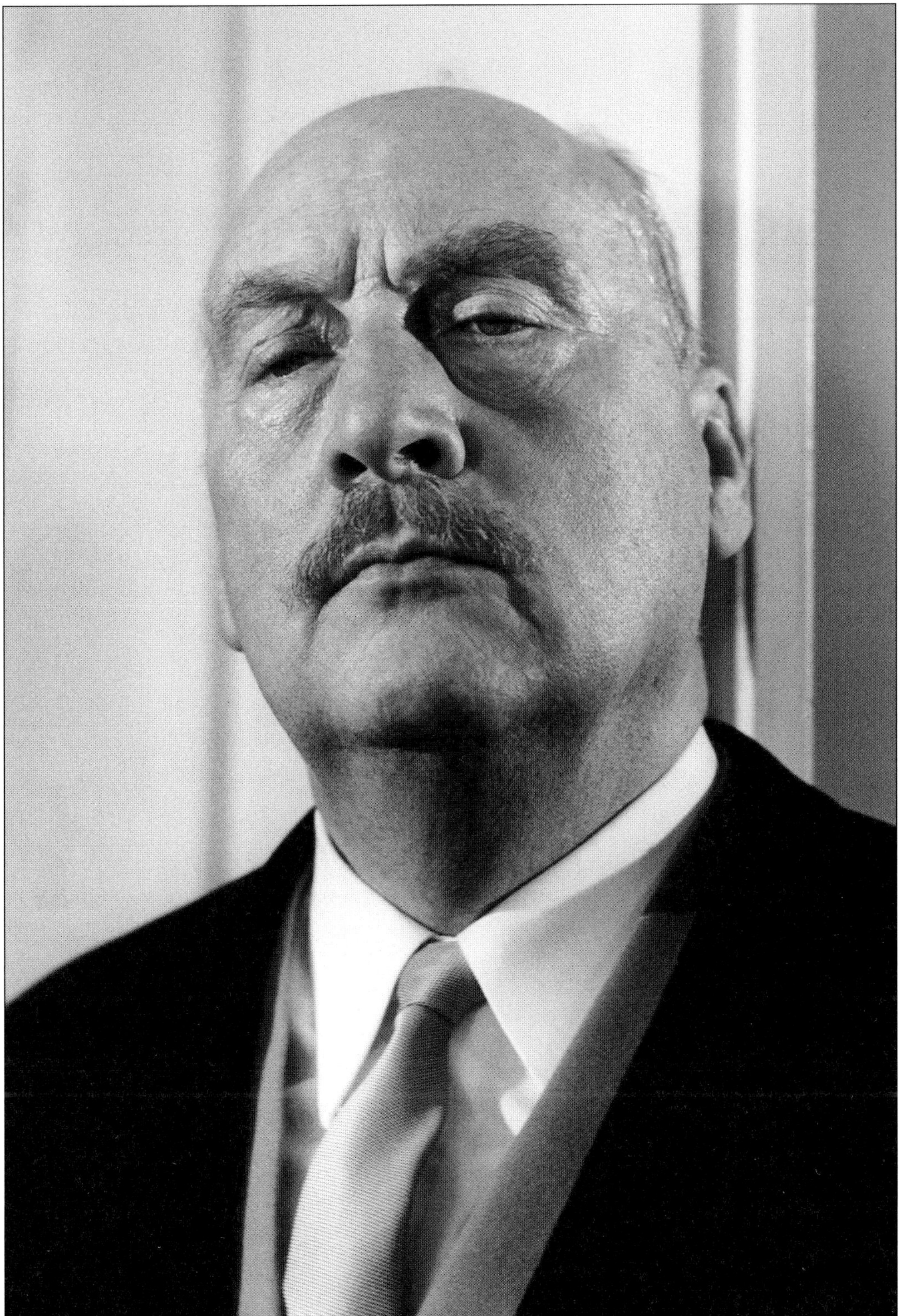

ANHANG

Theaterauftritte

1920–21	Stolp	Stadttheater	1932	Wien	Kammerspiele
	Stolp	Tivoli-Theater	1932–33	Berlin	Deutsches Theater
1921	Köthen	Stadttheater	1933–34	Berlin	Schiller-Theater
1921–22	Potsdam	Schauspielhaus	1934–35	Berlin	Theater in der Stresemannstraße
1922	Stralsund	Stadttheater			
1923	Bonn	Stadttheater	1941–44	Straßburg	Stadttheater
1924	Stettin	Stadttheater	1944–45	Frankreich	Fronttheater
1925–27	Kiel	Schauspielhaus	1946–50	Zürich	Schauspielhaus
1927–28	Hamburg	Kammerspiele	1951–60	Berlin	Theater in der Nürnberger Straße
1928–29	Bremen	Stadttheater			
1929–31	Zürich	Schauspielhaus		Berlin	Lessing-Theater
1931	Wien	Theater in der Josefstadt		Berlin	Hebbel-Theater

Das unter den Stücken genannte Datum ist das Datum der jeweiligen Erstaufführung.

Stolp, Stadttheater: 1920–21

DIE EHRE
von Hermann Sudermann
Rolle: Robert Heinecke
20. September 1920

DIE DOLLARPRINZESSIN
von Leo Fall
Rolle: Jugendlicher Held und Liebhaber
September 1920

ALT HEIDELBERG
von Wilhelm Meyer-Förster
Rolle: Karl-Heinz
30. September 1920

LIEBE IM SCHNEE
Operette von Ralph Benatzky
und Willy Prager
Rolle: Herzog
18. Oktober 1920

DAS GESTÄNDNIS
Amerikanische Geschichte
in 7 Akten nach Sidney Garricks,
bearbeitet von Ernst Baida
Rolle: Vorsitzender
des Gerichts
2. Dezember 1920

GLAUBE UND HEIMAT
Drama von Karl Schönherr
Rolle: Reiter
9. Dezember 1920

FRÄULEIN PUCK
Operette von Walter Kollo
Rolle: Theobald, Piper
19. Dezember 1920

DAS SÜSSE MÄDEL
Operette von Landsberg
und Leo Stein
Musik von Heinrich Reinhardt
Rolle: Sekretär des Grafen
Liebenberg
2. Januar 1921

DIES IRAE
Tragödie von Anton Wildgans
Rolle: Rabauser
6. Januar 1921

DIE SCHÖNE HELENA
Operette von Henri Meilhac
und Ludovic Halévy
Musik von Jacques Offenbach
Rolle: Achill
9. Januar 1921

DIE DREI ZWILLINGE
Schwank von Toni Impekoven

und Carl Mathern
Rolle: Diener
27. Januar 1921

DER JUXBARON
von Pordes Milo und Walter Kollo
Rolle: stotternder Wilhelm
Februar 1921

DIE STROHWITWE
Operette von August Neidhardt
Musik von Leo Blech
Rolle: Hofmarschall
27. Februar 1921

DIE GOLDENE EVA
Lustspiel von Franz Schönthan
und Franz Koppel-Ellfeld
Rolle: Graf Zeck
3. März 1921

DIE RÄUBER
von Friedrich von Schiller
Rolle: Kosinsky
4. März 1921

DER VERJÜNGTE ADOLAR
Operette von Kraaß und Keßler
Musik von Walter Kollo
Rolle: Professor Haselhuhn
6. März 1921

ZAPFENSTREICH
Drama von Franz Adam Benerlein
Rolle: von Lauffen
17. März 1921

MENAGERIE
4 Satiren von Curt Goetz
Der Spatz vom Dache,
Die Taube in der Hand, Der Hund
im Hirn, Der Hahn im Korbe
Rolle: Balthasar und Herr Tittori
31. März 1921

SCHWARZWALDMÄDEL
Operette von August Neidhardt
Musik von Leon Jessel
Rolle: Berliner Schmußheim
4. April 1921

**Stolp, Tivoli-Theater:
1921**
KINDERTRAGÖDIE
von Karl Schönherr
Rolle: der ältere Bruder
16. Mai 1921

KÜMMELBLÄTTCHEN
von Robert Overweg
Rolle: Kriminalschutzmann
Schallow
23. Mai 1921

STAATSANWALT ALEXANDER
von Karl Schüler
Rolle: Otto Alexander
3. Juni 1921

FRAU BÄRBEL
Singspiel von W. E. Fischer
Musik von Josef Snaga
Rolle: nicht bekannt

FLAMME
von Hans Müller
Rolle: nicht bekannt

JUGEND
von Max Halbe
Rolle: Hans
Juli 1921

DER VERJÜNGTE ADOLAR
von Kraaß und Keßler
Musik von Walter Kollo
Rolle: Prof. Haselhuhn
August 1921

EIN WALZERTRAUM
Operette von Oskar Straus
Rolle: nicht bekannt

DER VATER
Trauerspiel von August Strindberg
Rolle: Pastor

HEIMAT
Trauerspiel von
Hermann Sudermann
Rolle: Pfarrer Heffterdingk

DER WEIBSTEUFEL
Drama von Karl Schönherr
Rolle: Junger Grenzjäger

**Köthen, Stadttheater:
1921**
DON CARLOS
von Friedrich von Schiller
Rolle: Don Carlos

KABALE UND LIEBE
von Friedrich von Schiller
Rolle: Ferdinand

ROMEO UND JULIA
von William Shakespeare
Rolle: Romeo

DAS GESETZ
von Paul Baecker
Rolle: Baumann

Potsdam, Schauspielhaus: 1921–22
CANDIDA
von George Bernard Shaw
Rolle: Pastor Jacob Morell

ÜBER DIE KRAFT
von B. Björnson
Rolle: Pfarrer Sang

WILHELM TELL
von Friedrich von Schiller
Rolle: Tell

WEH' DEM DER LÜGT
von Franz Grillparzer
Rolle: nicht bekannt

HEIMAT
von Hermann Sudermann
Rolle: nicht bekannt

Stralsund/Bonn/Stettin: 1922–24
Keine Angaben vorhanden

Kiel, Schauspielhaus: 1925–27
KURVE LINKS
von Otto Alfred Palitzsch
Rolle: nicht bekannt

CHARLEYS TANTE
von Brandon Thomas
(Abschiedsvorstellung)
Rolle: Lord Babberley/
Charleys Tante
11. Juni 1927

Hamburg, Kammerspiele am Besenbinderhof: 1927–28
HOPPLA – WIR LEBEN!
von Ernst Toller
Rolle: Minister Kilmann
1. September 1927 (Uraufführung)

NR. 17, DAS GEHEIMNIS-
VOLLE HAUS
Rolle: Polizeiinspektor

JENNY STEIGT EMPOR
von Hans Alfred Kihn
Rolle: nicht bekannt
27. April 1928

Bremen, Stadttheater: 1928–29
Keine Angaben vorhanden

Zürich, Schauspielhaus: 1929–31
DIE GESCHICHTE
VOM GENERAL SUTER
von Caesar von Arx
Rolle: General Suter
18. Januar 1930
(Uraufführung)

PYGMALION
Komödie von
George Bernard Shaw
Rolle: Professor Henry Higgins
25. März 1930

ELISABETH
VON ENGLAND
Schauspiel von
Ferdinand Bruckner
Rolle: Bacon
21. November 1930

DAS REICH GOTTES
IN BÖHMEN
Tragödie von Franz Werfel
Rolle: Prschibik von Klenau
14. April 1931

DER BIBERPELZ
Komödie von Gerhart Hauptmann
Rolle: von Werhahn,
Amtsvorsteher
23. April 1931

DER HAUPTMANN
VON KÖPENICK
Komödie von Carl Zuckmayer
Rolle: Hauptmann von Schlettow
2. Mai 1931

Wien, Theater in der Josefstadt: 1931
REPORTER
von Ben Hecht und
Charles MacArthur
Rolle: der Zeitungsherausgeber
10. Juni 1931

Wien, Kammerspiele: 1932
WIE MAN VATER WIRD
Von Laurent Doillet
Rolle: nicht bekannt
15. März 1932

Berlin, Deutsches Theater: 1932–33
PRINZ VON HOMBURG
von Heinrich Kleist
Rolle: Graf von Hohenzollern
19. Oktober 1932

DAS GROSSE WELTTHEATER
von Hugo von Hofmannsthal
Rolle: der Reiche
1. März 1933

EWIGES VOLK
Schauspiel von Kurt Kluge
Rolle: Hauptmann Ambros
4. April 1933

**Berlin, Schiller-Theater:
1933–34**

WILHELM TELL
von Friedrich von Schiller
Rolle: Gessler
16. Dezember 1933

LANGEMARCK
von Max Monato
und Edgar Kahn
Rolle: Captain Baker
7. Januar 1934 (Uraufführung)

KÖNIG HEINRICH IV.
von William Shakespeare
Rolle: Sir John Falstaff
18. Februar 1934

**Berlin, Theater in der
Stresemannstraße: 1934–35**
Keine Angaben vorhanden

**Straßburg, Stadttheater:
1941–1944**
Keine Angaben vorhanden

**Fronttheater:
1944–45 in Frankreich**
Keine Angaben vorhanden

**Zürich, Schauspielhaus:
1946–1950**

BAUMEISTER SOLNESS
von Henrik Ibsen
Rolle: Knut Brovik
12. September 1946

DER BIBERPELZ
von Gerhart Hauptmann
Rolle: Julius Wolff
14. September 1946

JEANNE MIT UNS
Rolle: Lohier, Rechtsgelehrter
5. Oktober 1946

DIE CHINESISCHE MAUER
von Max Frisch
Rolle: Pontius Pilatus
19. Oktober 1946 (Uraufführung)

DR. MED. HIOB PRÄTORIUS
von Curt Goetz
Rolle: Professor Dr. Nack
31. Oktober 1946

MACBETH
von William Shakespeare
Rolle: Banquo
30. November 1946

DES TEUFELS GENERAL
von Carl Zuckmayer
Rolle: Baron Pflungk
14. Dezember 1946

**DER TOD AUF DEM
APFELBAUM**
Rolle: Dr. Grimes,
Irrenhausdirektor
16. Januar 1947

WILHELM TELL
von Friedrich von Schiller
Rolle: Gessler
25. Januar 1947

BRÜDER IN CHRISTO
Rolle: Diethelm Falk, Ratsherr
12. Februar 1947

EURYDIKE
Rolle: Vincent
27. Februar 1947

VIERUNDZWANZIG STUNDEN
Rolle: Blick, Hafenpolizist
15. März 1947

ES STEHT GESCHRIEBEN
von Friedrich Dürrenmatt
Rolle: Johann von Büren
19. April 1947

EIN TRAUMSPIEL
von August Strindberg
Rolle: Dekan der Medizin
24. Mai 1947

EIN SOMMERNACHTSTRAUM
von William Shakespeare
Rolle: Theseus
14. Juni 1947

**DER MORD IN DER
KATHEDRALE**
von T. S. Eliot
Rolle: 3. Ritter
28. Juni 1947

DIE UNVERGESSLICHE
Rolle: Papa
18. September 1947

VOLPONE
Rolle: Richter
2. Oktober 1947

**DER HAUPTMANN
VON KÖPENICK**
von Carl Zuckmayer
Rolle: Hoprecht und Kilian,
Schutzmann
18. Oktober 1947

DIE BEGEGNUNG
Rolle: Peter Tanner,
Professor am Gymnasium Zürich
13. November 1947

ANDROKLUS
UND DER LÖWE
von George Bernard Shaw
Rolle: der Hauptmann
21. November 1947

DER LÜGNER
von Carlo Goldoni
Rolle: Brighella
31. Dezember 1947

WILHELM TELL
von Friedrich von Schiller
Rolle: Gessler
10. Januar 1948

HOKUSPOKUS
von Curt Goetz
Rolle: Arthur Graham
22. Januar 1948

DIE LÄSTERSCHULE
von Richard Brinsley Sheridan
Rolle: Redlich,
Faktotum in der Familie
von Schein
14. Februar 1948

BERNER MARSCH
Rolle: Senator Jenner
4. März 1948

PEER GYNT
von Henrik Ibsen
Rolle: von Eberkopf und Aslak,
ein Schmied
10. April 1948

WOYZECK
von Georg Büchner
Rolle: Tambourmajor
29. April 1948

KÖNIG LEAR
von William Shakespeare
Rolle: Herzog von Albanien
22. Mai 1948

DER MORD IN
DER KATHEDRALE
von T. S. Eliot
Rolle: 3. Ritter
15. Juni 1948

DER SCHATTEN
Rolle: Premierminister
1. Juli 1948

HAMLET
von William Shakespeare
Rolle: Claudius
09. September 1948

VOR SONNENAUFGANG
von Gerhart Hauptmann
Rolle: Wilhelm Kahl
16. September 1948

HENRI G. DUFOUR
Rolle: Oberst
Frey-Hérosée
2. Oktober 1948

ZU VIEL GELD
Rolle: der Witwer
21. Oktober 1948

DIE SCHMUTZIGEN HÄNDE
von Jean Paul Sartre
Rolle: der Prinz
6. November 1948

HEDDA GABLER
von Henrik Ibsen
Rolle: Gerichtsrat Brack
1. Dezember 1948

ALS DER KRIEG ZU ENDE WAR
von Max Frisch
Rolle: Halske, ein Pianist
8. Januar 1949

WILHELM TELL
von Friedrich von Schiller
Rolle: Gessler
15. Januar 1949

GÖTZ VON BERLICHINGEN
von Johann Wolfgang von Goethe
Rolle: Weislingen
3. Februar 1949

TORQUATO TASSO
von Johann Wolfgang von Goethe
Rolle: Alfons II., Herzog von Ferrara
3. März 1949

MORAL
von Ludwig Thoma

Rolle: Otto Wasner
17. März 1949

FAUST I
von Johann Wolfgang von Goethe
Rolle: Brander und Stimme des Herrn
9. April 1949

EIN SOMMERNACHTSTRAUM
von William Shakespeare
Rolle: Theseus
11. Juni 1949

FAUST II
von Johann Wolfgang von Goethe
Rolle: Astrolog und Chiron
25. Juni 1949

ANTONIUS UND CLEOPATRA
von William Shakespeare
Rolle: Domitius Enobarbus
8. September 1949

DIE LAUNEN DER DONNA BELISA
Rolle: Don Eliso, ein Edelmann
17. September 1949

ES KOMMT NICHT ZUM KRIEG
Rolle: Odysseus
15. Oktober 1949

EINE KLEINE STADT
Rolle: Mr. Webb
27. Oktober 1949

EGMONT
von Johann Wolfgang von Goethe
Rolle: Wilhelm von Oranien
26. November 1949

ROMULUS DER GROSSE
von Friedrich Dürrenmatt
Rolle: Odoaker
10. Dezember 1949

DON CARLOS
von Friedrich von Schiller
Rolle: Herzog von Alba
28. Januar 1950

DIE DREIGROSCHENOPER
von Bertolt Brecht und Kurt Weill
Rolle: Münzmatthias
15. Februar 1950

ROMEO UND JULIA
von William Shakespeare
Rolle: Escalus, Prinz von Verona
26. Mai 1950

Berlin, Theater in der Nürnberger Straße, Lessing-Theater, Hebbel-Theater: 1951– ca. 1960
Keine Angaben vorhanden

Filmografie

DER LÄUFER VON MARATHON
D 1932/33
E: 24.02.1933
L: 100 min
R: E. A. Dupont
B: Thea von Harbou, frei nach dem Roman von Werner Scheff
K: Eugen Schüfftan (s/w)
M: Giuseppe Becce
P: Matador
D: Brigitte Helm, Hans Brausewetter, Paul Hartmann, Victor de Kowa, Ursula Grabley, Oscar Sabo, Siegfried Schürenberg

EIN MANN WILL NACH DEUTSCHLAND
D 1934
E: 26.07.1934
L: 98 min
R: Paul Wegener
B: Philipp Lothar Mayring, Fred Andreas
K: Fritz Arno Wagner (s/w)
M: Hans-Otto Borgmann
P: UFA
D: Karl Ludwig Diehl, Ernst Rotmund, Brigitte Horney, Hans Leibelt, Willy Birgel, Hermann Speelmans, Siegfried Schürenberg (Corner)

DER HERR DER WELT
D 1934
E: 11.08.1934
L: 110 min, nach der Uraufführung gekürzt auf 106 min
R: Harry Piel
B: Georg Mühlen-Schulte
K: Ewald Daub (s/w)
M: Fritz Wenneis
P: Ariel
D: Siegfried Schürenberg (Werner Baumann, Bergwerksingenieur), Walter Janssen, Sybille Schmitz, Aribert Wäscher, Walter Franck, Max Gülstorff, Willy Schur, Otto Wernicke

LOCKSPITZEL ASEW
D 1935
E: 12.04.1935
L: 73 min
R: Phil Jutzi
B: At Timann
K: Eduard Hoesch (s/w)
M: Willy Schmidt-Gentner, Gert van Stetten
P: Maxim/Atlantis
D: Fritz Rasp, Olga Tschechowa, Wolfgang Liebeneiner, Ellen Frank, Hilde von Stolz, Franz Schafheitlin, Siegfried Schürenberg (Sawinkow)

DER KOSAK UND DIE NACHTIGALL
A 1935
E: 28.06.1935

L: 86 min
R: Phil Jutzi
B: Dr. C. Klaren
K: Eduard Hoesch (s/w)
M: Willy Schmidt-Gentner
P: Atlantis
D: Jarmila Novotna, Fritz Imhoff, Rudolf Klein-Rogge, Alexa von Porembsky, Franz Schafheitlein, Erich Fiedler, Siegfried Schürenberg (Tremolief)

VERGISS MEIN NICHT
D 1935
E: 24.10.1935 (Hamburg)
L: 104 min
R: Augusto Genina oder Genia
B: Ernst Marischka
K: Herbert Körner, Bruno Timm, Kurt Neubert, Georg Bruckbauer (s/w)
M: Alois Melichar
P: Italia
D: Benjamino Gigli, Peter Bosse, Kurt Vespermann, Magda Schneider, Siegfried Schürenberg (Hellmuth v. Ahrens), Erik Ode, Ilse Fürstenberg

DER HÖHERE BEFEHL
D 1935
E: 30.12.1935
L: 92 min
R: Gerhard Lamprecht
B: Philipp Lothar Mayring, Kurt Kluge, Karl Lerbs
K: Robert Baberske (s/w)
M: Werner Eisbrenner
P: UFA
D: Karl Ludwig Diehl, Lil Dagover, Heli Finkenzeller, Hans Mierendorf, Hans Leibelt, Karl Dannemann, Siegfried Schürenberg (Lord Beckhurst)

VERRÄTER
D 1936
E: 09.09.1936
L: 92 min
R: Karl Ritter
B: Leonhard Fürst, nach einer Idee von Walter Herzlieb, Hans Wagner
K: Günther Anders, Heinz von Jaworsky (s/w)
M: Harold M. Kirchstein
P: UFA
D: Willy Birgel, Lida Baarova, Irene von Meyendorff, Rudolf Fernau, Paul Dahlke, Theodor Loos, Siegfried Schürenberg (Oberstleutnant Naumann)

WILDDIEBE (DIE FEUERPROBE)
D 1936/37
E: 05.02.1937
L: 12 min (Kurzspielfilm)
R: Karl Leiter
B: Werner E. Hintz, nach einer Idee von Max Dreyer
K: Walter Pindter (s/w)
M: Hans Ebert
P: UFA (Erich von Neusser)
D: Berthold Ebbecke, Friedl Haerlin, Josef Karma, Siegfried Schürenberg (Evas Mann)

MENSCHEN OHNE VATERLAND
D 1937
E: 16.02.1937
L: 105 min
R: Herbert Maisch
B: Walter Wassermann, C. H. Diller, Ernst von Salomon, Herbert Maisch, nach dem Roman »Der Mann ohne Vaterland« von Gertrud von Brockdorff
K: Konstantin Irmen-Tschet (s/w)
M: Harold M. Kirchstein
P: UFA
D: Willy Fritsch, Maria von Tasnady, Grethe Weiser, Werner Stock, Alexander Golling, Josef Sieber, Siegfried Schürenberg (Hauptmann Angermann)

DER MANN, DER SHERLOCK HOLMES WAR
D 1937
E: 15.07.1937
L: 112 min
R: Karl Hartl
B: R. A. Stemmle, Karl Hartl
K: Fritz Arno Wagner (s/w)
M: Hans Sommer
P: UFA
D: Hans Albers, Heinz Rühmann, Marieluise Claudius, Hansi Knoteck, Hilde Weissner, Siegfried Schürenberg (Monsieur Lapin), Paul Bildt, Ernst Waldow

ZU NEUEN UFERN
D 1937
E: 31.08.1937
L: 105 min
R: Detlef Sierck (= Douglas Sirk)
B: Detlef Sierck, Kurt Heuser, nach dem Roman von Lovis H. Lorenz
K: Franz Weihmayr (s/w)
M: Ralph Benatzky
P: UFA
D: Zarah Leander, Willy Birgel, Viktor Staal, Erich Ziegel, Carola Höhn, Hilde von Stolz, Mady Rahl, Lina Carstens, Siegfried Schürenberg (Gilbert)

SUSI UND DER SCHWARZE MANN
D 1938
E: 17.06.1938
L: 11 min (Kurzspielfilm)
R: Karl Hans Leiter
B: Aldo von Pinelli, nach einer Idee von Ludwig Metzger
K: Walter Pindter (s/w)
M: Lothar Brühne
P: UFA (Dr. Peter Paul Brauer)
D: Vera Hartegg, Annemarie Korff, Ingrid Buhl, Eberhard Leithoff, Siegfried Schürenberg (Dr. Hans Frank)

ANDALUSISCHE NÄCHTE
D/E 1938
E: 05.07.1938
L: 95 min
R: Herbert Maisch
B: Philipp Lothar Mayring, Fred Andreas, nach der Novelle »Carmen« von Prosper Mérimée
K: Reimar Kuntze (s/w)
M: José Munios Molleda, Juan Mostaza-Murales
P: Tonfilm-Studio Carl Froelich
D: Imperio Argentina, Friedrich Benfer, Erwin Biegel, Hans Hessling, Edwin Jürgensen, Siegfried Schürenberg (Rittmeister Moraleda)

DER GRÜNE KAISER
D 1938/39
E: 15.02.1939
L: 88 min
R: Paul Mundorf
B: Geza von Cziffra, nach dem Roman von Hans Medin
K: Willy Winterstein (s/w)
M: Hans Ebert
P: UFA
D: Gustav Diessl, Carola Höhn, René Deltgen, Aribert Wäscher, Ellen Bang, Hilde Hildebrand, Alexander Engel, Siegfried Schürenberg (Verteidiger vor Gericht)

FLUCHT INS DUNKEL
D 1939
E: 08.08.1939
L: 86 min
R: Arthur Maria Rabenalt
B: Philipp Lothar Mayring, unter Nutzung des Romans »Gespenst im späten Licht«, von Karl Unselt
K: Oskar Schnirch (s/w)
M: Hans-Martin Majewski
P: Terra
D: Hertha Feiler, Joachim Gottschalk, Ernst von Klipstein, Paul Hoffmann, Siegfried Schürenberg (Marlow)

SENSATIONSPROZESS CASILLA
D 1939
E: 08.08.1939
L: 108 min
R: Eduard von Borsody
B: Ernst von Salomon, Eduard von Borsody, Robert Büschgens, nach dem Roman von Hans Possendorf
K: Werner Bohne (s/w)
M: Werner Bochmann
P: UFA

D: Heinrich George, Jutta Freybe, Albert Hehn, Dagny Servaes, Richard Häussler, Herbert Weissbach, Alice Treff, Siegfried Schürenberg (Butler James)

PREMIERE DER BUTTERFLY / IL SOGNO DI BUTTERFLY
D/I 1939
E: 12.10.1939
L: 95 min
R: Carmine Gallone
B: Ernst Marischka, nach Motiven der Oper von Giacomo Puccini
K: Anchise Brizzi, Alberto Fusi (s/w)
M: Giacomo Puccini (Melodien), Luigi Ricci (Bearbeitung)
P: Grandi Film-Storici
D: Maria Cebotari, Lucie Englisch, Paul Kemp, Joachim Pfaff, Alfred Neugebauer, Fosco Giachetti, Siegfried Schürenberg (Paul Fieri)

FAHRT INS LEBEN
D 1939
E: 29.02.1940
L: 94 min
R: Bernd Hofmann
B: Bernd Hofmann
K: Erich Claunigk (s/w)
M: Bernd Scholz
P: Bavaria (Barrandov-Studio Prag)
D: Herbert Hübner, Karl Ludwig Schreiber, Ruth Hellberg, Ursula Herking, Ernst Schröder, Walter Werner, Siegfried Schürenberg (Erster Offizier an Bord)

AM ABEND AUF DER HEIDE
D 1941
E: 11.02.1941
L: 98 min
R: Jürgen von Alten
B: Thea von Harbou, nach einer Novelle von F. B. Cortan
K: Otto Baecker (s/w)
M: Edmund Nick, Eldo di Lazarro
P: Ciné Allianz

D: Magda Schneider, Heinz Engelmann, Günther Lüders, Else von Möllendorf, Siegfried Schürenberg (Herr Jensen)

CONCHITA UND DER INGENIEUR CONCHITA
A: GEFAHR IM DSCHUNGEL
BRD/BRA 1954
E: 24.09.1954
L: 95 min
R: Franz Eichhorn, Hans Hinrich
B: Ilse Lotz-Dupont, nach einem Roman von Franz Taut
K: Franz Weihmayr, Edgar Eichhorn (s/w)
M: Walter Schultz, Anatole Pietri
P: Franconia/Astra
D: Robert Freytag, Vanja Orico, Josefin Kipper, Paul Hartmann, Herbert Hübner, Siegfried Schürenberg (Henderson, Chef der Southern Oil)

DER 20. JULI
BRD 1955
E: 21.06.1955
L: 97 min
R: Falk Harnack
B: Günther Weisenborn, Werner Jörg Lüddecke, Falk Harnack
K: Karl Löb (s/w)
M: Herbert Trantow
P: CCC
D: Wolfgang Preiss, Werner Hinz, Annemarie Düringer, Robert Freitag, Fritz Tillmann, Wolfgang Büttner, Paul Bildt, Maximilian Schell, Siegfried Schürenberg (Generaloberst Fromm)

DU MEIN STILLES TAL
A: SCHWEIGEPFLICHT
BRD 1955
E: 23.09.1955
L: 93 min
R: Leonard Steckel

B: Jacques Companéez, nach seiner Erzählung »Schweigepflicht«
K: Igor Oberberg (Farbe)
M: Georg Haentzschel
P: CCC
D: Winnie Markus, Curd Jürgens, Ingeborg Schöner, Siegfried Schürenberg (Herr Widmeier), Bernhard Wicki, Paul Hörbiger, Leonard Steckel

ALIBI
BRD 1955
E: 30.12.1955
L: 110 min
R: Alfred Weidenmann
B: Herbert Reinecker, nach einer Idee von Alfred Weidenmann und Herbert Reinecker
K: Helmuth Ashley (s/w)
M: Hans-Martin Majewski
P: Fama
D: O. E. Hasse, Martin Held, Gisela von Collande, Charles Brauer, Hardy Krüger, Siegfried Schürenberg (Vorsitzender des Gerichts)

DAS VERBOTENE PARADIES
BRD 1955/58
E: 17.10.1958
L: 80 min
R: Maximilian Meyer, Max Nosseck (ungenannt)
B: H. G. Bondy
K: Werner Lenz (Farbe)
M: Martin Böttcher
P: Allgemeine Filmunion
D: Wolfgang Lukschy, Ingeborg Schöner, Jan Hendriks, Walter Breuer, Lutz Moik, Bruno Fritz, Siegfried Schürenberg (Herr Krailing), Günter Pfitzmann

MEIN VATER, DER SCHAUSPIELER
BRD 1956
E: 07.09.1956
L: 97 min
R: Robert Siodmak

B: Gina Falkenberg, Maria Matray, Claus Hardt, nach einer Novelle von Hans Grimm
K: Kurt Hasse
M: Werner Eisbrenner
P: CCC
D: O. W. Fischer, Oliver Grimm, Hilde Krahl, Peter Capell, Susanne von Almassy, Siegfried Lowitz, Erica Beer, Siegfried Schürenberg (Theaterintendant)

ANASTASIA, DIE LETZTE ZARENTOCHTER
BRD 1956
E: 27.09.1956
L: 105 min
R: Falk Harnack
B: Herbert Reinecker
K: Friedl Behn-Grund (s/w)
M: Herbert Trantow
P: Alfu/Corona/Hansa
D: Lilli Palmer, Ivan Desny, Ellen Schwiers, Susanne von Almassy, Berta Drews, Margot Hielscher, Maria Sebaldt, Siegfried Schürenberg (Anwalt)

EIN HERZ KEHRT HEIM
BRD 1956
E: 26.10.1956
L: 90 min
R: Eugen York
B: Kurt E. Walter
K: Albert Benitz (s/w)
M: Wolfgang Zeller
P: Real
D: Willy Birgel, Maximilian Schell, Maria Holst, Hans Nielsen, Heinz Reincke, Charles Regnier, Hertha Martin, Siegfried Schürenberg (Anwalt Dr. Weissbach)

STRESEMANN
BRD 1956
E: 11.01.1957
L: 105 min
R: Alfred Braun

B: Axel Eggebrecht, Ludwig Berger, Curt Johannes Braun
K: Friedl Behn-Grund (s/w)
M: Boris Blacher
P: Berliner Meteor
D: Ernst Schröder, Anouk Aimée, Wolfgang Preiss, Leonard Steckel, Susanne von Almassy, Paul Dahlke, Siegfried Schürenberg (Lord D'Abernon)

DER STERN VON AFRIKA
BRD 1956
E: 13.08.1957
L: 107 min
R: Alfred Weidenmann
B: Herbert Reinecker, nach einem Stoff von Udo Wolter
K: Helmuth Ashley (s/w)
M: Hans-Martin Majewski
P: Neue Emelka/Ariel
D: Joachim Hansen, Marianne Koch, Hansjörg Felmy, Horst Frank, Werner Bruhns, Erich Ponto, Alexander Kerst, Siegfried Schürenberg (Schulrektor)

WIE EIN STURMWIND
BRD 1956/57
E: 07.03.1957
L: 102 min
R: Falk Harnack
B: Heinz Oskar Wuttig, Gina Kaus, Maria Matray, Answald Krüger, nach einem Roman von Klaus Hellmer
K: Friedl Behn-Grund (s/w)
M: Herbert Trantow
P: CCC
D: Lilli Palmer, Willi A. Kleinau, Ivan Desny, Susanne Cramer, Siegfried Schürenberg (Herr Herterich), Käthe Braun, Peter Capell

MADE IN GERMANY – EIN LEBEN FÜR ZEISS
BRD 1957
E: 24.01.1957

L: 101 min
R: Wolfgang Schleif
B: Felix Lützkendorf, Richard Riedel
K: Igor Oberberg (s/w)
M: Mark Lothar
P: Corona
D: Winnie Markus, Carl Raddatz, Werner Hinz, Dietmar Schönherr, Heinz Engelmann, Camilla Spira, Paul Dahlke, Siegfried Schürenberg (Cullampton Bubble)

GLÜCKSRITTER (EINE GESCHICHTE VON HEUTE)
BRD 1957
E: 06.03.1957
L: 91 min
R: Arthur Maria Rabenalt
B: Kurt E. Walter, nach einer Filmnovelle von Walther von Hollander, bearbeitet von Michael Mansfeld
K: Albert Benitz (s/w)
M: Bert Grund
D: Heidemarie Hatheyer, Paul Hubschmid, Barbara Rütting, Hans Nielsen, Eva Kotthaus, Paul Klinger, Siegfried Schürenberg (Herr Brack, der Mann im Hintergrund)

FRANZISKA
BRD 1957
E: 05.09.1957
L: 105 min
R: Wolfgang Liebeneiner
B: Georg Hurdalek, nach Helmut Käutner und Curt Johannes Braun
K: Werner Krien (Farbe)
M: Franz Grothe
P: CCC
D: Ruth Leuwerik, Carlos Thompson, Friedrich Domin, Josef Meinrad, Jochen Brockmann, Nadja Regin, Siegfried Schürenberg (Harris)

ANDERS ALS DU UND ICH
(§ 175) (DAS DRITTE
GESCHLECHT)
BRD 1957
E: 30.10.1957
L: 91 min
R: Veit Harlan
B: Felix Lützkendorf, nach einer
   Idee von Robert Pilchowski
K: Kurt Grigoleit (s/w)
M: Erwin Halletz
P: Arca
D: Paula Wessely, Paul Dahlke,
   Christian Wolff, Hans Nielsen, Friedrich Joloff, Siegfried
   Schürenberg (Staatsanwalt)

GEJAGT BIS ZUM MORGEN
DDR 1957
E: 06.12.1957
L: 80 min
R: Joachim Hasler
B: A. Arthur Kuhnert, Ludwig Turek,
   nach dem Roman von
   Ludwig Turek
K: Joachim Hasler (s/w)
M: Walter Sieber
P: DEFA
D: Manja Behrens, Raimund Schelcher, Annemarie Hase, Friedrich
   Gnass, Günther Ballier, Siegfried
   Schürenberg (Wachtmeister)

DIE SCHÖNSTE
DDR 1957
E: 24.05.2002
L: 90 min (Originalfassung),
   59 min (zensierte Fassung)
R: Ernesto Remani (= Ernst
   Rechenmacher) (Originalfassung), Walter Beck (Zensur-Fassung 1959)
B: A. Arthur Kuhnert, Ernesto
   Remani, Ilse Langer
K: Robert Baberske (Farbe)
P: DEFA/Pandora, Stockholm
D: Willi A. Kleinau, Ursula Burg,
   Jürgen Büttner, Gerhard Bienert,
   Gisela May, Jochen Hesse,
   Siegfried Schürenberg
   (Herr Wiedemann)

LILLI – EIN MÄDCHEN
AUS DER GROSSSTADT
BRD 1957
E: 06.03.1958
L: 87 min
R: Hermann Leitner
B: Louis Martin, Claude Desailly,
   nach einem Manuskript von
   Peter Dronte
K: Kurt Grigoleit (s/w)
M: Michael Jary
P: Arca
D: Adrian Hoven, Ann Smyrner,
   Werner Peters, Claude Farell,
   Günther Lüders, Rudolf
   Platte, Friedrich Joloff,
   Siegfried Schürenberg
   (Herr Holland)

SOLANGE DAS HERZ SCHLÄGT
BRD 1958
E: 25.12.1958
L: 105 min
R: Alfred Weidenmann
B: Herbert Reinecker
K: Igor Oberberg (s/w)
M: Hans-Martin Majewski
P: Universum
D: O. E. Hasse, Heidemarie
   Hatheyer, Hans-Christian Blech,
   Charles Regnier, Götz George,
   Grit Böttcher, Ernst Schröder,
   Siegfried Schürenberg (Assistenzarzt Dr. Wieler)

THE JOURNEY
DIE REISE
USA 1958
E: 27.03.1959
L: 126 min
R: Anatole Litvak
B: George Tabori
K: Jack Hildyard (Farbe)
M: Georges Auric, Michel Michelet
P: Alby
D: Deborah Kerr, Yul Bynner, Robert
   Morley, Jason Robards, E. G.
   Marshall, Gérard Oury, Anouk
   Aimée, Siegfried Schürenberg
   (Herr von Rachlitz)

UND DAS AM
MONTAGMORGEN
BRD 1959

E: 26.06.1959
L: 91 min
R: Luigi Comencini
B: Peter Goldbaum, Franz Höllering, Luigi Comencini, nach dem Theaterstück »The Scandalous Affairs of Mr. Kettle and Mrs. Moon« von John B. Priestley
K: Karl Löb (s/w)
M: Hans-Martin Majewski
P: H. R. Sokal-Goldbaum für CCC
D: O. W. Fischer, Ulla Jacobsson, Robert Graf, Vera Tschechowa, Werner Finck, Reinhard Kolldehoff, Siegfried Schürenberg (Herr von Schmitz), Blandine Ebinger

DER REST IST SCHWEIGEN
BRD 1959
E: 22.07.1959
L: 105 min
R: Helmut Käutner
B: Helmut Käutner, unter Verwendung des »Hamlet« von William Shakespeare
K: Igor Oberberg (s/w)
M: Bernhard Eichhorn
P: Freie Filmproduktion
D: Hardy Krüger, Peter van Eyck, Ingrid Andree, Adelheid Seeck, Rudolf Forster, Boy Gobert, Heinz Drache, Charles Regnier, Siegfried Schürenberg (Johannes Claudius)

MENSCHEN IM HOTEL GRAND HOTEL
BRD/F 1959
E: 23.09.1959
L: 106 min
R: Gottfried Reinhardt
B: Hans Jacobi, Ladislas Fodor, nach dem Roman von Vicki Baum
K: Göran Strindberg (s/w)
M: Hans-Martin Majewski
P: CCC/Films Modernes
D: O. W. Fischer, Michèle Morgan, Heinz Rühmann, Gert Fröbe, Sonja Ziemann, Wolfgang Wahl, Friedrich Schoenfelder, Siegfried Schürenberg (Dr. Behrend)

DIE BRÜCKE
BRD 1959
E: 22.10.1959
L: 103 min
R: Bernhard Wicki
B: Michael Mansfeld, Karl-Wilhelm Vivier, unter Mitarbeit von Bernhard Wicki, nach dem gleichnamigen Roman von Manfred Gregor
K: Gerd von Bonin, Horst Fehlhaber (s/w)
M: Hans-Martin Majewski
P: Fono
D: Folker Bohnet, Fritz Wepper, Michael Hinz, Cordula Trantow, Volker Lechtenbrink, Günter Pfitzmann, Siegfried Schürenberg (Oberstleutnant)

ALT HEIDELBERG
BRD 1959
E: 21.12.1959
L: 108 min
R: Ernst Marischka
B: Ernst Marischka, nach dem Bühnenstück von Wilhelm Meyer-Förster
K: Bruno Mondi (Farbe)
M: Franz Grothe
P: CCC/Kurt Ulrich
D: Sabine Sinjen, Christian Wolff, Gert Fröbe, Heinrich Gretler, Rudolf Vogel, Siegfried Schürenberg (Staatsminister Haugk)

DER RÄCHER
BRD 1960
E: 05.08.1960
L: 100 min
R: Karl Anton
B: Gustav Kampendonk, Rudolf Cartier, nach dem gleichnamigen Roman von Edgar Wallace
K: Willi Sohm (s/w)
M: Peter Sandloff
P: Kurt Ulrich
D: Heinz Drache, Ingrid van Bergen, Benno Sterzenbach, Ina Duscha, Klaus Kinski, Ludwig Linkmann, Friedrich Schoenfelder, Siegfried

Schürenberg (Major Staines, Chef des Geheimdienstes)

DAS LETZTE KAPITEL
BRD 1961
E: 19.10.1961
L: 109 min
R: Wolfgang Liebeneiner
B: Georg Hurdalek, nach dem Roman von Knut Hamsun
K: Heinz Pehlke (Farbe)
M: Siegfried Franz
P: Europa
D: Hansjörg Felmy, Karin Baal, Helmuth Lohner, Klausjürgen Wussow, Siegfried Schürenberg (Konsul Ruben)

FRAU IRENE BESSER
BRD 1961
E: 16.02.1961
L: 93 min
R: John Olden
B: Jochen Huth, nach dem Roman von Hans Habe
K: Erich Claunigk (s/w)
M: Raimund Rosenberger
P: Omega
D: Luise Ullrich, Rudolf Prack, Ellen Schwiers, Albert Lieven, Peer Schmidt, Siegfried Schürenberg (Rechtsanwalt)

DIE TÜR MIT DEN SIEBEN SCHLÖSSERN
BRD 1962
E: 19.06.1962
L: 95 min
R: Alfred Vohrer
B: H. G. Petersson, Johannes Kai, G.-F. Hummel, nach dem gleichnamigen Roman von Edgar Wallace
K: Karl Löb (s/w)
M: Peter Thomas
P: Rialto
D: Heinz Drache, Sabina Sesselmann, Hans Nielsen, Gisela Uhlen, Werner Peters, Pinkas Braun, Eddi Arent, Klaus Kinski, Siegfried Schürenberg (Sir John von Scotland Yard)

DAS GASTHAUS AN DER THEMSE
BRD 1962
E: 28.09.1962
L: 92 min
R: Alfred Vohrer
B: Trygve Larsen (= Egon Eis), H. G. Petersson, Piet ter Ulen (G.-F. Hummel), nach dem gleichnamigen Roman von Edgar Wallace
K: Karl Löb (s/w)
M: Martin Böttcher
P: Rialto
D: Joachim Fuchsberger, Brigitte Grothum, Eddi Arent, Klaus Kinski, Heinz Engelmann, Elisabeth Flickenschildt, Richard Münch, Siegfried Schürenberg (Sir John von Scotland Yard)

DER ZINKER
BRD 1963
E: 26.04.1963
L: 89 min
R: Alfred Vohrer
B: H. G. Petersson, nach dem gleichnamigen Roman von Edgar Wallace
K: Karl Löb (s/w)
M: Peter Thomas
P: Rialto
D: Heinz Drache, Barbara Rütting, Günter Pfitzmann, Eddi Arent, Agnes Windeck, Inge Langen, Jan Hendriks, Klaus Kinski, Siegfried Schürenberg (Sir Gerald Fielding)

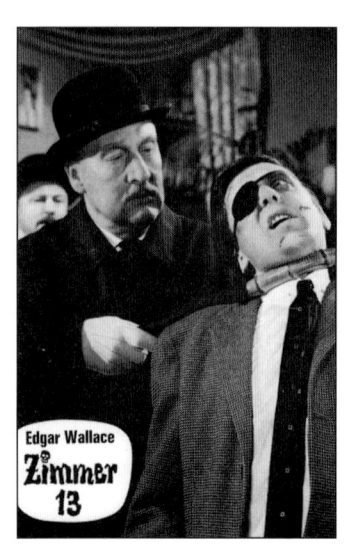

DAS INDISCHE TUCH
BRD 1963
E: 13.09.1963
L: 86 min
R: Alfred Vohrer
B: Georg Hurdalek, H.G. Petersson, nach dem gleichnamigen Roman von Edgar Wallace
K: Karl Löb (s/w)
M: Peter Thomas
P: Rialto
D: Heinz Drache, Corny Collins, Klaus Kinski, Gisela Uhlen, Hans Clarin, Elisabeth Flickenschildt, Eddi Arent, Hans Nielsen, Siegfried Schürenberg (Hockbridge)

ZIMMER 13
BRD 1963
E: 20.02.1964
L: 89/neu 85
R: Harald Reinl
B: Quentin Philips (= Will Tremper), nach dem gleichnamigen Roman von Edgar Wallace
K: Ernst W. Kalinke (s/w)
M: Peter Thomas
P: Rialto
D: Joachim Fuchsberger, Karin Dor, Richard Häussler, Walter Rilla, Hans Clarin, Eddi Arent, Benno Hoffmann, Kai Fischer, Siegfried Schürenberg (Sir John von Scotland Yard)

DIE GRUFT MIT DEM RÄTSELSCHLOSS
BRD 1964
E: 30.04.1964
L: 90 min
R: Franz-Josef Gottlieb
B: R. A. Stemmle, F.-J. Gottlieb, nach dem Roman »Der Safe mit dem Rätselschloss« von Edgar Wallace
K: Richard Angst (s/w)
M: Peter Thomas
P: Rialto
D: Judith Dornys, Harald Leipnitz, Rudolf Forster, Ilse Steppat, Ernst Fritz Fürbringer, Werner Peters, Eddi Arent, Siegfried Schürenberg (Sir John von Scotland Yard)

DER HEXER
BRD 1964
E: 21.08.1964
L: 85 min
R: Alfred Vohrer
B: Herbert Reinecker, nach dem gleichnamigen Roman von Edgar Wallace
K: Karl Löb (s/w)
M: Peter Thomas
P: Rialto
D: Joachim Fuchsberger, Heinz Drache, Sophie Hardy, Siegfried Lowitz, Margot Trooger, Siegfried Schürenberg (Sir John von Scotland Yard), Eddi Arent, Carl Lange, Jochen Brockmann

NEUES VOM HEXER
BRD 1965
E: 04.06.1965
L: 95 min
R: Alfred Vohrer
B: Herbert Reinecker, nach dem gleichnamigen Roman von Edgar Wallace
K: Karl Löb (s/w)
M: Peter Thomas
P: Rialto

D: Heinz Drache, Barbara Rütting, Brigitte Horney, Klaus Kinski, Siegfried Schürenberg (Sir John von Scotland Yard), Robert Hoffmann, René Deltgen, Margot Trooger, Eddi Arent

DER UNHEIMLICHE MÖNCH
BRD 1965
E: 17.12.1965
L: 81 (Orig.-Fass.: 86)
R: Harald Reinl
B: Jochen-Joachim Bartsch, Fred Denger, nach dem gleichnamigen Roman von Edgar Wallace
K: Ernst W. Kalinke
M: Peter Thomas
P: Rialto
D: Harald Leipnitz, Karin Dor, Eddi Arent, Ilse Steppat, Siegfried Lowitz, Dieter Eppler, Siegfried Schürenberg (Sir John von Scotland Yard), Hartmut Reck, Rudolf Schündler

DER BUCKLIGE VON SOHO
BRD 1966
E: 06.09.1966
L: 89 (gek. 85)
R: Alfred Vohrer
B: Herbert Reinecker, frei nach Edgar Wallace
K: Karl Löb (Farbe)
M: Peter Thomas
P: Rialto
D: Günther Stoll, Pinkas Braun, Eddi Arent, Monika Peitsch, Agnes Windeck, Gisela Uhlen, Siegfried Schürenberg (Sir John von Scotland Yard), Hubert von Meyerinck

DAS GEHEIMNIS DER WEISSEN NONNE
THE TRYGON FACTOR
BRD/GB 1966
E: 16.12.1966
L: 88 min
R: Cyril Frankel
B: Derry Quinn, Stanley Munro, frei nach Edgar Wallace
K: Harry Waxman (Farbe)
M: Peter Thomas
P: Rialto
D: Stewart Granger, Susan Hampshire, Sophie Hardy, Brigitte Horney, Robert Morley, Eddi Arent, Siegfried Schürenberg (Sir John von Scotland Yard; in der englischen Fassung spielt James Robertson-Justice den Sir John), Cathleen Nesbitt

DAS ÄLTESTE GEWERBE DER WELT / LE PLUS VIEUX METIER DU MONDE
BRD/F/I 1966
E: 06.04.1967
L: 120 min
R: Michael Pfleghar, Franco Indovina, Mauro Bolognini, Philippe de Broca, Claude Autant-Lara (Film in sechs Episoden)
B: Ennio Flaiano (1, 2), Daniel Boulanger (3), Georges und André Tabet (4), Jean Aurenche (5), Jean-Luc Godard (6)
K: Heinz Hölscher, Pierre L'homme (Farbe)
M: Michel Legrand
P: Rialto/Francoriz/Rizzoli
D: Raquel Welch, Martin Held, Jeanne Moreau, Jean Richard, Nadja Gray, Siegfried Schürenberg (Bruder des Bankdirektors, in der vierten Episode »Fräulein Nini«)

DIE BLAUE HAND
BRD 1967
E: 28.04.1967
L: 87 min
R: Alfred Vohrer
B: Alex Berg (= Herbert Reinecker), frei nach Edgar Wallace
K: Ernst W. Kalinke (Farbe)
M: Martin Böttcher
P: Rialto
D: Harald Leipnitz, Klaus Kinski, Carl Lange, Siegfried Schürenberg (Sir John von Scotland Yard), Ilse Steppat, Diana Körner, Albert Bessler,

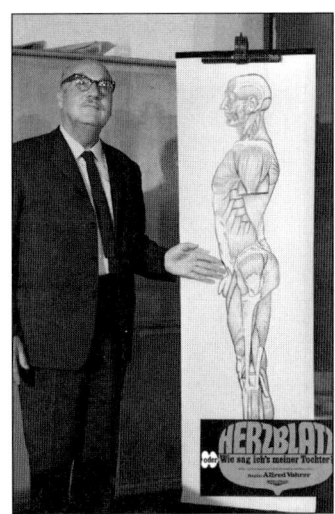

Ilse Pagé, Thomas Danneberg, Hermann Lenschau

DER MÖNCH MIT DER PEITSCHE
BRD 1967
E: 11.08.1967
L: 88 min
R: Alfred Vohrer
B: Alex Berg (= Herbert Reinecker), frei nach Edgar Wallace
K: Karl Löb (Farbe)
M: Martin Böttcher
P: Rialto
D: Joachim Fuchsberger, Siegfried Schürenberg (Sir John von Scotland Yard), Ursula Glas, Grit Böttcher, Konrad Georg, Siegfried Rauch, Claus Holm, Harry Riebauer, Tilly Lauenstein

DER HUND VON BLACKWOOD CASTLE
BRD 1967
E: 18.01.1968
L: 92 min
R: Alfred Vohrer
B: Alex Berg (= Herbert Reinecker), frei nach Edgar Wallace
K: Karl Löb (Farbe)
M: Peter Thomas
P: Rialto
D: Heinz Drache, Karin Baal, Siegfried Schürenberg (Sir John von Scotland Yard), Agnes Windeck, Ilse Pagé, Hans Söhnker, Horst Tappert, Mady Rahl, Otto Stern, Artur Binder, Alexander Engel

KLASSENKEILE
BRD 1969
E: 28.03.1969
L: 88 min
R: Franz-Josef Gottlieb
B: Kurt Nachmann, Paul Hengge
K: Klaus König (Farbe)
M: Martin Böttcher
P: Rialto
D: Uschi Glas, Walter Giller, Anita Kupsch, Willy Millowitsch, Werner Finck, Tilly Lauenstein, Siegfried Schürenberg (Chefredakteur Berg)

DAS GELBE HAUS AM PINNASBERG
BRD 1969
E: 27.02.1970
L: 94 min
R: Alfred Vohrer
B: Ernst Flügel (= Manfred Purzer), Alfred Vohrer, nach dem Roman von Bengta Bischoff
K: Ernst W. Kalinke (Farbe)
M: Rolf Kühn
P: Roxy
D: Siegfried Schürenberg (Werner Zibell), Eddi Arent, Tilly Lauenstein, Gernot Endemann, Mascha Gonska, Gundel Thormann

DIE HERREN MIT DER WEISSEN WESTE
BRD 1969
E: 12.03.1970
L: 91 min
R: Wolfgang Staudte
B: Paul Hengge, H. O. Gregor (= Horst Wendlandt)
K: Karl Löb (Farbe)
M: Peter Thomas
P: Rialto
D: Martin Held, Mario Adorf, Walter Giller, Hannelore Elsner, Rudolf Platte, Agnes Windeck, Heinz Erhardt, Siegfried Schürenberg (Kommissar Berg)

HERZBLATT ODER WIE SAG ICH'S MEINER TOCHTER?
BRD 1969
E: 02.10.1969
L: 84 min

R: Alfred Vohrer
B: Ernst Flügel (= Manfred Purzer)
K: Ernst W. Kalinke (Farbe)
M: Hans-Martin Majewski
P: Roxy
D: Georg Thomalla, Mascha Gonska, Günther Lüders, Carola Höhn, Paul Esser, Gernot Endemann, Siegfried Schürenberg (Schuldirektor)

UNSERE PAUKER
GEHEN IN DIE LUFT
BRD 1970
E: 25.09.1970
L: 97 min
R: Harald Vock
B: Harald Vock, August Rieger
K: Heinz Hölscher (Farbe)
M: Werner Twardy, James Last, Bobby Schmidt
P: Lisa/Divina
D: Wencke Myhre, Georg Thomalla, Peter Weck, Chris Roberts, Mascha Gonska, Friedrich Schoenfelder, Siegfried Schürenberg (Generaldirektor der Merkur-Versicherungen)

MUSIK, MUSIK,
DA WACKELT DIE PENNE
BRD 1970
E: 15.09.1970
L: 90 min
R: Franz Antel
B: Kurt Nachmann
K: Hanns Matula (Farbe)
M: Gerhard Heinz
P: Lisa
D: Hansi Kraus, Chris Roberts, Mascha Gonska, Gunther Philipp, Jacques Herlin, Siegfried Schürenberg (Erziehungsminister)

WER ZULETZT LACHT,
LACHT AM BESTEN
BRD 1970
E: 09.02.1971
L: 87 min
R: Harald Reinl
B: Klaus E. R. von Schwarze, Johannes Weiß
 (= Kurt Nachmann)
K: Heinz Hölscher (Farbe)
M: Werner Twardy
P: Lisa/Divina
D: Uschi Glas, Roy Black, Theo Lingen, Eddi Arent, Peter Weck, Elke Aberle, Ulrich Beiger, Siegfried Schürenberg (General Pusch)

X 312 – FLUG ZUR HÖLLE
VUELO AL INFIERNO
BRD/Sp 1970
E: 20.08.1971
L: 87 min

R: Jess Frank (= Jess Franco)
B: Art Bernd (= Artur Brauner)
K: Manuel Merino (Farbe)
M: Wolfgang Hartmayer
P: CCC/Fénix
D: Thomas Hunter, Gila von Weitershausen, Fernando Sancho, Hans Hass jr., Ewa Strömberg, Howard Vernon, Siegfried Schürenberg (Bankpräsident Rupprecht)

DER TEUFEL KAM AUS AKASAVA / EL DIABOLO VENIA A AKASAVA
BRD/E 1970
E: 05.03.1971
L: 84 min
R: Jess Frank (= Jess Franco)
B: Ladislas Fodor, Paul André, nach dem Roman »Akasava« von Edgar Wallace
K: Manuel Merino (Farbe)
M: Manfred Hübler, Siegfried Schwab
P: CCC/Fénix
D: Horst Tappert, Susann Korda, Fred Willams, Ewa Strömberg, Siegfried Schürenberg (Sir Philip von Scotland Yard), Walter Rilla, Blandine Ebinger

DIE TOTE AUS DER THEMSE
BRD 1971
E: 30.03.1971
L: 89 min (neu 76 min)
R: Harald Philipp
B: H. O. Gregor (= Horst Wendlandt), frei nach Edgar Wallace
K: Karl Löb (Farbe)
M: Peter Thomas
P: Rialto
D: Hansjörg Felmy, Uschi Glas, Werner Peters, Harry Riebauer, Günther Stoll, Friedrich Schoenfelder, Vadim Glowna, Siegfried Schürenberg (Sir John von Scotland Yard)

ROSY UND DER HERR AUS BONN (auch: BLEIB SAUBER, LIEBLING!)
BRD 1971
E: 04.08.1971
L: 84 min
R: Rolf Thiele
B: Vratislav Blazek
K: Wolf Wirth (Farbe)
M: Peter Schirmann
P: Rialto
D: Horst Tappert, Heidi Hansen, Uwe Friedrichsen, Margot Trooger, Margot Hielscher, Jutta Speidel, Siegfried Schürenberg (Oberlandesgerichtsrat Baumgartner)

Bryan Edgar Wallace
Der Todesrächer von Soho

DER TODESRÄCHER VON
SOHO / EL MUERTO
HACE LAS MALETAS
BRD/Sp 1971
E: 09.11.1972
L: 81 min
R: Jess Frank (= Jess Franco)
B: Art Bernd (= Artur Brauner),
   Jess Frank, nach dem Filmdrehbuch »Das Geheimnis
   der schwarzen Koffer«
   von Bryan Edgar Wallace
K: Manuel Merino (Farbe)
M: Rolf Kühn
P: CCC/Fénix/Telecine
D: Horst Tappert, Fred Williams,
   Barbara Rütting, Wolfgang
   Kieling, Siegfried Schürenberg
   (Dr. Blademore), Rainer Basedow, Dan Van Husen

ALS MUTTER STREIKTE
BRD 1973
E: 07.02.1974
L: 90 min
R: Eberhard Schröder
B: Georg Laforet (= Franz Seitz),
   nach einem Roman
   von Eric Malpass
K: Wolfgang Treu (Farbe)
M: Rolf Wilhelm
P: Seitz/Terra
D: Peter Hall, Johanna Matz, Gila
   von Weitershausen, Gaby Dohm,
   Elisabeth Flickenschildt, Siegfried
   Schürenberg (Walter Habinger)

Fernsehfilme

DAS HAUS VOLLER GÄSTE
BRD 1960
E: 14.04.1960 ARD
L: 61 min
R: Artur Pohl
B: Johannes Hendrich
K: Arndt von Rautenfeld, Truck
   Branss, Jupp Steiof, Horst
   Schenk (s/w)
M: Kurt Heuser
P: Sender Freies Berlin
D: Siegfried Schürenberg (Viktor
   Brack), Leonard Steckel, Herbert
   Weissbach, Folker Bohnet,
   Rudi Stör, Ruth Hausmeister,
   Reinhold Bernt, Eva Bubat

DIE KLEINEN FÜCHSE
BRD 1961
E: 14.07.1961 ARD
L: 80 min
R: Peter Beauvais
B: Peter Beauvais und Carl Dietrich
   Carls nach Lillian Hellman
K: Günther Senftleben (s/w)
M: Hans Otto Borgmann
P: Sender Freies Berlin
D: Siegfried Schürenberg (Oscar
   Hubbard), Gisela Uhlen, Dieter
   Borsche, Dunja Movar, Werner
   Pochath, Erika Dannhoff, Walter
   Süssenguth

PARKSTR. 13
BRD 1962
E: 10.03.1962 ARD
L: 83 min
R: Rolf Hädrich
B: Albrecht Hennings, nach dem
   Bühnenstück von Axel Ivers
M: Peter Thomas
P: Hessischer Rundfunk
D: Gisela Trowe, Hilde Sessack,
   Siegfried Schürenberg (Dr. Elken),
   Peter Schütte, Konrad Georg

KUBINKE
BRD 1965
E: 02.01.1966 ARD
L: 97 min
R: R. A. Stemmle
B: R. A. Stemmle, nach dem
   Roman von Georg Hermann
K: Heinz Pehlke, Helmut Bahr (s/w)
P: Sender Freies Berlin
D: Ernst Jacobi, Gisela Fritsch,
   Anita Kupsch, Siegfried Schürenberg (Herr Löwenberg), Ilse
   Fürstenberg, Gudrun Margarete
   Vaupel, Hans W. Hamacher

Sprecher in Dokumentarfilmen

MÖNCHE, TÄNZER UND SOLDATEN
»IM REICHE DES BUDDHA«
D 1936
E: 29.06.1953
L: 87 min
R: Erich Palme
B: Wilhelm Filchner
K: Wilhelm Filchner, Toni Hagen
   (s/w)
M: Fritz Wenneis
P: Palme/Bernstein/Cortina
D: Wilhelm Filchner

INDISCHE RHAPSODIE
BRD 1954
E: 26.01.1955
L: 80 min
R: Erich Palme
B: Erich Palme
K: Heinz Rox-Schulz (Farbe)
M: Klaus Jungk
P: Palme

EIN TITAN DES DEUTSCHEN BAROCK: COSMAS DAMIAN ASAM
BRD 1956
E: 1956
L: 11 min
R: Dr. Hans Cürlis
K: Otto Cürlis
M: Dr. Gerhard Becker
P: Kulturfilminstitut Berlin

Sir John, dies ist aber wirklich die letzte Leiche in Ihrem Buch! (»Der Hund von Blackwood Castle«)

Synchronrollen

(Bei ausländischen Produktionen ist ein vom Jahr der Uraufführung abweichendes Erscheinungsjahr in Deutschland jeweils angegeben.)

ALARM IM WELTALL
USA 1955 (BRD 1957)

DAS APPARTEMENT
USA 1959

ASPHALT-DSCHUNGEL
USA 1950

ASTERIX UND KLEOPATRA
F 1968 (BRD 1970)

ASTERIX EROBERT ROM
F 1975 (BRD 1976)

AVANTI, AVANTI!
USA 1972 (BRD 1973)

BEI ANRUF MORD
USA 1954

CAPTAIN NEWMAN
USA 1963 (BRD 1964)

CARRIE
USA 1952 (BRD 1953)

CHEFARZT DR. PEARSON
USA 1961 (BRD 1962)

COLORADO
USA 1951 (BRD 1952)

DEGENDUELL
I/F 1961 (BRD 1963)

DIESE ERDE IST MEIN
USA 1959

DAS DORF DER VERDAMMTEN
GB 1959/60 (BRD 1960)

DRACULA
USA 1978 (BRD 1979)

DREI RIVALEN
USA 1955

DIE DREI TAGE DES CONDORS
USA 1974 (BRD 1975)

DAS DSCHUNGELBUCH
USA 1967 (BRD 1968)

EINE ZU VIEL IM BETT
USA 1963 (BRD 1964)

ERDBEBEN
USA 1974 (BRD 1975)

ES BEGANN IN NEAPEL
USA 1959 (BRD 1961)

ES GESCHAH IN EINER NACHT
USA 1955 (BRD 1956)

DIE FAHRTEN DES ODYSSEUS
I 1954 (BRD 1955)

FELLINIS SATYRICON
I 1969 (BRD 1970)

FEUER AM HORIZONT
USA 1946 (BRD 1953)

DER FLUCH VON SINIESTRO
GB 1960 (BRD 1961)

FRANKENSTEIN SCHUF EIN WEIB
GB 1966 (BRD 1967)

FRANKIE UND SEINE SPIESSGESELLEN
USA 1960 (BRD 1961)

GEHEIMAGENT BARRET GREIFT EIN
USA 1964 (BRD 1965)

DER GLÜCKSPILZ
USA 1965 (BRD 1966)

DER GRAF VON MONTE CHRISTO
GB 1974 (BRD 1975)

DER GROSSE DIKTATOR
USA 1940 (BRD 1958)

DIE GROSSE METRO-LACHPARADE
USA 1963 (BRD 1964)

HAUSBOOT
USA 1958 (BRD 1959)

DER HELD VON TEXAS
USA 1956 (BRD 1957)

DAS HÖLLENRIFF
USA 1953 (BRD 1954)

HONGKONG WAR IHR SCHICKSAL
USA 1957 (BRD 1958)

DER HUND VON BASKERVILLE
GB 1958 (BRD 1959)

NICHT GESELLSCHAFTSFÄHIG
USA 1960 (BRD 1961)

IL BIDONE
I 1955 (BRD 1957)

IN 80 TAGEN UM DIE WELT
USA 1956 (BRD 1957)

JAMES BOND JAGT DR. NO
GB 1962 (BRD 1963)

JAMES BOND: GOLDFINGER
GB 1964 (BRD 1965)

JAMES BOND: MAN LEBT NUR ZWEIMAL
GB 1966 (BRD 1967)

JUPITERS LIEBLING
USA 1954 (BRD 1956)

DAS KABINETT DES
PROF. BONDI
USA 1953

KALLE BLOMQUIST:
SEIN SCHWERSTER FALL
S 1957 (BRD 1958)

KAMPF DER WELTEN
USA 1953 (BRD 1954)

KARAWANE WESTWÄRTS
USA 1953 (BRD 1955)

KID GALAHAD – HARTE
FÄUSTE, HEISSE LIEBE
USA 1961 (BRD 1963)

KLAR SCHIFF ZUM GEFECHT
USA 1956

DES KÖNIGS DIEB
USA 1955 (BRD 1956)

KÖNIG SALOMONS DIAMANTEN
USA 1950 (BRD 1951)

DAS MÄDCHEN MIT
DEN SCHWARZEN STRÜMPFEN
USA 1957

MANCHE MÖGEN'S HEISS
USA 1959

DER MANN,
DEN ES NIE GAB
GB 1956

DER MANN,
DER ZU VIEL WUSSTE
USA 1956

MEIN HERZ SINGT
NUR FÜR DICH
F 1953 (BRD 1954)

MEINE FRAU BETRÜGT MICH
F 1953 (BRD 1954)

MEUTEREI AM SCHLANGENFLUSS
USA 1951 (BRD 1952)

MISS MARPLE:
VIER FRAUEN UND EIN MORD
GB 1963 (BRD 1965)

MITTERNACHTSSPITZEN
USA 1960

MOGAMBO
USA 1953 (BRD 1954)

NACHT DER ENTHÜLLUNG
F/I 1962 (BRD 1963)

DIE NACKTE GEISEL
USA 1955

DIE OBEREN ZEHNTAUSEND
USA 1956 (BRD 1957)

OPERATION TIGER
USA 1957 (BRD 1958)

DIE PIRATENBRAUT
USA 1950 (BRD 1952)

DER QUERKOPF
F 1978

QUO VADIS?
USA 1951 (BRD 1954)

REPORTER DER LIEBE
USA 1957 (BRD 1958)

DER ROSAROTE PANTHER
USA 1963

SABOTEURE
USA 1942 (BRD 1958)

SABRINA
USA 1954

SALOMON UND DIE
KÖNIGIN VON SABA
USA 1959

SAN FRANCISCO
USA 1936

EIN SATANSWEIB
USA 1951 (BRD 1952)

DER SCHARLACHROTE ROCK
USA 1955 (BRD 1956)

DIE SCHATZINSEL
USA 1950 (BRD 1952)

SCHICK MIR KEINE BLUMEN
USA 1964

SEIN ODER NICHT SEIN
USA 1942 (BRD 1960)

SPARTACUS
USA 1959/60 (BRD 1960)

DER TAG, AN DEM
DIE ERDE STILLSTAND
USA 1951 (BRD 1952)

TARANTULA
USA 1955 (BRD 1956)

DIE TODESSTRAHLEN
DES DR. MABUSE
BRD/F/I 1964

TOD IM NACKEN
USA 1950 (BRD 1952)

DIE TOLLKÜHNEN MÄNNER
IN IHREN FLIEGENDEN KISTEN
GB 1964 (BRD 1965)

ÜBER DEN DÄCHERN VON NIZZA
USA 1955

EIN UNBEKANNTER RECHNET AB
BRD/F/E/I 1974

UNTER GEIERN
BRD/I/F/JUG 1964

UNTERNEHMEN PETTICOAT
USA 1959

VERDAMMT IN ALLE EWIGKEIT
USA 1953 (BRD 1954)

VERSCHWÖRER
USA 1950 (BRD 1959)

VERSUNKENE WELT
USA 1960

VOM WINDE VERWEHT
USA 1939 (BRD 1953)

WIE ANGELT MAN SICH
EINEN MILLIONÄR?
USA 1953 (BRD 1954)

WINNETOU II
BRD/I/F/JUG 1964

DIE ZEHN GEBOTE
USA 1957 (BRD 1958)

ZEUGIN DER ANKLAGE
USA 1957 (BRD 1958)

ZWEI RITTEN ZUSAMMEN
USA 1960 (BRD 1961)

Geplante Filme

KRIEGSGERICHT
BRD 1959
R: Kurt Meisel

TOWN WITHOUT PITY
STADT OHNE MITLEID
USA/CH/BRD 1960
R: Gottfried Reinhardt

DER MORD AN RATHENAU
DDR 1961
Schürenberg wird die Titelrolle angeboten, er schlägt sie aber wegen zu niedriger Gage aus.

LANGE BEINE – LANGE FINGER
BRD 1966
R: Alfred Vohrer

DER LEUCHTENDE SCHLÜSSEL
(nach Edgar Wallace)
Geplant BRD 1969, jedoch nicht realisiert. Vorgesehene R: Paul Martin, vorgesehene D: Joachim Fuchsberger, Karin Dor, Elisabeth Flickenschildt, Siegfried Lowitz, Klaus Kinski, Eddi Arent.

DAS GEHEIMNIS
DER GRÜNEN STECKNADEL
(NACH EDGAR WALLACE)
Geplant BRD 1969, jedoch nicht realisiert. Vorgesehene R: Harald Reinl, vorgesehene D: Günther Schramm, Karin Hübner, Fritz Wepper, Stefan Behrens, Christiane Krüger, Ingrid Back. 1972 als deutsch-italienische Koproduktion mit anderer Besetzung hergestellt.

DER ENGEL
DES SCHRECKENS
(nach Edgar Wallace)
Geplant BRD 1969, jedoch nicht realisiert. Vorgesehene R: Riccardo Freda, vorgesehene D: Laura Antonelli, Uschi Glas, Joachim Fuchsberger.

Abkürzungen

E: Erstaufführung
L: Laufzeit
K: Kamera
D: Darsteller
R: Regie
B: Buch
M: Musik
P: Produktion
A: Österreich

Literaturverzeichnis

Barthel, Manfred: So war es wirklich. Der deutsche Nachkriegsfilm. München/Berlin: Herbig 1986.

Bauer, Alfred: Deutscher Spielfilm-Almanach 1929–1950. München: Christoph Winterberg 1976.

Bauer, Alfred: Deutscher Spielfilm-Almanach. Band 2: 1946–1955. München: Filmbuchverlag Winterberg 1981.

Bleckman, Matias: Harry Piel – ein Kino-Mythos und seine Zeit. Düsseldorf: Filminstitut 1992.

Brauner, Artur: Mich gibt's nur einmal. Rückblende eines Lebens. München/Berlin: Herbig 1976.

Dillmann-Kühn, Claudia: Artur Brauner und die CCC. Filmgeschäft, Produktionsalltag, Studiogeschichte 1946–1990. [Ausstellungskatalog]. Frankfurt/M. 1990 (= Schriftenreihe des Deutschen Filmmuseums).

Jenrich, Holger (Hrsg.): Freunde fürs Leben. Von Asterix bis Zorro: Gefährten, Helden, Kultfiguren. Essen 1996.

Kasper, Hartmut (Hrsg.): Deutsche Helden! Luis Trenker, Perry Rhodan, Steffi Graf und viele andere. Leipzig: Reclam 1997.

Kemp, Paul: Blühendes Unkraut. Heiteres aus meinem Leben. Frankfurt/M.: Athenäum 1953.

Koebner, Thomas (Hrsg.): Idole des deutschen Films. Eine Galerie von Schlüsselfiguren. München: edition text + kritik 1997.

Kramp, Joachim: Hallo! Hier spricht Edgar Wallace. Die Geschichte der deutschen Kriminalfilmserie von 1959–1972. Berlin: Schwarzkopf & Schwarzkopf 1998. 3., erweiterte Auflage 2005.

Kramp, Joachim/Jürgen Wehnert: Das Edgar-Wallace-Lexikon. Es ist unmöglich, von Edgar Wallace nicht gefesselt zu sein. Berlin: Schwarzkopf & Schwarzkopf 2004.

Lexikon des Internationalen Films. Völlig überarbeitete und erweiterte Neuausgabe. Das komplette Angebot in Kino, Fernsehen und auf Video. Redaktion Horst Peter Koll, Stefan Lux, Hans Messias, Peter Strotmann. Hrsg. vom Katholischen Institut für Medieninformation und der Katholischen Filmkommission für Deutschland. Reinbek: Rowohlt 1995.

Pauer, Florian: Die Edgar-Wallace-Filme. München: Goldmann-Verlag 1982.

Petzel, Michael: Karl-May-Filmbuch. Stories und Bilder aus der deutschen Traumfabrik. Bamberg: Karl-May-Verlag 1998. 2., erweiterte Auflage 1999 (in veränderter Ausstattung auch: Gütersloh 1999).

Weniger, Kay: Das große Personenlexikon des Films. Die Schauspieler, Regisseure, Kameraleute, Produzenten, Komponisten, Drehbuchautoren, Filmarchitekten, Ausstatter, Kostümbildner, Cutter, Tontechniker, Maskenbildner und Special Effects Designer des 20. Jahrhunderts. [8 Bände]. Berlin: Schwarzkopf & Schwarzkopf 2001.

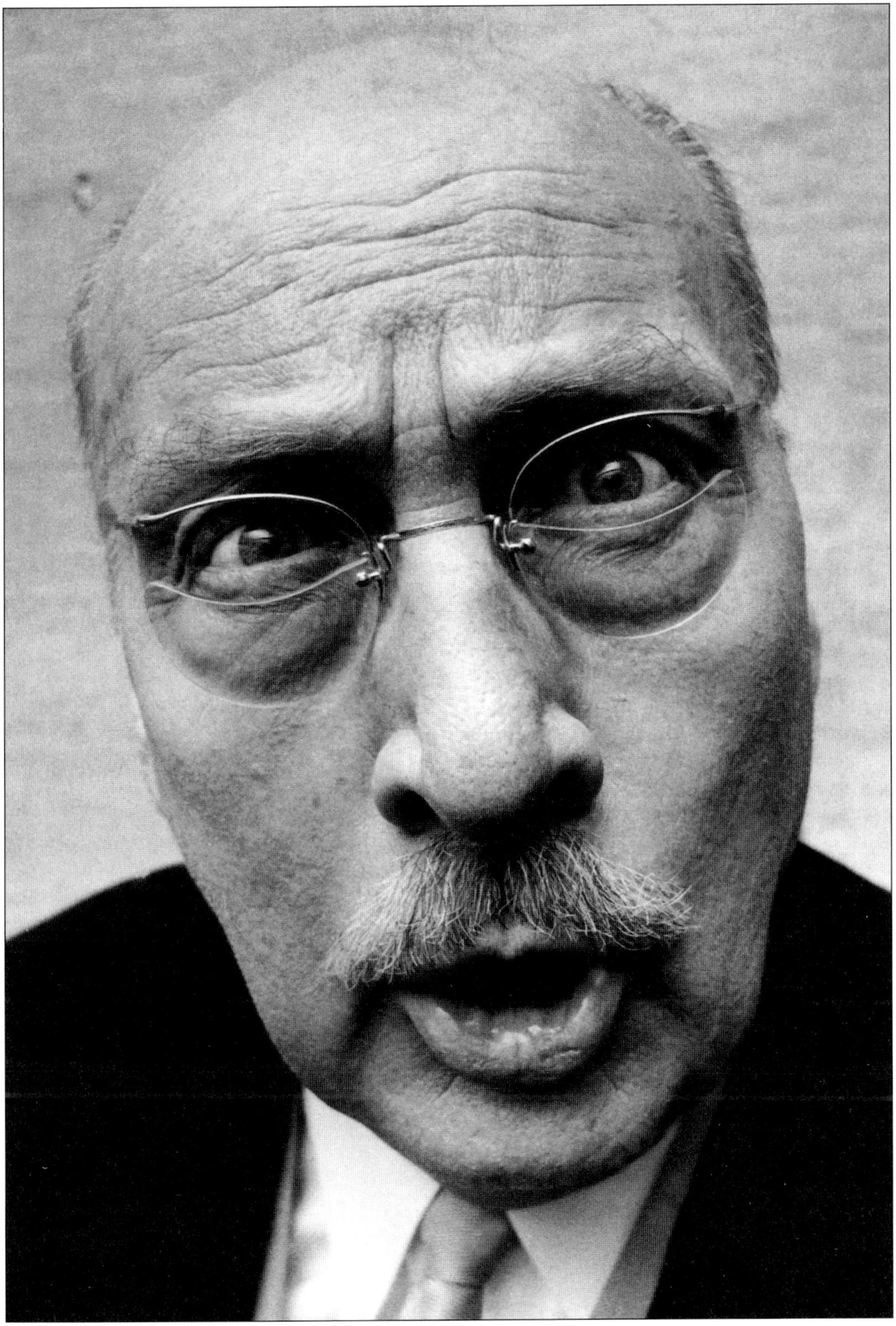

Danksagung

Für Hilfe und Unterstützung bei der Realisierung dieses Buches bedanke ich mich bei Karl-Heinz Becker, Mark Bindert, Artur Brauner, Jan Bürger, Susanne Dietrich, Gerald-Alexander Jargstorf, Joachim Kramp, Stefan Knust, Angela Marquis, Christoph Nestel, Jakob Oberdacher, Michael Petzel, Volker Rippe, Oliver Schwarzkopf, Peter Thomas und Matthias Wendlandt. Für die Gewährung von Interviews danke ich Doris Albowski, Eddi Arent, Matias Bleckman, Heinz Drache, Eva Ebner, Herbert Kerz, Monika Peitsch, Carl Philipps und Horst Wendlandt. Mein ganz besonderer Dank gilt Charlotte Wittig-Schürenberg.

Sämtliche Dokumente stammen aus dem Archiv Siegfried Schürenberg, dem Archiv der Rialto-Film (Berlin), dem Stadtarchiv Zürich (Schweiz) und dem Karl-May-Archiv (Göttingen).

Fotonachweis

Archiv Siegfried Schürenberg, Billy-Kocian-Kollektion, CCC-Filmkunst, Hipp-Foto, Karl-May-Archiv, Andreas Neumann, Michael Petzel, Rialto-Film, Lothar Winkler, Thomas Zipf.

Impressum

Sir John jagt den Hexer
Siegfried Schürenberg und die Edgar-Wallace-Filme
Von Andreas Neumann
Mitarbeit: Michael Petzel

ISBN 3-89602-473-6

© dieser Ausgabe:
Schwarzkopf & Schwarzkopf Verlag GmbH, Berlin 2005

Alle Rechte vorbehalten. Dieses Werk ist urheberrechtlich geschützt. Jede Verwendung, die über den Rahmen des Zitatrechtes bei korrekter vollständiger Quellenangabe hinausgeht, ist honorarpflichtig und bedarf der schriftlichen Genehmigung des Verlages.

Katalog
Wir senden Ihnen gern unseren Katalog.
Schwarzkopf & Schwarzkopf Verlag GmbH
Kastanienallee 32, 10435 Berlin
Telefon: 030 – 44 33 63 00
Fax: 030 – 44 33 63 044

Internet / E-Mail
www.schwarzkopf-schwarzkopf.de
info@schwarzkopf-schwarzkopf.de